U0085511

修訂五版

rademark Law

商標法論

陳文吟　著

三民書局

謹以此書獻給

最敬愛的母親大人

林玉霞女士

修訂五版序

我國商標法自民國 101 年大幅修改後迄今，僅 105 年修法時配合刑法之修正，修改第 98 條之條文；惟此期間，商標專責機關仍陸續制定相關審查原則、修訂審查基準與審查要點，並於 106 年修改商標法逐條釋義；就商標法適用上之疑義，予以釐清。專責機關更於今年 (109 年) 5 月 1 日採行「快軌機制」，凡符合電子申請等「五項條件」(即 1. 電子申請、2. 線上繳費、3. 指定商品服務全為電子申請系統參考名稱、4. 一般平面商標及 5. 有代理人需附委任狀等五項條件)，申請案將自動轉為「快軌案」，較一般申請案提早兩個月進入審查，使申請人得以儘速得知審查結果，有利於品牌的運用與商業布局。專責機關又於 (109 年) 8 月 7 日公布商標法第 6 條修正草案有關商標代理人資格、登錄及過渡條文等相關規定，及「商標代理人登錄及管理辦法」草案，規範商標代理人的登錄、能力認證、專業訓練、註銷、管理措施、撤銷及廢止登錄等事項。希冀使商標代理人管理機制更臻完善，以提升商標代理業務之品質、確保商標當事人權益。

商標的經濟價值，並非因其內容的設計完成而產生，而係因商標權人將其貼附於商品 (服務) 後的使用，如行銷、促銷等活動，使附有該商標的商品（或服務）在市場上占一席之地，商標便不再只是營業的表徵，它同時代表商品 (服務) 的知名度（所謂「名牌」因應而生）及品質的保證。至此，商標權人所擁有的不只是一枚商標，而是一筆龐大的經濟資源，此一觀念仍待國人共同建立。

本書修訂五版仍承襲原有架構及鋪陳，探討法律規範暨其立法緣由，並提出筆者個人見解；使讀者瞭解商標法制，並思索相關規範之妥適性。

筆者仍要藉此機會感謝母親長久以來的鼓勵與支持，以及二姐文惠工作之餘的全力協助。也感謝三民書局所有參與編輯校稿的工作同仁。

陳文吟

民國 109 年 8 月

修訂四版序

　　我國商標法自民國 20 年施行迄今已逾 80 年，為因應產業發展與需求而歷經多次修正。今年（民國 101 年）7 月 1 日又施行新修正版本，相較於民國 92 年修正版，架構相同，規範內容的排序亦相同，主要修正內容屬於實質面。本書修訂四版亦配合現行商標法之修訂內容予以修改。

　　現行商標法之主要修訂重點包括：一、明確規範商標使用行為之樣態，使及於數位影音、電子媒體、網路或其他媒介物方式所為之行為。二、擴大商標之保護客體，凡足以識別商品或服務來源之標識皆可成為商標註冊之保護客體，例如動態 (motion)、全像圖 (hologram) 等標識。三、商標圖樣非屬實質變更者，申請註冊後，仍得變更。四、商標得由二人以上共有，並配合增訂商標共有之申請、移轉、分割、減縮、授權及設定質權等相關規定。五、將商標不得註冊之事由，分列積極要件之欠缺及消極要件。六、明定並存同意申請註冊，須無顯屬不當之情形。七、明定遲誤繳納註冊費，得加倍繳納註冊費申請復權。八、增訂商標之指示性合理使用，包括表示商品或服務「用途」之情形，以期周延。九、增訂專屬授權及非專屬授權之相關規定。十、增訂據以評定或廢止商標應檢送申請前三年之使用證據。十一、明確規範侵權行為之樣態，並釐清商標侵權責任之主觀要件。十二、修正擬制侵害之行為態樣。十三、增訂明知為侵權商品而透過電子媒體或網路方式販賣、意圖販賣之刑事處罰規定。十四、增訂產地證明標章及產地團體商標之定義等相關規定，並增訂直接及輔助侵害證明標章權的刑罰規定。本書修訂四版仍承襲原有架構及鋪陳，探討法律規範暨其立法緣由，並提出筆者個人見解；使讀者瞭解商標法制，並思索相關規範之妥適性。

　　筆者仍要藉此機會感謝母親長久以來的鼓勵與支持，以及二姐文惠工作之餘的全力協助。也感謝三民書局所有參與編輯校稿的工作同仁。

陳文吟
民國 101 年 9 月

修訂三版序

　　《商標法論》於民國 89 年修正再版迄今，已歷經兩次商標法的修正：一為配合行政程序法之施行，於民國 91 年修正公布之第 79 條及增訂之第 77 條之 1；另一為民國 92 年 11 月 28 日修正施行之商標法條文。後者係為因應國際趨勢及國內企業發展所為者，亦為本書修訂三版的修改重心。

　　民國 92 年商標法的修正重點包括：增訂聲音及立體形狀得為商標之構成要素、增訂著名商標之淡化規定、採行一申請案可指定多種類別之制度、明定商標權之效力範圍、廢除聯合商標制度及逐步廢除防護商標制度、增訂擬制侵害商標權態樣、採行註冊後異議制度，俾縮短申請商標註冊時間、廢除延展註冊申請之實體審查等等。因修法幅度頗大，致本書內容亦配合多所修改，惟，除重整部分章節（如舊版中聯合商標及防護商標、以及修正前商標法的延展制均自本文中刪除，移列於附件供讀者參考）外，仍承襲原有架構及鋪陳。本書除探討法律規範、就其立法緣由多所著墨，並提出筆者個人見解，使讀者於瞭解我國商標制度之際，思索其相關規範的妥適性。筆者樂見坊間已不乏商標相關論著，足證商標制度已日受重視；亦希冀以論理為主軸的《商標法論》，提供讀者另一思維模式。

　　自民國 80 年專職任教並致力於智財領域的研究，迄今已逾十三年。多年的學術生涯，其間挫折難免，母親的鼓勵與支持一向是最重要的精神支柱；家姐文惠工作之餘的全力協助，使得諸多著作得以順利完成。感激之意，非筆墨所能形容，卻又無以回報；每逢著書出版寫序，總有著相似的結語，只因再多的詞句亦無法表達心中的感恩。

陳文吟

民國 94 年元月

初版序

「商標」者，表彰業者商品之謂。該詞源自於外文 trademark，其普遍性遠不如「牌子」來得廣泛，然而，自有商標法規以來均以「商標」稱之，概以清光緒年間簽訂之各項中外商約的約定，及列強介入斯時之商標註冊試辦章程的草擬有關。

早於商標法規制定之前，坊間便有使用「牌」、「號」的習慣，當時的作用在於區別不同業者的商品或服務。而隨著商業活動的頻繁及業者間的競爭，開始出現「牌子老，品質好」的廣告用語，至近年來常用的「名牌」、「好的商標，好的商品」，在在說明商標的功用，不再只是表彰業者的商品來源，更代表其品質保證。不僅提高了擁有該商標的業者的信譽，也使消費者易於就商標辨識商品品質。因此，商標不只是業者本身的標記，更可成為業者一筆可觀的經濟資源；它也影響到消費者權益，甚至工商企業的發展；凡此，自需要一套健全的制度加以規範——即商標制度。

商標、專利雖與著作權併列為智慧財產權之主要項目，然而前二者所受到的重視程度遠不及著作權；坊間確有討論商標之論著，惟較之其他民刑商法書籍則嫌不足，國人投入商標制度之研究者亦屬有限。本書爰以我國商標制度為探討對象，就現行法規之立法原意、如何適用、適用上之爭議及可能的解決之道等予以討論。筆者以為僅探討現行規範，不足以使讀者全然瞭解商標制度，惟有就我國制度之立法沿革暨現行規定予以剖析，方得以洞悉商標制度之立法意旨暨目的。是以，本書內容中多處可見修正前後規定之探討，希冀引發國人對此制度之重視。惟筆者才疏學淺，復因本書付梓倉促，恐多所疏漏，尚祈先進不吝指正。

筆者藉此機會感謝母親與家姐文惠，由於母親的鼓勵與支持，以及家姐文惠於工作之餘鼎力幫助，本書方得以完成。亦感謝好友淑芳與菊英於蒐集資料方面的協助。

陳文吟

民國 87 年 4 月

商標法論

目　次

緒 論

　　回顧商標制度的起源，商標自始即與商業活動有相當密切的關聯，業者於商品上標示不同記號或圖樣等，俾與其他業者之商品得以區別❶。任何人仿冒其他業者已使用之圖樣，附記於自己的商品，將構成不公平競爭 (unfair competition)。各國亦逐漸立法明文保護業者之圖樣，並以「商標」(trademark) 稱之，承認其為財產權的一種——工業財產權。

　　隨著商業活動的發展，業者為表徵其商品的出處，均以商標附著於其製造販賣的產品，使消費者得以由商標的不同區別其係不同的來源，或聯想其來源為何。久而久之，商標對業者而言，已成為一項可貴的財富。

　　各國均立法保護商標，只是取得保護的方式，早期有「使用」及「註冊」等兩種，目前則均以申請註冊為取得商標權的方式。商標制度具有：㈠保護消費者的功能及㈡保障商標權的功能。至於其最終目的，則在促進工商企業的正常發展❷。

　　探究我國商標制度之沿革，我國在以成文法規範商標前，民間商家已習於以圖樣等各種標記附記於自己的單據，雖未以商標稱之，實已見商標之雛形。迄清光緒年間，先後與英、美、日等國訂立商約，商約中均載明中國將設立註冊局所，俾便外商前來註冊商標❸。清廷遂於光緒 30 年元月頒行「商標註冊試辦章程及細目」，由於各國意見紛紜，乃於光緒 32 年暨 33 年再行修改。迄民國成立，該章程終無施行之日。民國成立後，數次研

---

❶　2 STEPHEN LADAS, PATENTS, TRADEMARKS, AND RELATED RIGHTS, NATIONAL AND INTERNATIONAL PROTECTION 966 (1975)；何孝元著，《工業所有權之研究》，頁 126（重印三版，民國 80 年 3 月）。

❷　請參閱我國商標法第 1 條。

❸　「商標」乙詞，中英商約中以「牌號」稱之，中日商約則以「商牌」稱之。請參閱何孝元著，同❶，頁 126～127。

修，於民國 12 年公布施行首部商標法；民國 14 年又公布商標條例。至民國 19 年另公布新商標法，並於民國 20 年元月 1 日施行，該法經若干次修正，施行至今。茲就我國商標制度之沿革，以民國 19 年為分界，概略介紹如下。

第一章　民國 19 年以前之商標制度

第一節　清光緒商標註冊試辦章程

此章程共計 28 條，主要內容為：

一、商標之取得——採註冊主義。此由第 1 條「無論華洋商欲專用商標者，須照此例註冊。……」及第 6 條前段「如係同種之商品及相類似之商標呈請註冊者，應將呈請最先之商標准其註冊。……」可知。至於同日呈請者，二者均准予註冊（第 6 條後段）。

二、呈請註冊程序——向註冊局提出呈紙，並附㈠商標式樣；㈡說明擬使用商標之商品類別暨特定之商品；或向掛號分局（津、滬兩關）提出，由後者轉遞（惟須填具副本乙份）（第 4 條）。

三、委任代理人——章程中明定，呈請人或商標主（即現行法之商標權人）有下列事由之一者，必須指定代理人：㈠不在國內；㈡距註冊局所較遠者（第 16 條）。

四、商標式樣——可為圖形、文字或記號，亦可兼具其中二者，或三者（第 1 條後段）。

五、註冊要件——准予註冊的商標須符合下列要件：㈠具有顯著性（第 1 條後段）；㈡無下列不准註冊之事由（第 8 條）：⑴妨害秩序風俗，並欺瞞世人；⑵國家專用印信字樣，或由國旗、軍旗、勳章摹繪而成；⑶他人已註冊之商標；⑷相同或類似於他人於呈請前已公然使用兩年以上之商標，且使用於同種商品者。

六、核准註冊——㈠註冊局經審查准予註冊時，存留六個月，倘無他人呈請與之牴觸者，應將商標註冊之（第 5 條）。㈡外國業已註冊之商標，

於註冊日起四個月內向註冊局呈請註冊者，可認其於外國原註冊之時日（第 7 條）。

七、批駁之救濟——註冊局認不合例者，應敘明理由，不准註冊（第 14 條）。呈請人不服者，得於批駁之日起六個月內，呈請註冊局再行審查（第 15 條）。

八、註冊之註銷——註冊之商標有不准之事由者，註冊局與利害關係人得據不同之事由依職權及呈請註銷（即現行法之撤銷）其註冊（第 12 條暨第 13 條）。但註冊已滿三年者，利害關係人不得為之（第 13 條但書）。

九、商標專用年限——自註冊之日起二十年。已於國外註冊者之專用年限，至其原國外註冊年限，但不得逾二十年（第 9 條）。

十、延展——商標主擬繼續使用商標者，得於原專用年限期滿前六個月內，呈請展限（第 10 條）。

十一、權利之異動——商標主擬將專用權轉授他人或與他人合夥者，均須至註冊局呈請註冊（第 11 條）。

十二、公告——舉凡商標之註冊、註銷等事由，均應刊載於商標公報公告之（第 17 條）。

十三、侵害之民事救濟——商標主之商標專用權受侵害者，得對行為人提起告訴，請求賠償（第 19 條暨第 20 條）。

十四、侵害之刑事救濟——侵害他人商標專用權須負刑責，惟，以被害人提出告訴為前提，換言之，仍屬告訴乃論（第 22 條）。

十五、沒收——侵害商標專用權之器具應予沒收，相關之商品、招牌，則毀壞之（第 22 條）。

　　章程雖未曾付諸施行，惟，其中已揭示部分重要規範，如：採註冊主義、審查制度、註冊要件，相當於現行法評定制之註銷註冊、延展，以及侵害商標專用權之民、刑事責任。

　　此章程的制定，與外國政府的催促及介入有關，是以，部分條項係為外商所制定者，如：於國外註冊之商標，得於我國註冊並承認其原註冊日

期；明定商標訴訟，因當事人之國籍而由不同機關處理。

第二節　北京政府之商標法

民國成立後，先後由工商部、農商部接管商標事宜❹，歷任部長極力促成商標法的研擬，終於民國 12 年 5 月 4 日公布施行，共計 44 條，並於同月 8 日公布施行細則，共計 37 條。茲臚列其主要規範如下：

一、商標之取得——註冊主義兼採使用主義。按凡欲專用商標於自己的商品，須依法呈請註冊（第 1 條第 1 項）；又二人以上於同一商品以相同或近似之商標，各別呈請註冊時，實際最先使用者取得商標專用權，無法證明或無人使用時，准予最先呈請者註冊。同日呈請時，應協議由一人專用，否則不予註冊（第 3 條）。

二、呈請權之移轉——因呈請所衍生之權利，得與其營業一併移轉予他人，惟須變更呈請人名義方得對抗第三人（第 7 條）。

三、呈請人——凡擬使用商標之人，均得呈請，包括本國人與外國人。惟，外國人擬專用其商標時，須所屬國家與我國有相互保護條約者始可（第 1 條第 1 項及第 6 條）。

四、委任代理人——凡在中華民國境內無住所或營業所者，均須委任代理人，否則不得呈請或主張商標專用權（第 8 條）。商標局認為代理人不適當者，得令更換之（第 10 條）。

五、商標圖樣——可為文字、圖形、記號或其聯合式，且須指定顏色（第 1 條第 2 項暨第 3 項）。

六、註冊要件——准予註冊之商標須符合下列要件：㈠特別顯著性（第 1 條第 2 項）；㈡無下列情事之一者：⑴相同或近似於中華民國國旗、國徽……等；⑵相同或近似於紅十字章或外國國旗、軍旗者；⑶妨害風俗秩序，或可欺罔公眾者；⑷相同或近似於同一商品習慣上所通用之

標章；(5)相同或近似於世所共知他人之標章，使用於同一商品；(6)相同或近似於政府或博覽會等所給獎章；(7)未得承諾而使用他人肖像、姓名、商號，或法人、其他團體名稱；(8)相同或近似於他人註冊商標失效後未滿一年者，但註冊失效前已有一年以上不使用時，不在此限（第 2 條）。

七、本法施行前已使用者——本法施行前已繼續使用五年以上，並於本法施行後六個月內呈請註冊者，雖不符第 2 條第 5 款暨第 3 條之規定，仍得准予註冊（第 4 條）。

八、商標之態樣——同一人於同一商品，得使用類似商標呈請聯合商標註冊（第 5 條）。

九、程序期間之續展——居住國外或邊遠、交通不便者，商標局得依職權或呈請延展其法定期間（第 11 條）。又，除有事故窒礙之情事者外，凡延誤法定或指定期間者，呈請及一切程序無效（第 12 條）。

十、專用期間暨續展——自註冊之日起二十年。以外國商標呈請註冊者，專用期間以該原註冊之期間為準，但不得逾二十年。專用期間得續展，以二十年為限（第 16 條）。

十一、移轉與抵押——商標專用權得與其營業一併移轉，亦得抵押，惟，須經商標局核准註冊，始得對抗第三人（第 17 條暨第 18 條）。

十二、依職權或呈請撤銷之事由——凡(1)自行變換加附記；(2)註冊後滿一年無正當理由未使用，或停止使用滿兩年者；(3)移轉滿一年未呈請註冊者（第 19 條第 1 項）。就前揭第(2)項事由，倘專用權人已使用其聯合商標，或其在國外就同一圖樣註冊商標且於該國已使用者，則仍視為有使用（第 19 條第 2 項）。

十三、消滅事由——專用權人廢止營業者，其專用權因之消滅（第 20 條）。

十四、續展——商標專用期間得呈請續展之，但違反第 1 條至第 5 條規定者，註冊無效（第 21 條暨第 24 條）。

十五、商標局應備置商標簿冊暨商標公報（第 22 條暨第 23 條）。

十六、審查制度——商標之呈請或續展均須經審查員審查之（第 26 條）。

十七、不服審定之救濟——呈請人得呈請再審查，對其審定仍不服時，得依法訴願於農商部（第 27 條）。

十八、評定制度——審查員、利害關係人得據法定事由呈請評定。註冊商標自登載於商標公報之日起滿三年者，不得因特定評定事由被評定無效（第 28 條）。評定程序由三名評定委員為之（第 30 條）。對評定不服者，得請求再評定，進而提起訴願（第 32 條暨第 33 條）。

十九、標章之註冊——非營利事業之商品，欲專用標章者，得依本法呈請註冊（第 37 條）。

二十、專用權之侵害——行為人須負刑責，惟，此乃告訴乃論（第 39 條）。

二十一、虛偽標示註冊商標者，須負刑責（第 40 條）。

二十二、沒收物之交付——因侵害專用權遭沒收者，被害人得請求於估計其價值後，交付受害人（第 41 條）。

　　國民政府於民國 14 年 9 月 12 日又於廣東公布商標條例（共計 40 條）及商標條例施行細則（計 32 條）。其內容架構均沿襲前北京政府公布之商標法，僅部分內容經修正，例如：原審定公告六個月修改為四個月、廢除再審查程序、特定評定事由於註冊滿三年不得呈請評定之期間限制，修改為滿兩年不得呈請評定。

第二章　現行商標制度

　　現行商標制度係於民國 19 年 5 月 6 日公布、民國 20 年元月 1 日施行之商標法，其間歷經十三次修正，現行法主要係民國 100 年 5 月 31 日立法院三讀通過，同年 6 月 29 日總統令修正公布，並於民國 101 年 7 月 1 日施行之商標法，嗣於 105 年修正第 98 條之「犯人」為「犯罪行為人」。茲就歷次商標法增修內容予以說明。

第一節　民國 20 年施行與 24 年至 47 年修正施行之商標法

第一項　民國 20 年施行之商標法

　　民國 20 年元月 1 日施行之商標法，共計有條文 40 條，其內容並未以章節予以區分。主要規範事項如下：

一、註冊主義──商標專用權之取得須經呈請註冊（第 1 條）。

二、商標圖樣──商標圖樣之內容為文字、圖形、記號或其聯合式，並須指定顏色（第 1 條）。

三、註冊積極要件──具備特別顯著性（第 1 條）。

四、註冊消極要件──違反國家法益、公序良俗，構成不公平競爭，侵害人格權，以及相同或近似於他人之著名標章或註冊在先之商標（第 2 條）。

五、以先使用主義為原則，輔以先申請主義。同日呈請，協議不成，均不予註冊（第 3 條）。

六、善意使用者之保護──善意繼續使用十年以上之商標，呈請註冊時，

不受第 2 條第 6 款著名標章及第 3 條規定之限制（第 4 條）。

七、聯合商標之呈請──同一人之於同一商品使用類似商標，可呈請聯合商標（第 5 條）。

八、互惠原則──基於互惠條約，外國人可於我國呈請商標註冊（第 6 條）。

九、商標呈請權及專用權之移轉──應與營業一併移轉，並應變更名義方得對抗第三人。又，聯合商標不得分析移轉（第 7 條、第 17 條及第 18 條）。

十、委任代理人──在國內無住所或營業所者應委任代理人（第 8 條）。有關委任之相關事由，均須經商標局核准註冊方得對抗第三人 （第 9 條）。商標局得令呈請人更換不適任之代理人（第 10 條）。

十一、延誤指定期間及法定期間之效果──呈請及相關程序無效，但有事故窒礙時不在此限（第 12 條）。又，可因交通不便呈請延展法定期間（第 11 條）。

十二、核駁乙詞之使用──審查結果不予註冊者，謂之核駁（第 28 條）。

十三、商標專用權及其例外──以呈請註冊所指定之商標為限（第 14 條）。善意普通使用者不受拘束（第 15 條）。

十四、商標專用期間及延展──自註冊之日起二十年，得延展之 （第 16 條）。

十五、商標專用權之抵押──呈請核准註冊之對抗效力（第 18 條）。

十六、商標專用權之撤銷──註冊人得隨時撤銷，且商標局依職權或利害關係人之呈請撤銷（第 19 條）。

十七、商標專用權之消滅──商標專用權人廢止營業（第 20 條）。

十八、異議制──審定公告六個月內利害關係人得提出異議（第 18 條）。

十九、評定制──商標之註冊違法時，得由商標局依職權或利害關係人請求評定（第 21 條及第 30 條）。

二十、一事不再理──經異議不成立或評決不成立確定之註冊商標，他人不得以同一事實及同一證據請求評定（第 29 條及第 37 條）。

二十一、非營利事業之商品，欲專用標章者應呈請註冊──準用商標之規

定（第 38 條）。

第二項　民國 24 年至 47 年修正施行之商標法

民國 24 年、29 年及 47 年之修正內容，變更的幅度不大。

民國 24 年之修正內容如下：

一、商標應指定名稱，所用文字包括讀音（第 1 條）。

二、以國內先使用主義為原則，輔以先申請主義（第 3 條）。

三、刪除原第 4 條對善意使用者之保護。

四、商標專用權——以呈准註冊之圖樣及所指定之商品為限（第 13 條）。

五、將抵押乙詞改為質權之標的物（第 17 條）。

民國 29 年僅增訂第 37 條，明定關於商標專用事項，有提出民事或刑事訴訟者，應俟評定評決確定後，始得進行其訴訟程序。此規定在避免訴訟程序判決被告侵權後卻發生商標註冊無效之情事；惟，卻衍生當事人藉評定案延宕訴訟之弊端。

民國 47 年修法時，除將「呈請」改為「申請」外，主要修正內容如下：

一、明定商標文字應以國文為主，讀音以國語為準，得以外文為輔。但外國商標除名稱外，不受此拘束（第 1 條）。

二、明定國內先使用主義之原則，須受制於先使用人係於境內使用後一年內申請註冊者；否則將予先申請者註冊（第 3 條）。

三、將「事故窒礙」乙詞改為「不可抗力或不可歸責於申請者之事由」（第 9 條）。

四、商標專用權之擴張——以註冊商標之全部或一部作為自己商標之主要部分者，應該註冊商標之拘束（第 11 條）。

五、商標專用權之授權及其要件——商標法首次明定授權制度，但須符合下列要件：㈠被授權人之製造商品，須受專用權人之監督支配，保持與該商標商品相同之品質；㈡須經商標主管機關核准（第 11 條）。

六、註冊商標之商品品質，註冊後經主管機關檢驗品質連續三次不合格者，亦為撤銷註冊之事由（第 16 條）。

第二節 民國 61 年至 78 年修正施行之商標法

民國 61 年以降，歷經 61 年、72 年、74 年及 78 年四次修正，其中以 61 年之修正較為重要。

第一項 民國 61 年修正施行之商標法

民國 61 年修法將商標法分為六章，依序為總則、商標專用權、註冊、評定、保護及附則。至於修正內容如下：

一、明定商標制定的宗旨——為保障商標專用權及消費者利益，以促進工商企業之正常發展（第 1 條）。

二、明定商標使用之定義——將商標用於商品或其包裝容器上，行銷市面而言（第 6 條）。

三、明定商標主管機關——經濟部指定辦理商標註冊事務之機關（第 7 條）。

四、當事人得向主管機關申請延展或變更指定期間，但有相對人或利害關係人時，除顯有理由或經徵得其同意外，不得為之（第 12 條）。

五、防護商標之申請——同一人以同一商標指定使用於非同類、但性質相同或近似之商品（第 22 條）。

六、商標專用期間修改為註冊之日起十年（第 23 條）。

七、授權要件之增訂——除原訂要件外，並需符合經濟部基於國家經濟發展需要所規定之條件（第 26 條）。又被授權人須於商品上為授權之標示。違反規定者，主管機關得撤銷其授權之核准（第 27 條）。

八、明定商標專用權不得作為質權標的物（第 30 條）。

九、商標註冊名稱之保護——除已載入圖樣中者外，應於使用時予以標明，否則不受保護（第 34 條）。

十、採先申請主義，同日申請，協議不成以抽籤方式決定（第 36 條）。

十一、明定商標專用權受侵害之民事救濟（第 61 條）。

十二、明定侵害商標專用權者，須受刑法第 253 條之處罰（第 62 條）。

十三、惡意使用他人商標名稱為自己公司或商號名稱之特取部分，須受刑
　　　罰處分（第 63 條）。

十四、服務標章之註冊與保護，準用商標法之規定（第 67 條）。

第二項　民國 72 年至 78 年修正施行之商標法

民國 72 年主要修正內容如下：

一、明定正商標乙詞（第 22 條）。

二、增訂專用權人死亡無繼承人者亦為專用權消滅之事由（第 33 條）。

三、商標名稱未載入圖樣者不受保護，無例外之適用（第 34 條）。

四、侵害商標專用權者，處五年以下有期徒刑、拘役或科或併科五萬元以
　　下罰金（第 62 條）。

五、增訂侵害未註冊著名商標的刑責——但以該商標所屬國家與我國有互
　　惠者為限（第 62 條之 1）。

六、明知為仿冒品而為販賣者之刑責（第 62 條之 2）。

七、犯第 62 條至第 62 條之 2 之罪所製造、販賣、陳列、輸出或輸入之商
　　品，屬於犯人者，沒收之（第 62 條之 3）。

民國 74 年之主要修正內容係針對專用權侵害救濟所做的修正。

一、明定損害賠償之計算（第 64 條）。

二、非明知為仿冒品而為販售者負連帶賠償責任——但能提供商品來源
　　者，得減輕或免除其責（第 64 條之 1）。

三、未經認許之外國法人亦得依本法請求救濟或為自訴或告訴（第 66 條之
　　1）。

民國 78 年之主要修正內容如下：

一、明定申請商標註冊應檢附已登記之營業範圍證明（第 2 條）。

二、確立專業商標代理人制度（第 8 條）。

三、以第 37 條第 1 項第 6 款為理由提出異議及評定者，利害關係人須為㈠
　　主張他人商標有欺罔公眾之虞者，其商標已在我國註冊之商標專用權
　　人。㈡主張他人商標有致公眾誤信之虞者，包括其商標已在我國註冊

之商標專用權人及未在我國註冊而先使用商標之人（第46條及第52條）。

四、犯第62條至第62條之2之罪所製造、販賣、陳列、輸出或輸入之商品，不問屬於犯人與否，沒收之（第62條之3）。

第三節　民國82年及87年修正施行之商標法

此二次修正均與當時我國擬加入國際經貿組織有密切關連。

第一項　民國82年修正施行之商標法

民國82年為配合工商企業之高度發展及社會經濟型態之變遷，以及我國積極重返關稅暨貿易總協定（General Agreement on Tariffs and Trade，簡稱 "GATT"），故參酌各國立法以及GATT烏拉圭回合談判中「與貿易有關之智慧財產權協定」（Agreement on Trade-Related Aspects of Intellectual Property Rights，簡稱 "TRIPs協定"）草案，研擬修正商標法。主要修正內容如下：

一、刪除應檢附營業範圍證明之規定（第2條）。

二、明定國際優先權之適用（第4條）。

三、刪除本國人申請註冊之商標圖樣須以中文為主之規定（刪除修正前第5條）。

四、明定特別顯著性之意義，並增訂第二意義（第5條）。

五、簡化商標註冊申請規費（第16條）。

六、刪除提出異議須為利害關係人之限制（第46條）。

七、明定商標註冊日（第41條）。

八、明定商標專用權以指定商品為限（第21條第2項）。

九、增訂善意先使用人之免責規定，及耗盡原則之適用（第23條第2項及第3項）。

十、延長延展註冊申請期間為專用期間屆滿前一年內（第25條）。

十一、廢除商標授權之嚴格要件（第 26 條）。

十二、刪除專用權之移轉應與營業一併為之之規定（第 28 條）。

十三、明定專用權可為質權標的物（第 30 條）。

十四、將「有欺罔公眾或致公眾誤信之虞」明定為兩款情事——「使公眾誤認誤信其商品之性質、品質或產地之虞」，及「襲用他人之商標或標章有致公眾誤信之虞」；並以後者涵蓋對著名標章之保護（第 37 條第 1 項第 6 款及第 7 款）。

十五、明定服務標章之定義及使用方式（第 72 條）。

十六、增訂證明標章及團體標章（第 73 條及第 74 條）。

第二項　民國 87 年修正施行之商標法

民國 86 年為配合加入世界貿易組織（World Trade Organization，簡稱"WTO"）修改部分條文，以符合 TRIPs 協定。同年 5 月 7 日由總統令修正公布第 4 條等 8 條條文，並於 87 年 11 月 1 日施行。其主要修正內容如下：

一、以概括方式明定第二意義之適用（第 5 條第 2 項）。

二、明確規範善意合理使用之規定（第 23 條第 1 項）。

三、修改延展註冊申請期間為專用期間屆滿前六個月內及期滿後六個月內，於期滿後六個月內申請者須加倍繳納規費（第 25 條第 1 項）。

四、刪除法人因解散或遭撤銷登記致其商標專用權消滅之規定（第 34 條）。

五、原第 37 條第 1 項第 7 款之規定，改以第 7 款著名商標或標章及第 14 款（增訂）之他人先使用商標規範之（第 37 條第 7 款及第 14 款）。

六、明定第 62 條第 1 款及第 2 款之情事亦為侵害商標專用權（第 61 條第 2 項）。

第四節　民國 92 年修正施行之商標法

民國 91 年 5 月 29 日，為配合行政程序法於民國 90 年 1 月 1 日施行，經總統令修正公布第 79 條，並增訂第 77 條之 1。又鑑於商標流通具國際

性，而西元 1994 年 10 月 27 日，各國於瑞士日內瓦簽訂商標法條約後，各國均依其規定，朝商標制度統合及協調化而努力。是以，為因應國內企業發展需要、國際立法趨勢，商標制度配合作全盤修正，其主要修正內容如下：

一、擴張商標所表彰之範圍——凡表彰商品及服務者，均以「商標」涵蓋之（第 2 條）。

二、刪除申請商標註冊者其商標必須表彰自己營業及必須具有使用意思之規定（第 2 條）。

三、增訂聲音及立體形狀亦得作為商標之構成要素（第 5 條）。

四、修正商標使用定義——配合目前經濟活動發展情勢及實務上產生之問題，修正商標使用之定義（第 6 條）。

五、配合行政程序法之規定，修正部分條文（第 9 條及第 24 條）。

六、採行審定書應由審查人員具名之制度（第 16 條）。

七、增訂商標不准註冊之事由——如：㈠立體商標註冊之限制（第 23 條第 1 項第 4 款），㈡有減損著名商標或標章識別性或信譽之虞之商標，不得註冊（第 23 條第 1 項第 12 款），㈢合理保護法人、商號及其他團體之名稱，以是否致公眾混淆誤認之虞為準（第 23 條第 1 項第 16 款），㈣加強保護酒類地理標示（第 23 條第 1 項第 18 款）。

八、採行一申請案可指定多種類別之制度——對申請人而言，可減少其須以多件申請書申請跨類商品及服務之不便，爰予修正（第 17 條）。

九、採行分割制度——配合本次修正採行一申請案可指定多種類別之制度，申請人或商標權人得視需要，於申請中將一申請案請求分割為二以上之申請案；於註冊後將部分商品或服務予以分割移轉；甚至，於異議及評定案件確定前亦得申請分割商標權（第 21 條及第 31 條）。

十、增訂商標註冊費及註冊費得分期繳納——為防止未使用之商標不當累積，提高商標審查效率，並自然淘汰市場上週期較短之商標，增訂註冊費及明定未繳註冊費之效果，並導入註冊費分二期繳納之規定，使商標權人自行決定是否欲繳納第二期註冊費，以達商標有效管理之目的（第 26 條）。

十一、明定商標權之效力範圍——商標權之效力，涉及他人使用商標之行為是否構成民事責任及刑事責任，為求明確，予以明定（第 29 條）。

十二、採行註冊後異議制度，縮短申請商標註冊時間——申請案經核准審定，於申請人繳納第一期註冊費後，即予註冊公告。任何人如認該商標之註冊有不合法之情事，則可於註冊公告日後三個月內，提起異議（第 40 條）。

十三、廢除聯合商標制度及逐步廢除防護商標制度——基於聯合商標之功能有限，並參考英國於西元 1994 年及日本於西元 1996 年修正商標法廢除聯合商標制度，故廢除聯合商標之制度；並以商標減損之概念，取代防護商標的功能，遂逐步廢除防護商標制度，明定過渡期間之適當規範（第 86 條及第 87 條，刪除修正前第 22 條）。

十四、廢除延展註冊申請之實體審查（刪除修正前第 25 條第 2 項暨第 3 項）。

十五、明定商標權移轉不影響授權關係之存續（第 33 條）。

十六、移轉商標權後使用之限制——因商標權為可移轉之標的，若移轉之結果有致相關消費者混淆誤認之虞者，應附加適當區別標示（第 36 條）。

十七、刪除申請廢止案之利害關係人資格限制（第 57 條）。

十八、明定擬制侵害商標權之態樣（第 62 條）。

十九、明定侵害商標權物品之邊境管制措施——明定商標權人對侵害其商標權之物品得申請海關先予查扣之規定與程序、海關應廢止查扣與依申請返還保證金之法定事由及授權訂定實施辦法（第 65 條至第 68 條）。

二十、增訂產地證明標章（第 72 條）。

二十一、增訂團體商標（第 76 條）。

二十二、明列證明標章、團體標章及團體商標不當使用之態樣（第 79 條）。

第五節　民國 99 年修正施行之商標法

本次修正係因應我國加入世界貿易組織、以及簽署「海峽兩岸智慧財產權保護合作協議」，於商標法第 4 條有關優先權之規定增列在「世界貿易組織會員」依法申請註冊之商標，向我國申請註冊者，得主張優先權。並於第 94 條第 2 項增訂施行日期，由行政院定之。

嗣經行政院於民國 99 年 9 月 10 日行政院院臺經字第 09900519440 號令發布定自 99 年 9 月 12 日施行。

第六節　民國 101 年修正施行之商標法

此次修正主要緣由有三：商業交易型態之多元化、商標侵權規範於司法實務之適用上的疑義，以及因應國際條約的趨勢（如西元 2009 年 3 月生效之商標法新加坡條約，The Singapore Treaty on the Law of Trademarks，簡稱 "STLT"）。此次修正案於民國 100 年 5 月 31 日經立法院三讀通過，於同年 6 月 29 日經總統令修正公布，並於民國 101 年 7 月 1 日施行。主要修正重點如下。

一、明確規範商標使用行為之樣態——不同於修正前之以概括方式規範，本次修正規範商標各種使用行為，並為因應電子商務及網路發達之經濟發展情勢，明定以數位影音、電子媒體、網路或其他媒介物方式為之，亦屬商標使用之行為（第 5 條）。

二、擴大商標之保護客體——不同於長久以來以列舉方式臚列可申請註冊之客體，本次採概括規定，凡足以識別商品或服務來源之標識皆可成為商標註冊之保護客體，例如動態 (motion)、全像圖 (hologram) 等標識（第 18 條）。

三、增訂展覽會優先權之規定——依據 WTO 之 TRIPs 協定第 2 條規定，將保護工業財產權巴黎公約　(Paris Convention for the Protection of

Industrial Property ，簡稱巴黎公約）　第 11 條有關展覽會優先權之規定，納入本法（修正條文第 21 條）。

四、明定商標圖樣非實質變更之情事——商標圖樣非屬實質變更者，申請註冊後，仍得變更（修正條文第 23 條）。

五、增訂商標註冊申請事項及註冊事項更正錯誤之規定——商標註冊申請事項及註冊事項，在不影響商標同一性或擴大指定使用商品或服務範圍之條件下，申請人得請求更正錯誤（修正條文第 25 條及第 38 條）。

六、增訂商標共有之相關規定——為因應產業界需要，一枚商標得由二人以上共有，並配合增訂商標共有之申請、移轉、分割、減縮、授權及設定質權等相關規定（修正條文第 7 條、第 28 條及第 46 條）。

七、修正商標不得註冊之事由——將積極要件之欠缺及消極要件，分列二條予以明定，並參酌巴黎公約第 6 條之 3 規定，修正不得註冊商標之事由（修正條文第 29 條及第 30 條）。

八、廢除註冊費分二期繳納之制度——註冊費分二期繳納的目的，係為促使商標權人有效利用其商標，自然淘汰使用於市場上週期較短商品之商標，並藉此減輕商標權人之負擔而設；惟，效果不彰，是以，故改採一次繳納註冊費之制度。此修正可避免商標權人因疏忽，致遲誤第二期繳納註冊費期間，而喪失商標權之風險（刪除修正前商標法第 26 條）。

九、明定並存同意申請註冊，須無顯屬不當之情形——明定縱令先權利人已出具並存註冊同意書，倘有顯屬不當之情形者，專責機關仍應不准其註冊，以符合本法立法意旨（第 30 條第 1 項第 10 款）。

十、明定遲誤繳納註冊費，得加倍繳納註冊費申請復權——申請人非因故意，遲誤繳納註冊費者，可繳納二倍註冊費申請復權。惟，為維護權利之安定性，則例外不准其復權（第 32 條第 2 項）。

十一、修正合理使用之範圍——增訂商標之指示性合理使用，包括表示商品或服務「用途」之情形，以期周延（修正條文第 36 條）。

十二、修正申請分割或減縮指定使用商品或服務之時點—— 1.商標註冊申

請案之申請減縮、分割商品或服務，應於核駁審定前為之（第 31 條第 3 項）。2.註冊商標涉有爭議案件時，申請分割商標權或減縮指定使用商品或服務，應於處分前為之（第 38 條第 3 項）。

十三、增訂專屬授權及非專屬授權之相關規定——參考商標法新加坡條約，增訂專屬授權之定義及為再授權之相關規定，並為保障專屬被授權人之權益，增訂專屬被授權人行使權利之規定（修正條文第 39 條）。

十四、增訂據以評定或廢止商標應檢送申請前三年之使用證據——為強調商標使用之重要性，及有效防止持有註冊商標而不使用之商標權人，濫行主張權利；明定據以評定或廢止之商標註冊已滿三年者，應檢送申請評定或廢止前三年之使用證據（第 57 條第 2 項、第 67 條第 2 項準用之）。

十五、強化商標權保護，修正商標侵權相關規定—— 1.明確規範侵權行為之樣態（第 68 條）。 2.釐清商標侵權責任之主觀要件（修正條文第 69 條）。 3.增訂法院審酌侵害之程度及第三人利益後，得為其他必要處置之規定（第 69 條第 2 項但書）。 4.刪除最低損害賠償的底限規定（刪除修正前商標法第 63 條規定）。

十六、修正擬制侵害之行為態樣——有減損「著名商標」的識別性或信譽之虞者，視為侵權行為；刪除單純以他人「註冊商標」作為自己公司名稱、商號名稱、網域名稱等視為侵權之規定（第 70 條）。

十七、邊境保護措施周延化——明定海關依職權查扣之法據，有助於海關執行其職務；並使商標權人得調借貨樣進行侵權認定，及取得相關貨物資訊之權利，確實達到反仿冒之目的（第 75 條～第 77 條）。

十八、強化我國著名產地名稱保護政策——增訂產地證明標章及產地團體商標之定義等相關規定（第 80 條、第 88 條），並增訂直接及輔助侵害證明標章權的刑罰規定（第 96 條）。

十九、增訂明知為侵權商品而透過電子媒體或網路方式販賣、意圖販賣之刑事處罰規定（第 97 條）。

第七節　民國 105 年修正施行之商標法

　　民國 105 年為配合刑法第 38 條用語，將商標法第 98 條之「犯人」修正為「犯罪行為人」。施行日期由行政院定之。

　　行政院遂於民國 105 年 12 月 14 日行政院院臺經字第 1050048185 號令發布定自 105 年 12 月 15 日施行。

本論——我國商標制度

　　我國商標制度之設立宗旨，明定於商標法第 1 條：為保障商標權、證明標章權、團體標章權、團體商標權及消費者利益，維護市場公平競爭，促進工商企業正常發展⋯⋯。亦即，藉由保障商標權、保障消費者，以及維護市場公平競爭，達到促進工商企業正常發展之最終目的。是以，若保障商標權的結果有違工商企業正常發展時，將犧牲商標權人之權益，例如商標權人之未使用其商標等情事將構成商標權之廢止。「維護市場公平競爭」乙句係民國 92 年修法時所增列者。其理由為商標法之訂定本有維護市場公平競爭之功能，非但為國際立法趨勢，亦為該次修法重點之一，如對著名商標之保護及對酒類地理標示之保護等，為宣示其為商標法保護之對象，故予以明定❶。證明標章權、團體標章權與團體商標權雖先後於 82 年及 92 年所增訂，惟，於 101 年修法始列於第 1 條，藉以彰顯商標法所保護之四種商標／標章權。

　　至於現行掌理商標業務之機構，因其關乎商標制度之運作，故於此先行介紹。

　　掌理商標業務機構者，商標主管機關是也。依商標法第 3 條第 1 項，係指經濟部而言；相關業務之管理，則由經濟部指定專責機關為之（商標法第 3 條第 2 項）。現由智慧財產局負責辦理（詳如後述）。

　　回顧其沿革，我國曾於民國 16 年設立全國註冊局，於民國 17 年改組為全國商標局管理商標業務，惟於民國 38 年遷臺後，經濟部改將商標業務委託臺灣省建設廳辦理，嗣於民國 43 年將商標業務改由中央標準局辦理。

　　揆諸經濟部中央標準局之設置，其業務係以標準、度量衡為主；商標

---

❶　商標法修正草案，《立法院第五屆第三會期第九次會議議案關係文書》，頁討 104～106（民國 92 年 4 月 23 日）（以下簡稱「92 年商標法修正案」）。惟，維護市場公平競爭的功能，原係伴隨商標制度存在，不因有無明定而異。

業務僅屬兼辦性質，雖經其變更組織章程，將商標（包括專利）列為標準局掌理範圍，仍屬不當，尤其在倡導保護智慧財產權的今日，更令人誤解我國對智財權保護不力。政府當局有鑑於此，遂設置智慧財產局統籌智慧財產業務，包括商標、專利、積體電路電路布局、營業秘密、著作權及查禁仿冒等業務，期冀彰顯其保護之功能。經濟部智慧財產局組織條例於民國 87 年 11 月 4 日公布施行，智慧財產局（以下簡稱智慧局）亦於民國 88 年元月 26 日正式成立❷。

　　商標專責機關除受理、審查有關商標之各項申請案外（商標法第 14 條），並應對外發行商標公報，登載註冊商標及關於商標之必要事項（商標法第 11 條），如商標註冊事項之變更（商標法第 38 條）等，以達公示之作用。此外，更須於內部備置商標註冊簿登載商標註冊、商標權異動及法令所定之一切事項（商標法第 12 條第 1 項）。

　　依行政程序法第 46 條，商標專責機關對於業務範圍所及之特定事項有守密的義務：㈠屬於營業機密或有關個人隱私者；㈡專責機關內部之簽註及批示。除此，對於任何摹繪圖樣、查閱或抄錄書件之申請，發給有關商標之證明的申請，均不得拒絕。

　　現行商標法的架構於 101 年修法時有若干異動，新舊商標法之差異如下。

現行法 （民國 101 年 7 月 1 日施行）	修正前商標法
第一章　總則（第 1～17 條）	第一章　總則（第 1～16 條）
第二章　商標	第二章　申請註冊（第 17～22 條）
第一節　申請註冊（第 18～28 條）	
第二節　審查及核准（第 29～32 條）	第三章　審查及核准（第 23～26 條）
第三節　商標權（第 33～47 條）	第四章　商標權（第 27～39 條）

---

❷　經濟部智慧財產局組織條例嗣經民國 89 年、91 年修正，現行條例為 100 年 12 月 28 日修正公布者。智慧財產局成立前，中央標準局編印有多部文獻，本文亦予以採用，並仍以「經濟部中央標準局」稱之。

第四節　異議（第 48～56 條）	第五章　異議（第 40～49 條）
第五節　評定（第 57～62 條）	第六章　評定及廢止 　第一節　評定（第 50～56 條）
第六節　廢止（第 63～67 條）	第二節　廢止（第 57～60 條）
第七節　權利侵害之救濟 　　　　（第 68～79 條）	第七章　權利侵害之救濟 　　　　（第 61～71 條）
第三章　證明標章、團體標章及團體商標 　　　　（第 80～94 條）	第八章　證明標章、團體標章及團體商標 　　　　（第 72～80 條）
第四章　罰則（第 95～99 條）	第九章　罰則（第 81～83 條）
第五章　附則（第 100～111 條）	第十章　附則（第 84～94 條）

茲就現行商標法，分別探討下列課題：一、商標之保護客體及標章種類；二、商標權之申請；三、商標註冊要件；四、審查制度；五、商標權及其異動；六、商標權之廢止暨消滅；七、商標權之侵害與救濟。

第一章　商標之保護客體及標章種類

「商標」乙詞，廣義言之，係指商標法所保護之各類標章，概因循法規名稱「商標法」，而以「商標」統稱之；惟就狹義的定義，商標僅為商標法所保護的標章類別之一；因此，有主張將「商標法」❶名稱改為「標章法」❷方符合其實際規範內容。

商標保護客體為商標權人用以於特定商品或服務主張其排他性權利的標誌，過往，均為傳統之平面標誌，故以「商標圖樣」稱之。然而，自民國 87 年以降，得註冊之客體愈趨多元，由顏色組合至單一顏色，更擴及無形的聲音、立體形狀，甚至動態、全像圖等非傳統型標誌，商標圖樣乙詞已不足以涵蓋。是以，除配合商標法條文或特殊情事之需要，使用「商標圖樣」乙詞外，本書將以商標之保護客體稱之，或簡稱商標內容。

本章將依序探討現行法有關商標保護客體以及標章種類的規範。

第一節　商標保護客體

修正前商標法採列舉制，逐一臚列得申請註冊為商標之保護客體；現行商標法第 18 條則改以概括式，明定凡具有識別性之標識均得申請註冊為商標，並例示如，文字、圖形、記號、顏色、立體形狀、動態、全像圖、

---

❶　「商標法」自早期「商標條例」至民國 19 年公布之法規，均沿襲該名稱；且早期之「商標條例」、「商標法」保護對象僅限於商標，不及於其他標章。

❷　民國 82 年修法時，林壽山立法委員認為「商標法已由過去只保護商品的精神，擴大成對社團、團體的標章皆加以保護，如沿用過去商標法，恐無法涵蓋此一修正精神……」，而建議修改「商標法」為「標章法」。商標法案，《法律案專輯》，第 168 輯，頁 334～335（民國 83 年 8 月）（以下簡稱「82 年商標法案」）。

聲音等，或其中任數種標識之結合。該些標識因發展前後，可分為傳統型商標與非傳統型商標，茲分述如下。

第一項　傳統型商標

傳統型商標，指文字、圖形、記號或其聯合式。有關文字、記號或其聯合式之圖形，在符合註冊要件的前提下，均可申請註冊為商標，此於早期之商標制度中便有規定。

文字可為單一字體、名詞，亦可為一句口號，單字如「虹」❸，名詞如「黑松」、「大同」，口號如「鑽石恆久遠，一顆永流傳」❹。惟，口號常使消費者誤以為廣告用語，因此，多須使用一段時間，產生第二意義，方得以取得註冊。文字除中文，亦可以外文，或中外文併用，如 "KODAK"，「柯達 KODAK」。

圖形雖得單獨作為商標，如蘋果公司的蘋果圖形 ，豐田自動車股份有限公司的 ，惟實務上多與文字一併使用。如「黑松及圖」。

記號常見以數字組成，如煙草公司的「555」，洗髮精「566」及水泥漆「815」等。外文字母如 "IBM"，"VW"，"LV"，"hTC"，甚至數字與字母的組合，如 "3M"。

第二項　非傳統型商標

非傳統型商標指顏色、立體形狀、動態、全像圖、聲音等具識別性之標識，茲分述如下。

---

❸　依商標專責機關檢索系統可查到「虹」字商標多達數十筆，惟，多結合圖形——「虹及圖」。

❹　商標權人戴比爾斯公司 (De Beers) 的前身南非狄更斯公司於民國 79 年 10 月開始以「鑽石恆久遠，一顆永流傳」作為電視廣告用語，於 87 年以「鑽石恆久遠，一顆永流傳 DE BEERS」申請，92 年取得商標註冊。

壹、顏　色

顏色本為申請人於申請時所須指定者，蓋以顏色之不同，亦足以影響整體圖樣之識別性，故然。是以，至民國 82 年修法前均沿襲該規定「應指定所施顏色」。惟，斯年修法時，則以顏色本為商標圖樣所顯示，無再行指定之必要，故刪除之❺。民國 87 年修法時增列顏色組合 （combination of colors） 一項，理由為：世界貿易組織 （World Trade Organization，簡稱 WTO） 與貿易有關之智慧財產權協定 （Agreement on the Trade-Related Aspects of Intellectual Property Rights，簡稱 "TRIPs" 協定）第 15 條所規定之商標內容中包括「顏色組合」，是以，我國亦配合訂定之。顏色得否申請註冊？當顏色附著於一設計圖形，因有設計圖形的存在，確定其得否註冊，較無疑慮；倘僅為數種顏色之組合，是否具識別性？實有待商榷；得否允許由一人獨占，排除他人之使用，更有進一步考量之必要。似宜令其於申請註冊前已取得「第二意義」之識別性為妥。民國 92 年又將顏色商標❻由顏色組合擴及單一顏色的保護。前揭有關顏色組合之疑慮亦將存在於單一顏色之情事。

---

❺　《82 年商標法案》，同❷，頁 370。

❻　所謂顏色商標指單純以單一顏色或顏色組合作為商標申請註冊，而該單一顏色或顏色組合本身已足資表彰商品或服務來源者而言，不包括以文字、圖形或記號與顏色之聯合式商標。如：來來百貨股份有限公司的「來來百貨股份有限公司顏色商標㈠」（註冊第 01461734 號）、吉列公司金頂電池的 "Copper & Black Cylindrical Design"──銅色與黑色組合（註冊第 00992276 號）、嘉里大榮物流股份有限公司的「大榮貨運企業識別商標」──橘、白、綠色組合（註冊第 01162487 號）（按：該商標業於 104 年 6 月 30 日因專用期間屆滿未延展而消滅）。是以，一般平面設計圖樣有固定的圖形形狀且施予顏色，應屬圖形商標而非顏色商標，二者並不相同。請參閱經濟部智慧財產局，「非傳統商標審查基準」，中華民國 106 年 9 月 12 日經濟部經授智字第 10620033011 號令修正發布，並自即日生效。

過往，均以任何人不得就單一顏色擁有獨占權利❼。申請人若擬以單一顏色申請註冊，應證明其顏色已具有第二意義之識別性始可，此揆諸修法理由甚明❽。

貳、立體形狀

立體設計得否申請註冊商標，亦為一值得探討的議題。過往，由於商標圖樣之「圖樣」二字，致使一般人均將其定位在平面的設計，然而，隨著商業活動的日益頻繁、促銷手法的日新月異，業者早已由平面圖形擴張到以立體設計來表彰、促銷其產品，使消費者藉由其產品或包裝外觀，辨別其製造來源，例如可口可樂的瓶子形狀❾。因此，民國 92 年修法時將單純平面設計擴大到立體設計，使符合實際商業活動之需要❿。

---

❼ 2 STEPHEN LADAS, PATENTS, TRADEMARKS, AND RELATED RIGHTS, NATIONAL AND INTERNATIONAL PROTECTION 1021 (1975).

❽ 修正前商標法第 5 條第 1 項修法說明二㈠……，單一顏色若已成為申請人營業上商品或服務之識別標識者，亦具備商標之識別性，爰納入保護之。商標法修正草案，《立法院第五屆第三會期第九次會議議案關係文書》，頁討 111（民國 92 年 4 月 23 日）（以下簡稱「92 年商標法修正案」）。如：美商·崔美克歐陸航空有限公司使用於螺母之非金屬內圈 "Miscellaneous Design" 的紫色（單一顏色）商標（註冊第 01185658 號）。國外如 Tiffany 珠寶公司的知更鳥淡藍；Owens Corning（康寧）公司之粉紅色，Hermes: orange（愛馬仕的橘色），以及西元 2008 年於美國取得聯邦註冊之 Christian Louboutin red-sole（克里斯提·魯布托的紅色鞋底）等。非傳統商標審查基準中亦明白揭示：「單一顏色在消費者的認知，多屬裝飾性質」，因此，單一顏色原則上不具備固有識別性(inherently distinctiveness)，若擬註冊為商標，申請人須提供相當之證據證明該單一顏色業經其使用，在交易上已成為表彰其商品或服務之標識，並得藉以與他人之商品或服務相區別，亦即，主張後天識別性，方可。非傳統商標審查基準第 4.2.3 點，頁 18～19。

❾ Ladas，同❼，at 1024. 立體設計甚至可使視障同胞在觸摸其瓶子時，便知道其為何種商標之產品。

❿ 民國 82 年修法時，已有部分立法委員提出如是主張，惜未獲採納。不過，亦有立委持反對見解者。請參閱《82 年商標法案》，同❷，頁 368～376。

　　立體商標可能的申請態樣如下❶：(1)商品本身的形狀❷；(2)商品包裝容器之形狀 ❸ ；(3)立體形狀標識 （商品或商品包裝容器以外之立體形狀）❹；(4)服務場所之裝潢設計❺。無論以何種態樣呈現，均比平面圖樣較難具有識別性；往往需藉由交易上的使用產生識別之功能（即第二意義）。

　　立體商標與設計專利可能產生競合關係。按設計專利係指對物品之形狀、花紋、色彩或其結合，透過視覺訴求之創作，非屬技術創作。一立體形狀的設計，可能同時具有設計上的創意而取得設計專利權，以及具有區別商品來源之功能而取得商標註冊❻。同理，以立體商標之形狀，若同時符合商標法與著作權法保護之要件，可同時取得商標權，並主張著作權。

參、動　態

　　動態商標源自於外文 "motion mark"，相對於靜態商標，係指一系列的

❶　請參閱非傳統商標審查基準第 3.1 點，頁7。

❷　如：德國戴姆勒股份有限公司 （賓士汽車公司） 的 Smart 汽車形狀 "smart convertible" （註冊第 01134031 號）、比利時吉利蓮有限責任公司的 "seashell chocolate bar (three-dimensional trademark)" （註冊第 01237093 號）。

❸　如：臺灣菸酒股份有限公司的「酒瓶圖（吉祥羊）」（我國首件立體商標）（註冊第 01118335 號）、美國可樂公司的 "3D COCA-COLA CONTOUR BOTTLE Design" （註冊第 01234979 號）、三得利控股股份有限公司的角瓶（空瓶、無標籤）（註冊第 01159333 號）、 及 GOLD SUNTORY WHISKY （註冊第 01159335 號）、 法商‧馬太爾公司 (Mattel) 的 EXTRA-MARTELL with bird device （註冊第 01159332 號）（按：該商標業於 104 年 6 月 15 日期滿未延展而消滅） 等。

❹　如：大同股份有限公司的「大同寶寶」（註冊第 01191815 號），另如霹靂國際多媒體股份有限公司的布袋戲人物「素還真」（註冊第 01287842 號）、美國電影藝術科學學會的 "OSCAR STATUETTE DEVICE (3 DIMENSIONAL) （註冊第 01200778 號），均屬之。

❺　如：臺北金融大樓股份有限公司的 「臺北 101 大樓之立體圖」 （註冊第 01162411 號）。

❻　其區別商品來源之功能可能因其具備固有識別性，或因其取得第二意義。請參閱非傳統商標審查基準第 2.2 點，頁 15。

動作所組成，如，一段影片：美國 TriStar 製片公司所製作的影片開始播映時，一匹具有一對翅膀的白馬奔向觀眾，接著翱翔而去 ❶。西元 2009 年 3 月生效之商標法新加坡條約第 2 條明定，凡可作為識別標識者均得申請商標註冊。101 年修法時因應國際條約明定保護動態商標。

然而，以前揭 TriStar 的影片為例，消費者往往已坐在戲院裏或將影片租／買回家開始觀賞時，才看到該動態影像，亦即，該等內容並非令消費者決定是否購買或接受服務的依據。是以，消費者很難將動態內容視為商標，充其量將其視為影片的開場而已。擬以動態內容申請商標保護者，自應先使用一段時間使消費者得以將動態內容與業者產生聯想（第二意義）時，方可。

肆、全像圖

全像圖 (hologram) 與動態同為 101 年修法時所增訂。全像圖為數個影像結合而成，除商標功能外，其主要在防偽，如 HP 產品包裝的拆包處均貼附一紙全像圖防偽標籤，也因此，消費者難以將其視為商標。業者擬以全像圖申請商標註冊，亦應證明消費者認識其為商標，而非僅是防偽標籤。

伍、聲　音

商標圖樣使用文字者，其保護之範圍包括讀音在內，此始於民國 24 年修正之商標法第 1 條第 2 項「商標所用之文字，包括讀音在內。」至民國 47 年修法，為避免本國人以外文申請註冊，使消費者誤認其所附之商品為外商所製造、販賣者，故於當時之商標法第 1 條第 3 項明定「商標所用之文字，包括讀音在內，以國文為主，其讀音以國語為準，並得以外文為輔。」然而，為兼顧外商在國外使用時並未附加中文，故於同條第 4 項規定「外國商標，除商標名稱外，不受前項拘束。」迄民國 82 年修法，方基於下列理由，刪除前揭規定：(1)商標非商品說明，故無使用國文之必要；(2)前揭規定因本國人或外國人而異，致對本國人有不公平之待遇；(3)本國人向外國申請註冊，鮮有附加中文字樣，則當其以不附中文字樣之外文圖

---

❶　TriStar 製片公司最早係以展翅的白馬的彩色平面圖樣取得商標註冊。

樣，向他國申請註冊時，便因圖樣不同（一有中文及外文圖樣，另一則僅有外文圖樣）而無法以國內之申請日主張優先權；(4)我國經濟以外銷為主，更不應限其使用中文商標圖樣；(5)商標圖樣上因有中文圖樣，致使本國人喪失授權外國企業使用之機會，抑制其發展；(6)消費者已不復崇尚外國貨，早期恐消費者誤認未附中文之外文圖樣的商品為外國貨而購買之顧慮，已可免除；(7)世界各國均無類似之規定 **⓲**。只是，如此一來，當年（民國 24 年）使商標保護及於讀音之目的，亦隨條文之刪除而不復存在；惟有以近似之認定標準中包括讀音之近似，而解釋讀音仍為商標註冊保護所及。

民國 92 年修法時，則明定聲音得獨立作為商標之內容。所謂聲音商標，不同於讀音係單純就文字的發音，而係指足以使相關消費者區別商品或服務來源之聲音。例如：具識別性之簡短的廣告歌曲、旋律等 **⓳**。聲音商標是以聽覺而非視覺的方法，作為區別商品或服務的交易來源。其商標識別性的判斷標準與其他商標態樣並無二致，須申請註冊之聲音具有足以使消費者認識其為表彰商品或服務來源，並藉以與他人之商品或服務相區別者 **⓴**。按，如前揭非傳統型商標，聲音商標多非消費者決定購買或接受服務的依據，鮮有消費者將聲音與商標予以聯想，僅視其為一般廣告歌曲或產品附隨的聲音。是以，申請人擬以聲音申請註冊，仍應證明消費者可將該特定聲音與其商品或服務之來源產生聯想，認識其具商標之功能。

⓲ 《82 年商標法案》，同**❷**，頁 246～247。

⓳ 廣告歌曲如：大同股份有限公司的「大同歌」（註冊第 01203273 號）、新萬仁製藥公司的「綠油精」（註冊第 01135554 號）、新一點靈企業股份有限公司的「新一點靈」（註冊第 01150436 號）等。旋律如美商・英特爾公司 (Intel) 公司的 "INTEL Sound Mark" 五個連續音符（註冊第 01158019 號）（按：該商標業於 104 年 6 月 15 日期滿未延展而消滅）。另如人類的叫聲，如美國伊加雷斯鮑賴夫公司 「泰山的吼叫聲」（註冊第 01431293 號）、美商・奧誓公司 (OATH INC.) 的 "Yahoo! Yodel (sound mark)"（註冊第 01255299 號）等。

⓴ 整首歌曲或冗長的樂譜，如管絃樂或鋼琴曲的完整樂譜，因一般消費者不易將其視為區別來源的聲音，較不易具識別性。請參閱非傳統商標審查基準第 5.2.3.3 點，頁 24。

第二節　標章種類

依現行商標法，標章因其性質、作用之不同，可分為商標、證明標章、團體標章，以及團體商標。其中團體商標係於民國 92 年修法時所增訂。另有關表彰服務業者之服務標章則於同年修法時予以刪除❷，並使商標乙詞

---

❷　服務標章，源自於外文之 service mark，以商標制度保護服務標章的歷史仍屬有限。在商標制度已施行相當一段時日之際，各國對於提供服務的業者所使用的標記，仍以商號 (trade name, trade designation) 的方式予以保護。Ladas, 同❼, at 1033. 隨著商業活動日趨頻繁，各國方意識到，賦予服務業之標記更周延保護的必要性。美國首先於西元 1946 年商標法中納入服務標章，明定服務標章於依商標法註冊後，可享有與商標同等之保護。同註。之後，各國方陸續於商標制度中明文保護服務標章。保護工業財產權之巴黎公約 (Paris Convention for the Protection of Industrial Property，以下簡稱「巴黎公約」) 於西元 1958 年里斯本會議 (Lisbon Conference) 始增訂第 6 條之 6，明定各會員國應保護服務標章，但不須提供註冊的程序 (Art. 6 sexies: The countries of the Lisbon undertake to protect service marks. They shall not be required to provide for the registration of such marks.)。確定賦予服務標章註冊保護之國際性公約應為 WTO 之 TRIPs 協定，惟，其中並未出現「服務標章」乙詞，而係於商標之定義中，明文涵蓋表彰服務之標記 (TRIPs 協定第 15 條：Any sign, on..., capable of distinguishing the goods or service..., shall be capable of constituting a trademark.)。我國商標法於民國 61 年修正時，方將服務標章納入其中 (民國 61 年修正公布商標法第 67 條，明定「凡非表彰商品之服務標章，其註冊與保護準用本法之規定。」)，並沿用至民國 92 年。使業者藉標章表彰其服務時，亦受商標法之保護。服務標章與商標二者在功能上完全相同，區別在於所表彰的標的暨使用方式的不同：依修正前商標法第 72 條 (服務標章於民國 61 年修法併入商標法第 67 條後，沿用至民國 82 年修法時，方予修正，而為修正前之第 72 條，除於第 1 項明定服務標章之定義為表彰服務外，並於第 2 項規定服務標章之使用方式)，服務標章係用以表彰營業上所提供之服務，商標則用以表彰營業上之商品 (商標法第 2 條)，一為無形之服務，另一則為有形之商品，此可證諸於商標法施行細則第 13 條之商品及服務分類表：前 34 類為

同時涵蓋表彰商品與服務之功能。

　　民國92年修正前商標法另訂有同屬一人之數項商標的分類，即正商標、聯合商標及防護商標。惟基於下列理由而廢除之❷：㈠避免不使用商標之不當累積，以減少審查成本及行政管理之困難，故廢除聯合商標；以及㈡相關修正條文增訂禁止減損著名商標等規定，可取代防護商標之功能，故廢除防護商標。既已廢除聯合、防護商標，「正商標」乙詞便不具任何意義，是以現行法中亦不復見正商標乙詞。然而，揆諸聯合商標及防護商標之制定緣由❸，予以廢除是否得當，有待商榷。

第一項　商　標

　　「商標」乙詞源自外文之 trademark，即商人之標章之謂 (trader's mark)。以立法保護商標者，最早見於西元1803年法國之法律，繼而為西元1862年英國之商品標示條例，西元1870年美國之聯邦商標法，及西元1874年德國之商標法。我國則於清光緒29年（西元1903年）中美商約首次出現「美國人民之商標……」，嗣於光緒30年頒行之章程名稱即為「商標註冊試辦章程」，爾後，北京政府頒行之「商標法」、國民政府之「商標條例」，乃至於沿用迄今、於民國19年公布、20年施行之「商標法」，均以商標乙詞稱之，而其規範內容，亦確實以商標為主❹。

有形之商品（如：化學品、藥品等），第35類至第42類為無形之服務（如：醫療、衛生服務等）；至於使用方式，商標須附著於商品上行銷之，服務標章既無法附著於無形之服務，則須將其附著於營業上之物品、文書、宣傳等，促銷其服務。民國92年修法時，以「現今商業活動中，一商標究表彰商品或服務，本難區別，商品與服務之間有構成本法所稱類似概念之可能」為由，刪除服務標章。92年商標法修正案，同❽，頁討107。

❷　92年商標法修正案，同❽，頁討149。

❸　有關聯合商標及防護商標之制定緣由及修正前商標法之相關規定，請參閱本書修正第三版附件三「聯合商標暨防護商標」。

❹　民國12年，北京政府制定之「商標法」第37條第1項雖規定「凡非營利事業之商品，有欲專用標章者，須依本法呈請註冊，但該標章均用商標之規

　　至於商標之意義，揆諸 101 年修正前商標法第 2 條「凡因表彰自己之商品或服務，欲取得商標權者……」可知，商標係業者為表彰其商品或服務來源，在商品上或提供服務時所附加之標記；消費者亦藉由該標記區別不同業者之商品或服務❷。至於商品及服務，原指所有臚列於 107 年修正前商標法施行細則第 19 條「商品及服務分類表」之項目；該分類係依照國際分類之尼斯協定而訂，為免除常需因尼斯協定之修正而修改施行細則第19 條，故而於 107 年修改前揭條文，改由商標專責機關配合尼斯協定發布商品及服務分類表❷。101 年修法時刪除該條前段「凡因表彰自己之商品

定。」足見其係以商標為主要規範對象。

❷　民國 82 年 12 月 22 日修正前之商標法第 2 條規定：「凡因表彰自己所生產、製造、加工、揀選、批售或經紀之商品，欲專用商標者……」，該規定係沿襲自民國 12 年北京政府之商標法；明文列舉業者係就其生產、製造、加工、揀選、批售或經紀之商品，所使用之商標。民國 82 年修法時，立法委員蘇煥智、陳水扁先後就該內容提出質疑，恐其採列舉主義有掛一漏萬之虞，又，生產、製造（甚至加工）之區別為何，不易界定，陳委員亦質疑揀選、批售之商品已有商標者，業者得否再附加另一商標，故主張改為概括性規定「……表彰自己之營業……」。《82 年商標法案》，同❷，頁 44～45、48。民國 92 年修法時復以西元 1994 年 10 月 27 日各國於瑞士日內瓦簽訂之商標法條約第 3 條第 7 款已明文揭示，各國受理商標申請註冊，不得要求檢附任何營業證明文件或營業相關記載，我國商標專責機關要求申請人須檢送營業證明文件申請商標註冊之實務與前揭條約不符，故刪除「營業」乙詞。92 年商標法修正案，同❽，頁討 108。又因申請註冊商標，本即具有使用商標之意思，以表彰自己之商品或服務，不論其現經營或將來欲經營，均欲藉商標累積其商譽；而條文所規定之「確具使用意思」一語，究係僅為宣示規定，抑或為強制規定？常生疑義，故亦予以刪除。92 年商標法修正案，同❽，頁討 108～109。92 年修法時並將「欲專用商標」改為「欲取得商標權」，此為立法院審查會於二讀時所作的修正，並未說明理由。應與該次修法之改「商標專用權」為「商標權」具同等意義；果真如此，何以證明標章、團體標章及團體商標仍沿「欲專用……」乙詞；立法上顯然不一致。101 年修法已予以更正，應屬妥適。

❷　107 年修正施行細則第 19 條，刪除第 1 項之「表（詳如附表）」，並增訂第 2 項「商品及服務分類應由商標專責機關依照世界智慧財產權組織之商標註冊

或服務」，雖仍得由第 18 條窺知，商標為具有表彰商品或服務來源之功能的標識，卻不若其他三種標章／商標，分別於第 80 條、第 85 條及第 88 條明定其意義。

一枚有名的商標，除具有表彰商品或服務來源之原始功能外，對消費者而言，更是信譽、品質的保證。至此，該商標對業者的意義，不僅是一枚標記，且係象徵經濟利益的商機。

第二項　證明標章

證明標章 (certification mark)、團體標章 (collective mark) 與團體商標均源自於中古時代的「組織標章」(association mark)❷⁷。

組織標章是指任一商業團體所使用的標記，凡屬該團體之成員均得使用該共同標記於其商品上；其作用有❷⁸：(1)顯示其商品具相當程度的品質，亦即象徵品質的保證；(2)團體的商譽 (goodwill)；(3)表彰商品之特定來源；(4)更周延的保護，並更有效地對抗侵害行為；(5)團體的一致性促銷活動，使業者較之使用個人商標更為經濟。

證明標章的功能著重於商品品質的保證，包括證明商品的特定產地、製造原料或方法，目的在確保其具特定的品質❷⁹，使消費者信賴標示有該證明標章之商品。

我國商標法於民國 82 年修法時，增訂證明標章之相關事宜❸⁰。並於當

國際商品及服務分類尼斯協定發布之類別名稱公告之」。

❷⁷　Ladas，同❼，at 1289. 此處的 association mark 意義暨功能與 「聯合商標」(association mark) 迥異，為避免混淆，將前者譯為「組織標章」。

❷⁸　同上。

❷⁹　Ladas，同❼，at 1290～1291.

❸⁰　證明標章雖係於民國 82 年增訂，但實務上在過去便有具證明標章功能的標章存在，例如熱水器、瓦斯爐上之臺灣區瓦斯器材工業同業公會註冊於瓦斯器材服務之「臺灣區瓦斯器材工業同業公會」（註冊第 00000038 號）（63.12.1～92.11.30），便具有證明標章之品質驗證的性質，惟，當時只能以服務業方式申請為服務標章。民國 82 年之明定「證明標章」，目的便在使具驗證性質之

時商標法第 73 條第 1 項規定「凡提供知識或技術,以標章證明他人商品或服務之特性、品質、精密度或其他事項,欲專用其標章者,應申請註冊為證明標章。」由該項規定可知其不同於當時的商標及服務標章,並非表彰自己的商品或服務,而係證明別人製造的商品或提供的服務;換言之,其乃在證明別人之商品或提供之服務具某一標準或品質。 101 年修法時將前揭條文予以文字修正,使證明標章之意義更臻明確:「證明標章,指……用以證明他人商品或服務之特定品質、精密度、原料、製造方法、產地或其他事項,並藉以與未經證明之商品或服務相區別之標識❸。」

第 81 條第 1 項規定證明標章之申請人未必為民間團體,只要是具有證明他人商品、服務能力之法人、團體,或政府機關均可❸。如農委會、標準檢驗局。倘申請人本身係從事欲證明之商品或服務之業務者,不得申請註冊,此為同條第 3 項所明定,旨在防止其使用標章時,失之公正。

證明標章既在證明他人之商品或服務,是以在證明之前必須先檢驗商品是否符合標準,始得決定是否發給證明標章。

證明標章證明的客體包括商品及服務。又,依「證明標章、團體商標及團體標章審查基準」❸,證明標章因其證明之內容,可分(1)一般證明標章——證明他人商品或服務之特性、品質、精密度或其他事項❸;(2)產地

標章,得據以申請註冊證明標章,而毋需申請註冊於意義、目的均不相同之「服務標章」。《82 年商標法案》,同❷,頁 291。

❸ 商標法第 80 條第 1 項。

❸ 依證明標章、團體商標及團體標章審查基準,證明標章之申請人以具有證明他人商品或服務能力之法人、團體或政府機關為限,得為依民法成立之財團、社團法人;依公司法等其他法律成立之法人;亦得為非法人團體或政府機關。但不得為自然人。證明標章、團體商標及團體標章審查基準第 2.2.2.1 點,頁7。證明標章、團體商標及團體標章審查基準,中華民國 96 年 7 月 25 日經濟部經授智字第 09620030710 號令訂定發布,中華民國 101 年 5 月 2 日經濟部經授智字第 10120030681 號令修正發布,101 年 7 月 1 日生效。

❸ 同上。

❸ 證明商品者,如:行政院農業委員會之「CAS 台灣優良農產品證明標章」(註

證明標章——證明他人商品或服務來自於特定地理區域，並具有特定之品質、聲譽或其他特性。

申請產地證明標章，必須⑴界定區域範圍——可為行政單位或非行政單位之地理區域，⑵敘明商品或服務之具有特定品質、聲譽或其他特性與該地理環境之關連性——包括人文因素及自然因素❸。例如嘉義縣政府之「嘉義縣政府阿里山高山茶標章」（註冊第 01242948 號），係以行政區域為產地範圍❸，並強調茶與產地之自然因素的關連性❸。

101 年修法時為顧及本土產業的發展，立法院於二讀時增訂第 80 條第 3 項及第 4 項，明定主管機關應會同中央目的事業主管機關輔導與補助艱困產業、瀕臨艱困產業及傳統產業，提升其生產力及產品品質，並建立各該產業別、標示其產品原產地為臺灣製造之證明標章❸。

冊第 01357287 號）、「有機農產品 OTAP」（註冊第 01276586 號）、「產銷履歷農產品 TAP」（註冊第 01276585 號）、內政部「智慧建築標章」（註冊第 01273791 號），財團法人台灣建築中心「耐震標章」（註冊第 01270179 號），社團法人台灣奈米技術產業發展協會「奈米標章」（註冊第 01165517 號）等。證明服務者，如：內政部「優良不動產經紀業認證標章」（註冊第 01512668 號）、交通部「合法立案汽車駕訓班標章」（註冊第 00000060 號）、經濟部「優良服務作業規範 (GSP) 特優標章」（註冊第 01418364 號）、「資料隱私保護標章 DATA PRIVACY PROTECTION MARK 及圖」（註冊第 01501463 號）。

❸　證明標章、團體商標及團體標章審查基準第 2.1 點暨第 2.3.1 點，頁 2、19～20。

❸　其證明內容為：「茶葉產品品質優良，確實產自阿里山茶區（包括梅山鄉、竹崎鄉、番路鄉、阿里山鄉、中埔鄉、大埔鄉），且符合政府安全用藥規定」。其中明確界定其產地區域。

❸　此由其標章中文內容可知：「臺灣嘉義高山茶群山峻秀海拔千公尺以上雲霧嬝繞晨昏宜茶樹成長」。

❸　必要時得免除證明標章之相關規費。其目的在協助，如臺灣寢具產業團結聯盟、臺灣製造民生產業大聯盟等本土產業相關團體；經濟部除應協助本土產業建立臺灣製造之證明標章外，並應輔導取得本證明標章者，於國內、外「台灣產品館（區）」（依貿易法第 20 條第 2 項及第 3 項規定所設者）中進行展售，以拓銷臺灣重要產製品、精品。立法院會三讀通過版，第 80 條修正說明六暨七，民國 100 年 5 月 31 日（以下簡稱「100 年商標法修正案」）。在

第三項　團體標章

團體標章亦源於「組織標章」，其主要功能在於區別業者所屬的團體。

巴黎公約第 7 條之 2 亦明定會員國對團體標章的保護。但其對團體標章的定義，與我國之立法不盡相同，所涵蓋者為，某國或某一地區之商品製造人或販賣者組成的組織所使用的標章，組織成員使用該標章，除表彰其係所屬特定之團體外，並有表彰其商品產地來源暨品質之功能❸❾。因此，巴黎公約所訂之團體標章，除其名稱及所規範之標章須屬團體所有，符合「團體標章」外，其功能則較近似於「證明標章」之驗證性質。

我國商標法於民國 82 年始明文規範「團體標章」。主要係因社會團體活動之蓬勃發展，致有依不同宗旨設立之各類公會、協會、團體等，為表彰其組織或成員，設計團體標章者所在多有，雖較少有利益衝突，不過，倘遭他人侵害、標示於自己之商品，既對消費大眾造成損害，亦使被侵害之團體無從主張商標法上之救濟，故有明定之必要❹❶。

商標法第 85 條明定團體標章是「具有法人資格之公會、協會或其他團體為表彰其會員之會籍藉以與其他非會員區別之標識」，例如中華民國專利師公會 「中華民國專利師公會 TAIWAN PATENT ATTORNEYS ASSOCIATION 及圖」（註冊第 01451109 號）、中華民國保險經紀人商業同業公會 「中華民國保險經紀人商業同業公會 IBAT 及圖」 （註冊第 01322885 號）、中華民國保險代理人商業同業公會 「中華民國保險代理人商業同業公會 CIAA 及圖」（註冊第 01141917 號）（該團體標章業於 104 年 2 月 15 日期滿未延展而消滅）、新竹律師公會 「新竹律師公會 HSIN CHU

---

101 年修法之前，為配合政府「一鄉鎮一特產」的政策，協助具地方特色產業或傳統技藝的發展，商標專責機關已於民國 98 年 5 月公布「著名地方特色產業產地認定原則」及「著名地方特色產業產地一覽表」，目前已收錄 346 筆著名產地。

❸❾　G. H. C. BODENHAUSEN, GUIDE TO THE APPLICATION OF THE PARIS CONVENTION FOR THE PROTECTION OF INDUSTRIAL PROPERTY 130 (reprinted in 1991) (1968).

❹❶　《82 年商標法案》，同❷，頁 292。

BAR ASSOCIATION 及圖」（註冊第 00000372 號）等。

又基於團體標章之性質不同於商標，第 86 條第 1 項明定申請人應以申請書載明相關事項，並檢具團體標章使用規範向商標專責機關提出申請**❹**。

嚴格言之，證明標章與團體標章已非原始商標制度所擬規範之對象，因為商標規範之目的為保護商標權人、保護消費者、促進產業之正常發展，所保護之商標或服務標章，係用以表彰權利人本身營業上之商品或服務，而證明標章與團體標章並非用以表彰權利人之商品或服務，乃是證明他人商品之品質等或表彰其為團體成員，只是，證明標章之標示，既為品質的保證亦有間接促銷商品的功能，且無論證明標章或團體標章遭仿冒、侵害，對標章所有人暨消費大眾均造成不利的影響，故於商標法中規範之。

第四項　團體商標

團體商標為民國 92 年修正商標法時所增訂，其定義暨功能較符合商標法的制定目的以及巴黎公約的精神。商標法第 88 條第 1 項明定團體商標為具備法人資格之公會、協會或其他團體，為指示其會員所提供之商品或服務，並藉以與非會員所提供之商品或服務相區別之標識。

如前項所述，我國有關團體標章之定義不同於巴黎公約之規範，亦與其他國家有別。以英國商標法為例，團體標章係指表彰團體成員之商品或服務，藉以與其他業者區別**❷**，甚至具有證明標章的功能**❸**。美國聯邦商標法第 45 條規定，團體標章包括表彰團體成員身分及表彰團體成員所擬從事之商業行為**❹**；實務上將其分為「團體會員標章」(collective membership mark) 及 「團體商標或團體服務標章」 (collective trademark or collective service mark)**❺**。由此可知，我國的團體商標近似於德英等國的團體標章以

---

❹　92 年商標法修正案，同**❽**，頁計 203。

❷　英國商標法第 49 條。德國商標法第 97 條亦作類似規範。

❸　請參閱 The UK Patent Office, http://www.patent.gov.uk/tm/howtoapply/collmark.htm.

❹　15 U.S.C. §1127.

❺　Aloe Creme Laboratories, Inc. v. American Society for Aesthetic Plastic Surgery,

及美國廣義團體標章中的團體商標或團體服務標章。而我國團體標章則僅類似於美國廣義團體標章中的團體會員標章。

又依第 89 條第 1 項，團體商標註冊之申請，應以申請書載明商品或服務類別及名稱，並檢具團體商標使用規範，向商標專責機關申請之。目的係基於團體商標使用之目的，明定申請團體商標應檢具使用規範，用以區別一般商標之申請註冊程序❻。

團體商標，因表彰內容不同可分：(1)一般團體商標及(2)產地團體商標。民國 92 年增訂團體商標時，便已允許「產地團體商標」的申請註冊；此揆諸「證明標章、團體商標及團體標章審查基準」甚明❼。101 年修法時更於條文中明定產地團體商標之相關事宜。

一般團體商標，如：中華民國專利師公會指定於期刊雜誌商品（第 16 類）之「中華民國專利師公會及圖」（註冊第 01443202 號）與指定於舉辦講習會等服務（第 41 類）之「中華民國專利師公會圖」（註冊第 01445591 號）、及中華民國保險經紀人商業同業公會指定於保險業務（保險經紀人）（第 36 類）之「中華民國保險經紀人商業同業公會標章」（註冊第 01133076 號）（該團體商標業於 103 年 12 月 15 日期滿未延展而消滅）。

申請產地團體商標，應界定其區域範圍及其指定之商品或服務因該地理環境因素（自然或人文因素）所具備特定之品質、聲譽或其他特性❽。如，花蓮縣瑞穗鄉農會之「鶴岡文旦 HE GANG POMELO 及圖」（註冊第 01375611 號）及「瑞穗天鶴茶 RUEISUEI TLAN HE TEA 及圖」（註冊第 01386959 號）、臺南市關廟區農會「關廟鳳梨」（註冊第 01365698 號）、臺南市玉井區農會「玉井芒果」（註冊第 01415845 號）。

Inc., 192 U.S.P.Q. 170, 173 (T.T.A.B. 1976); In re International Institute of Valuers, 223 U.S.P.Q. 350 (T.T.A.B. 1984). 《美國商標審查程序手冊》（Trademark Manual of Examining Procedure，簡稱 "TMEP"）亦將此二類分別規範。TMEP §§1303 & 1305.

❻ 92 年商標法修正案，同❸，頁討 204～205。

❼ 96 年證明標章、團體商標及團體標章審查基準第 3.1 點，頁 24（中華民國 96 年 7 月 25 日經濟部經授智字第 09620030710 號令訂定發布）。

❽ 同前註，頁 29、32。

第二章 商標權之申請

一國商標制度之設立，除應確定其立法宗旨外，首應決定商標權利之取得方式——使用抑或申請註冊，後者為我國及多數國家所採行。繼而，何人得申請註冊、申請人如何申請註冊（申請程序）、申請權之異動，均攸關得否取得商標權。茲於下列各節探討之。

第一節　商標權之取得方式

商標權的取得，有「使用主義」與「註冊主義」兩種方式。顧名思義，「使用主義」係指取得商標權須以有使用的事實為前提；「註冊主義」指須申請註冊方能取得商標權。二者各有其立法背景、考量因素。

第一項　使用主義

商標與企業的經營有密切的關聯，一枚設計精美的商標若未與企業結合、附著於產品行銷，則充其量只是一設計圖樣，既不具商標應有的表彰功能，亦無法產生經濟價值。因此，商標的使用 (use)，不僅為商標權人的權利暨義務所在❶，亦為早期取得商標權的主要方式。

再者，不同於發明之需藉申請制度促其及早公開技術，亦不同於設計之增進物品美感❷，商標不涉及技術的研發，其作用亦不在增進物品美感，未經使用的商標，縱令其取得註冊，仍不具表彰營業之功能。

由此可知，「使用主義」確保先使用者之權益，並確定商標權人所持有

---

❶　請參閱第五章第二節「商標權限」暨第六章第一節第二項「廢止事由」。

❷　2 Stephen Ladas, Patents, Trademarks, and Related Rights, National and International Protection 1054 (1975).

之商標已與營業結合，具表彰營業之功能。對商標權人而言，註冊僅在公示其擁有商標而已。然而，使用主義有舉證上的疑慮與困難。

秉持著普通法系 (Common Law System) 的精神，美國各州暨聯邦均採行使用主義，並令先使用者擁有該商標之權利。亦可謂採行「使用主義」的代表性國家。惟，任何人擬受到美國聯邦商標法的保護，仍需依法申請註冊，並須於申請時檢附實際使用的證明或擬使用的聲明❸。

第二項　註冊主義

隨著工商業的發展、交通的發達，商業活動由過去的區域性發展到全國性，甚至國際性貿易。從事區域性商業活動的商標權人，將其營業擴及其他區域或全國時，則可能發生與他區域另一人所有之商標近似、又使用於類似商品之情事。商標的創作雖不若發明所需之技術，但使用人亦須投入成本，促銷附有該商標之產品，在「使用主義」之下，後使用者將面臨不得繼續使用之困境，縱得使用，亦有商標喪失表彰營業來源之功能及造成消費者混淆等問題存在。復以舉證使用的困難，「使用主義」因此有重新評估的必要。

「註冊主義」的公示作用正可彌補前揭「使用主義」的缺失。為確保商標權人暨消費者權益，「註冊」由過去僅具公示效用，演變為取得商標權之生效要件。商標之使用人倘未註冊，則不得據其使用之事實，主張商標法上之權益，更無法指控他人侵害其商標權。

是以，「註冊主義」既可發揮其公示效果、防止他人使用或註冊相同或近似之商標，一旦註冊，亦能確保商標權人權益，並具有舉證上的便利。

---

❸ 申請人於申請時僅檢附擬使用之聲明者，須於美國專利商標局 (Patent and Trademark Office，簡稱 "PTO") 通知核准審定時，檢具實際使用之證明，方得以公告註冊，取得商標權。基於對先使用者的保護，先使用者於後申請人取得聯邦商標註冊後，仍得於已使用的地區繼續使用；商標權人的排他權利雖為全國性，但不及於先使用者的地區。前揭先使用者係指其使用日期早於商標權人之申請日。

因此，註冊主義為現今多數國家所採行。

又，為貫徹註冊主義，當有兩件相同或近似之商標指定於同一或類似之商品或服務申請註冊時，應准先申請者註冊，亦即採先申請主義。

第三項　我國之註冊主義

我國自有商標制度，即採註冊主義，只是因應時代背景，而有兼採使用主義之情事，現行商標法則採較嚴謹之註冊主義。

光緒 30 年之商標註冊試辦章程第 6 條規定「如係同種之商品相類似之商標呈請❹註冊者，應將呈請最先之商標准其註冊。若係同日同時呈請者，則均准註冊。」前段足見「註冊主義」之採行，惜後段之立法與保護消費者免於混淆之立法目的，有所違背。

民國 12 年北京政府頒布之商標法第 3 條前段明定「二人以上於同一商品，以相同或近似之商標，個別呈請註冊時，應准實際最先使用者註冊。」係採先使用主義，令先使用者取得註冊；只是，當二人於呈請前均未使用或無法證明孰先使用時，同條規定由先呈請者註冊；又倘同日呈請，同條後段規定應由各呈請人間進行協議，由一人專用，否則不予註冊。同法施行細則第 8 條規定商標局應指定期間令當事人協議，逾期未呈報，視為協議未成。此規定揭示以「先使用主義」為主、「先申請主義」為輔之立法，並確保「一商標一申請」之原則，亦即，相同或近似之商標於同一商品之使用，只得由一人專有。此外，又於第 4 條規定，於其施行前已善意繼續使用五年以上之商標，於本法施行六個月內依法呈請註冊，得不受前揭條文暨第 2 條第 5 款（相同或近似於世所共知他人之標章，使用於同一商品者）之限制，准予註冊，此為對使用者之保護規定。

民國 19 年公布、20 年施行之商標法第 3 條及第 4 條❺，沿襲前揭規定。民國 24 年修法時，仍承襲其立法精神，僅將使用限於中華民國境內之

---

❹　「呈請」乙詞，相當於現行法之「申請」，係至民國 47 年方全面改為「申請」。此處為配合舊法之探討，故亦使用「呈請」乙詞。

❺　第 4 條將善意繼續使用年限改為十年以上。

繼續未中斷的使用。民國 47 年修法時，又限縮了「我國境內繼續使用」之規定，於第 3 條增訂第 2 項「……，於中華民國境內使用之日逾一年未為商標申請註冊時，由最先申請者註冊。」至此，「先使用主義」的適用便已大幅縮小。民國 61 年修法，又修正前揭規定，於第 36 條規定「二人以上於同一商品或同類商品以相同或近似之商標，個別申請註冊時，應准最先申請者註冊；其在同日申請而不能辨別先後者，由各申請人協議讓歸一人專用；不能達成協議時，以抽籤方式決定之。」其修正理由，係以使用之證明不易，如：是否有使用，孰先使用，是否使用已逾一年等等，為免困擾，概由最先申請者註冊❻。實則應與商業活動型態之改變，以及使用者對商標權益暨商標制度之認識提升有密切關聯。按我國商標的使用，在我國商標制度設立前已有之，是以商標制度設立之初，若採嚴格的先申請註冊主義，將使之前已使用商標多年之人喪失權益，蒙受損失。然而，隨著數十年商標制度的施行，使用者多已意識到依法取得商標制度保護之重要性，而首先便須依法申請註冊。權衡使用主義與註冊主義之利弊、商業活動型態之改變以及大眾已有「註冊取得商標」之意識，自宜採行嚴格的先申請主義，俾確保工商企業之正常發展。

至於同日申請相同或近似商標，並指定使用於同一或類似商品，於協議由一人專用不成時，究宜令其抽籤定之，抑或均不予註冊，實有不同之意義❼。均不予註冊之立意應在促使當事人達成協議，而非意指剝奪當事人依法使用商標之權益。抽籤方式卻使當事人未必盡其所能與對方協議，不免有百分之五十抽得商標之僥倖心態，就促使當事人達成協議之效果而言，後者較差。商標法之所以採行後者，主要原因為：(1)商標權所及之範圍，為該商標圖樣之使用於特定商品，而不及於該特定商品之銷售，換言之，對該特定商品並無排他之權利；(2)二人以上使用相同商標圖樣於相同商品，除無法表彰商品來源，亦必對消費者造成混淆。就(1)而言，任何人均得製造相同商品，商標權之獨占，不致影響產業科技的升級，自無須藉

---

❻　《立法院公報》，第 61 卷，第 44 期，院會紀錄，頁 24～25（民國 61 年）。

❼　我國專利法第 31 條第 2 項規定，協議不成時，均不予專利。

公權力迫使當事人達成協議之必要；就(2)而言，為兼顧商標之功能暨消費者權益，商標僅得歸一人使用，不若發明專利之得由二人協議共同使用，因此不易達成由一人專用之協議。

民國92年修正商標法時，沿用前揭商標法第36條之立法精神及規範，惟將先申請註冊主義移列於第23條第1項第13款「相同或近似於他人同一或類似商品或服務之註冊商標或申請在先之商標，有致相關消費者混淆誤認之虞者。」其修正理由為：㈠原商標法第37條第12款與第36條均屬先申請原則之規定，故將二者合併；㈡前揭條文之立法目的係因其近似之結果有致相關消費者混淆誤認之虞，亦即，判斷二商標是否構成近似，應綜合判斷有無致混淆誤認之虞，而非將近似與否及混淆誤認與否各別獨立判斷，是以，明定二商標有致相關消費者混淆誤認之虞，始不准註冊❽。同款但書又規定，除二者之商標及指定使用之商品或服務均相同之情事外，經該註冊商標或申請在先之商標所有人同意申請者，後申請案仍得取得註冊。該規定是否妥適，有待商榷。按㈠先申請主義係商標法之重要基本原則之一，其攸關商標權之取得，自應以獨立之條文彰顯其重要性。前揭第23條第1項係臚列商標註冊之消極要件，將先申請主義列於其中，有欠妥適。再者，㈡商標的功能在表彰商品或服務來源，商標制度之設立宗旨在藉由保障商標權及消費者利益，維護市場公平競爭，促進工商企業正常發展。倘二商標已有致相關消費者混淆誤認之虞，顯然已不具備前揭功能，遑論達成商標制度之設立宗旨，實不宜任由申請或註冊在先之人同意後者之申請註冊，除非因關係企業或家族企業之經營而有此需求。

至於同日申請無法辨別時間先後之情事，且二商標有「有致相關消費者混淆誤認之虞」時，民國92年修正商標法時雖仍承襲民國61年的規定，於現行法第22條中明定令二人協議，惟不再規定應歸一人使用（亦即，此同日申請之數人得協議共有），倘協議不成，則抽籤決定之❾。

---

❽　商標法修正草案，《立法院第五屆第三會期第九次會議議案關係文書》，頁討138～139（民國92年4月23日）（以下簡稱「92年商標法修正案」）。

❾　依商標法施行細則第23條，商標專責機關應指定相當期間，通知各申請人協

茲以下列表格說明：

法律	註冊主義	兩案前後申請	兩案同日申請
光緒 30 年試辦章程	✓	先呈請者取得註冊	均准註冊
民國 12 年商標法	✓	先使用者取得註冊	協議一人專用／協議不成均不予註冊
民國 20 年商標法	✓	先使用者取得註冊	協議一人專用／協議不成均不予註冊
民國 24 年修正商標法	✓	（中華民國境內）先使用者取得註冊	協議一人專用／協議不成均不予註冊
民國 47 年修正商標法	✓	1.（中華民國境內）先使用者取得註冊 2. #1 之使用者未於使用後一年申請註冊，先申請者取得註冊	協議一人專用／協議不成均不予註冊
民國 61 年修正商標法	✓	先申請者取得註冊	協議一人專用／協議不成抽籤決定
民國 92 年修正商標法	✓	先申請者取得註冊	協議／協議不成抽籤決定

第二節　申請人

現行商標法既採註冊主義，任何人擬持有商標權或標章權，自須依法申請註冊。至於申請人之資格，於一般商標案件，並無限制；至於證明標章、團體標章及團體商標，則因其特性，而有資格上的限制。倘申請人為外國人時，均應以符合互惠原則為前提。101 年修正商標法第 7 條增訂商標共有之情事，明定二人以上擬共有一商標時，應由全體具名提出申請；並得選定其中一人為代表人，為全體共有人從事各項申請程序及收受相關文件。倘未選定代表人者，商標專責機關應以申請書所載第一順序申請人

議；屆期不能達成協議時，商標專責機關應指定期日及地點，通知各申請人抽籤決定之。

為應受送達人，並應將送達事項通知其他共有商標之申請人。

第一項　一般資格

倘申請人為本國人（中華民國國籍），無論其住居所是否在國內，當然得依法申請註冊，不待贅言。惟，於國內無住所或營業所者，必須委任商標代理人辦理其商標業務❿。

外國籍人士得否依商標法申請註冊？溯至民國 12 年北京政府商標法，就該問題即採肯定立場⓫，依該法第 6 條「外國人民依關於商標互相保護之條約，欲專用其商標時，得依本法呈請註冊。」民國 19 年公布之商標法第 6 條，亦沿襲該規定，迄民國 47 年始修正之。依前揭規定，外國人民向我國申請商標註冊之先決條件為，其所屬國家與我國訂有相互保護商標之條約⓬。是以，得依法申請註冊者，仍屬有限。

民國 47 年，便以「適應實際需要，促進國際貿易，以消除外國商標在我國申請註冊之困難」為由⓭，就互惠原則予以修正，於當時第 1 條第 5 項明定不得申請註冊之外國人有二：(1)其所屬國家與我國無相互保護商標之條約或協定；(2)依其本國法令，對我國國民申請註冊不予受理者。實務上，我國多以外國人所屬國家並無法令不准我國國民申請註冊，而受理外國人之申請案。該消極之認定，較之民國 47 年修法前之以實際互惠條約存在為前提，適用上當然更有利於外國人，使多數外國人均得在我國取得註冊。現行商標法第 4 條仍沿用該規定，惟刪除前揭(2)中「依其本國法令」乙詞，並增列一事由，即「未共同參加保護商標之國際條約」。

---

❿　有關「商標代理人」，詳見本章第三節「商標代理人」。

⓫　此應與早期商標法之制定，如光緒 30 年之商標註冊試辦章程等，係因外國政府之強力要求訂定有關，蓋以既因其要求而制定，目的自在保護該外商，便不可能發生所制定之法規不保護外商之情事。

⓬　其立意與著作權法第 4 條互惠原則之規定相似。

⓭　商標法修正草案，《立法院公報》，第 22 會期，第 7 期，頁 70（民國 47 年）。基於同一理由，當時專利法第 14 條有關互惠原則之規定，亦同時做類似的修正，即現行專利法第 4 條。

第二項　特定資格

基於證明標章、團體標章或團體商標之特性，申請人如擬申請該等標章／商標，必須具備特定資格。

證明標章之申請人，以具有證明他人商品或服務能力之法人、團體或政府機關為限，換言之，自然人不得申請證明標章；且，基於維護證明標章使用的公正性，申請人不得從事擬證明之商品或服務之業務❶❹。

商標法雖未明定團體標章或團體商標之申請人資格，揆諸其定義❶❺可知，自然人不具申請資格，應為具有法人資格之公會、協會或其他團體始可；此等法人須社團法人，如：農會、公會等❶❻。

第三節　商標代理人

商標代理人，顧名思義，即代理他人辦理商標業務之謂，如：商標註冊之申請、註冊商標之移轉、變更、授權、設定質權等等。商標代理人以自然人為限，法人不得為之❶❼。

依商標法第 6 條第 1 項，處理商標事務是否委任代理人，本應由當事人自行決定，然而，為因應所有文件須附具中譯本，以及文件往返的必要，商標法對於在國內無任何住所或營業所之人，採強制性規定，令其必須委任在國內有住所或營業所者為代理人❶❽，俾使相關業務的處理更為便利。

---

❶❹　商標法第 81 條。

❶❺　商標法第 85 條暨第 87 條。

❶❻　公司雖為社團法人，惟，無團體成員，不得申請；財團法人又係財產的集合體，亦不得申請。證明標章、團體商標及團體標章審查基準第 3.2.2 點暨第 4.2.2 點，頁 44、61。

❶❼　72 年中央標準局（按：智慧局前身）臺商玖字第 204339 號函，引自經濟部智慧財產局，《商標法逐條釋義》，頁 21~22（民國 106 年 1 月）（以下簡稱「106 年商標法逐條釋義」）。

❶❽　商標法第 6 條第 1 項但書暨第 2 項。

是以，倘代理人變更送達處所，應以書面通知商標專責機關[19]。為使其確實遵守該規定，早期商標法[20]明定，未委任代理人者，不得為商標註冊之呈請及其他程序，更不得主張商標權或關於商標之權利。民國 61 年修法時，刪除前揭未委任代理人不得申請、主張商標權利之規定。

除因住所或營業所不在國內必須委任代理人外，任何人亦得委任代理人為之[21]。

民國 92 年修正前商標法第 10 條第 3 項明定，有關商標代理人之委任、更換、委任事務之限制、變更或委任關係之消滅，均須向商標專責機關登記，方得對抗第三人[22]。目的應在保護第三人，確保交易之安定性。92 年修法時，則以若發生該些情形，應依民法或本法之規定，並不生經登記而得對抗第三人之問題，而予刪除[23]。似有違前揭保護第三人之意旨。101 年修法又於商標法第 24 條明定代理人之變更應向專責機關為之，應屬妥適。

商標代理人之委任，應檢附委任書，載明代理之權限；委任之權限得包括現在或未來一件或多件商標之申請註冊、異動、異議、評定、廢止及其他相關程序等[24]。

---

[19]　商標法施行細則第 5 條第 4 項。

[20]　民國 12 年北京政府商標法第 8 條第 1 項；民國 19 年國民政府商標法第 8 條第 1 項亦沿用之，迄民國 61 年修法時，始刪除有關未經委任不得申請或主張權利之規定。

[21]　商標法第 6 條第 1 項。我國商標法雖至民國 61 年修法時，方於第 8 條第 1 項明定「申請商標註冊及處理有關商標之事務，得委任代理人辦理之。」不過，委任代理人原本即為人民之權利，自無所謂未規定即不得委任之理。

[22]　揆諸早期民國 12 年北京政府商標法第 9 條即有如是之規定。

[23]　92 年商標法修正案，同註[8]，頁討 115。

[24]　商標法施行細則第 5 條第 1 項暨第 2 項。民國 92 年修正前商標法第 10 條第 1 項明定，商標代理人得就關於商標之全部事務，為一切必要之行為（所謂一切必要之行為，包括代為收受商標主管機關送達之書件及通知。92 年修正前商標法施行細則第 8 條第 4 項）。例外情事有二：⑴委任契約中已對代理人之權限予以限制；⑵有關商標權之處分。前者之代理人僅得就特定委任事項為之，後者則因事關專用權人之權益變動，為確保其權益，自須另為特別委任。

　　舉凡代理權限之界定、限制、特別委任等等，均由委任人與代理人間自行約定。倘申請人變更代理人之權限，必須以書面通知商標專責機關，否則對商標專責機關不生效力 ❷❺。代理人就受委任權限內有為一切行為之權；惟，有關選任及解任代理人、減縮申請或註冊指定使用之商品或服務、撤回商標之申請或拋棄商標權，則應予特別委任 ❷❻。

　　倘代理人有逾越權限之行為，本應令其逕依其契約請求損害賠償即可，惟，為防患於未然，避免商標權人或申請人被商標代理人蒙蔽而受害，民國 92 年修正前商標法第 9 條第 3 項令商標專責機關適時介入，於商標代理人逾越權限、或違反相關商標法令時，通知委任人更換代理人（同時並應依修正前施行細則第 8 條第 3 項，通知原委任之商標代理人），逾期不更換者，以未設代理人論 ❷❼。惟，倘委任人在國內無住所或營業所時，商標主管機關有關文件之送達，究應寄送其國外地址、抑或以其在國內無送達處所為由公告於商標公報，實有釐清之必要。前者顯然違反民國 92 年修正前商標法第 9 條第 2 項應委任代理人之規定及立法目的，後者似又罔顧申請人（或商標專用權人）之權益。民國 92 年修法時，以代理人之逾越權限係私權爭議，不待商標法規範，而予以刪除 ❷❽。

　　　同條第 2 項明定，同一人得委任二人以上之商標代理人，且在未向商標專責機關明明代理行為應共同為之的情況下，各商標代理人得單獨為代理行為。民國 92 年修法則以行政程序法第 24 條及第 25 條已明定委任代理人之相關事由，故予以刪除。92 年商標法修正案，同 ❽，頁討 116。

❷❺　商標法施行細則第 5 條第 3 項。代理人送達處所變更，亦應以書面通知商標專責機關。同條第四項。

❷❻　商標法施行細則第 6 條；所謂選任及解任代理人係指複代理而言。

❷❼　民國 47 年修法前之商標法，除明定主管機關令其更換外，並得將該代理人所為之商標代理行為，作為無效。民國 19 年公布之商標法第 10 條，民國 24 年修正商標法第 9 條。

❷❽　民國 92 年修正前商標法施行細則第 4 條第 5 項規定，有商標法第 8 條第 1 項但書之情事，當商標代理人死亡或喪失行為能力，而委任人未另行委任他人時，對於應送達之文件得予公示送達。有關公示送達之相關規範，請參閱行政程序法第 78 條以下。該規定已於民國 92 年修法時刪除。

　　商標代理人之資格為何，並無法律明定之，僅會計師法第 15 條第 5 款明定會計師得擔任商標代理人。而以商標申請案件日益增多，且相關業務多涉及法律與專業知識，故有建立專職之商標代理人制度之必要❷。因此，民國 78 年修法時，於第 9 條增訂第 4 項：「商標代理人，應在國內有住所，其為專業者，除法律另有規定外，以商標師為限。商標師之資格及管理，以法律定之。」此亦為修正前商標法第 8 條第 2 項後段所明定。換言之，以代理商標業務為專業者，原則上以商標師稱之，並擬立法規範管理商標師之資格暨相關事宜❸。101 年修法時將第 2 項後段有關商標師之規定予以刪除，理由為目前國內商標代理業務，多由律師或具實務經驗之商標代理人辦理，運作上並無不妥，且國際間亦無另行設置商標師制度之情形❹。

第四節　申請程序暨文件

　　申請商標註冊，應依商標法第 19 條以申請書，載明申請人、商標圖樣及指定使用之商品或服務，向商標專責機關為之。是以，任何人擬申請商標註冊，均須依法檢具申請書等文件，依法定程序提出申請。另須繳納規費（亦即申請費）（商標法第 104 條第 1 項）。證明標章、團體標章及團體商標除應具備前揭文件外❷，因其特殊性質，另應檢附使用規範書等。商

❷　商標法修正案，《法律案專輯》，第 125 輯，頁 5〜6（民國 78 年 11 月）。

❸　民國 78 年修正商標法第 9 條，訂有第 5 項：「非商標師擅自以代理商標事務為業者，其代理之案件，商標主管機關應不予受理。」民國 82 年修法時，又以依同條第 4 項，商標主管機關即可不予受理，毋須另於第 5 項規定，故刪除之。商標法案，《法律案專輯》，第 168 輯，頁 12（民國 83 年 8 月）（以下簡稱「82 年商標法案」）。

❹　智慧局於民國 109 年 8 月 6 日公布商標法第 6 條修正草案及「商標代理人登錄及管理辦法」草案。前者明定除在國內有住所，並應具備下列資格之一且經智慧局登錄始得執行商標代理業務：⑴依法得執行商標代理業務之專門職業人員。⑵具辦理申請商標註冊及其他程序相關事務能力之專業人員。登錄後每年應完成六小時專業訓練，商標代理人相關事項由主管機關訂定。

❷　商標法施行細則第 48 條明定，證明標章、團體標章及團體商標，依其性質準

標法第 13 條明定有關商標之申請及其他程序，得以電子方式為之❸。

為鼓勵申請人利用電子申請，加速商標註冊申請案件審查，商標專責機關自 109 年 5 月 1 日採行「快軌機制」。倘申請人提出商標註冊申請案時，一併繳納申請費且其文件符合下列條件者，將較一般商標註冊申請案提早兩個月交付審查：(1)電子申請；(2)限於平面商標註冊申請案 (不包括非傳統商標註冊申請案、證明標章、團體標章、團體商標)；(3)所指定使用之商品或服務名稱與商標專責機關電子申請系統參考名稱完全相同；(4)利用約定帳戶扣繳、列印電子申請繳費單持單繳費、利用電子申請繳費單帳號以 eATM 繳足申請規費 (繳費方式)；以及(5)有委任代理人者，應同時檢附委任狀。

第一項　申請書

商標法施行細則第 12 條第 1 項明定申請書應載明之事項包括：申請人、代理人、商標內容 (名稱、圖樣、描述暨指定使用之商品或服務)、優先權主張及不專用之聲明❸。

用本細則關於商標之規定。

❸ 有關實施辦法業於民國 97 年 5 月 9 日以經濟部經智字第 09704602170 號令訂定發布「商標電子申請實施辦法」。現行辦法為中華民國 104 年 7 月 13 日經濟部經智字第 10404603220 號令修正發布之「商標電子申請及電子送達實施辦法」(同年 7 月 15 日生效)。本辦法適用於商標、證明標章、團體標章與團體商標之申請案及其他各種申請案；依本辦法所為之商標電子申請文件，與書面申請文件具相同的效力。商標專責機關又於 109 年 6 月 19 日智法字第 10918601340 號公告「電子傳達替代方式」，並自 109 年 7 月 1 日生效。依前揭方式：1.針對(1)電子申請文件依智慧財產局電子申請系統計算之電子檔超過 500MB，以及(2)該局資訊系統發生故障，而於網站或其他方式公告等兩種情形，申請人得使用電子傳達替代方式，如光碟片等。2.送達方式可為臨櫃或郵寄──前者採到達主義，後者以郵戳為原則，模糊且難以舉證者亦採到達主義。

❸ 詳細內容如下：(1)申請人姓名或名稱、住居所或營業所、國籍或地區；有代表人者，其姓名或名稱。(2)委任商標代理人者，其姓名及住居所或營業所。(3)商標名稱。(4)商標圖樣。(5)指定使用商品或服務之類別及名稱。(6)商標圖

　　施行細則第 2 條規定，除依商標法第 13 條規定以電子方式為之者外，應以書面提出，申請人必須使用由商標專責機關所規定之書表格式及份數，並由申請人簽名或蓋章；委任有商標代理人者，得僅由代理人簽名或蓋章。至於申請人之身分、商標專責機關認為有必要時，得通知申請人檢附身分證明或法人證明文件❸❺，相關文件為外文者，應依第 3 條檢附中文譯本。

　　指定使用之商品或服務類別，應依商品及服務分類之類別順序，並具體列舉商品或服務名稱❸❻。申請人於一申請案中僅得就單一商標內容申請註冊，但，得指定使用二個以上類別之商品或服務即所謂跨類申請。

樣含有外文者，其語文別。⑺應提供商標描述者，其商標描述。⑻依本法第 20 條主張優先權者，第一次申請之申請日、受理該申請之國家或世界貿易組織會員及申請案號。⑼依本法第 21 條主張展覽會優先權者，第一次展出之日期及展覽會名稱。⑽有本法第 29 條第 3 項或第 30 條第 4 項規定情形者，不專用之聲明。

❸❺　依商標法施行細則第 4 條第 1 項證明文件，原則上應以原本或正本為之。例外則得以影本代之：⑴原本或正本已提交商標專責機關，並載明所附案號、⑵當事人釋明影本與原本或正本相同者。商標專責機關為查核影本之真實性，得通知當事人檢送原本或正本，並於查核無訛後，予以發還。104 年修正前商標法施行細則第 4 條第 2 項又明定前揭⑵不適用於優先權及展覽會優先權證明文件。惟，該規定之修正說明三後段又謂：商標專責機關於其官方網站提供下載優先權證明文件者（例如歐盟內部市場調和局，Office for Harmonization in the Internet Market: 簡稱 "OHIM"），其下載後列印之證明文件，得作為優先權證明文件正本。亦即，該規定又有例外。104 年修正商標法施行細則又刪除第 4 條第 2 項，理由為⑴各國商標專責機關對於商標申請案件在經由行政作業後會將商標註冊申請資訊上網公告；⑵展覽會優先權的證明得由文件外觀進行形式審查，縱有必要，亦得依前揭細則第 4 條第 1 項第 2 款處理。

❸❻　商標法施行細則第 19 條第 1 項。長期以來，107 年修正前商標法施行細則第 19 條第 1 項將商品及服務分類表列入條文，致使該項常因國際分類協定的修訂而修正；故而於民國 107 年予以修正，使分類表不再列入條文，並於第 2 項授權商標專責機關依世界智慧財產權組織之商標註冊國際商品及服務分類尼斯協定發布之類名稱公告之。至於在商品及服務分類表修正前已註冊之商標，其指定使用之商品或服務類別，以註冊類別為準；未註冊之商標，其指定使用之商品或服務類別，以申請時指定之類別為準。同施行細則第 19 條第 3 項。

第二項　商標圖樣

如前所言（第一章第一節），申請註冊的商標內容已不宜以「商標圖樣」稱之，此處商標圖樣實指將商標內容以平面圖樣或文字描述後呈現的內容，例如立體商標以六個平面視圖呈現其不同角度，該六個平面視圖即所謂商標圖樣。

傳統型商標，如文字、圖形、記號等，原本即以平面呈現，於檢附商標圖樣乙節，較無疑義。非傳統型商標，則各因其性質須以不同方式呈現。

因應非傳統型商標，商標法第 19 條第 3 項明定商標圖樣應以清楚、明確、完整、客觀、持久及易於理解之方式呈現。施行細則亦明定商標圖樣，應符合商標專責機關公告之格式；商標專責機關認有必要時，得通知申請人檢附商標描述及商標樣本，以輔助商標圖樣之審查❸❼。其中商標圖樣得以虛線表現商標使用於指定商品或服務之方式、位置或內容態樣，並於商標描述中說明，該虛線部分不屬於商標之一部分；至於商標描述與商標樣本則分別指，對商標本身及其使用於商品或服務情形所為之相關說明，及商標本身之樣品或存載商標之電子載體❸❽。

申請註冊顏色商標時，申請人應於申請書中聲明，商標圖樣須呈現商標之顏色；得以虛線表現實際使用於指定商品或服務之方式、位置或內容態樣，並應提供商標描述敘明其使用情形❸❾。

申請註冊立體商標者，申請人除應於申請書中聲明，並應注意下列情事❹❶：(1)商標圖樣為表現立體形狀之視圖，該視圖以六個為限；(2)商標圖樣得以虛線表現立體形狀使用於指定商品或服務之方式、位置或內容態樣；(3)應提供商標描述，說明立體形狀。商標包含立體形狀以外之組成部分者，亦應說明。

---

❸❼　商標法施行細則第 13 條第 1 項明定。
❸❽　商標法施行細則第 13 條第 2 項～第 4 項。
❸❾　商標法施行細則第 14 條。
❹❶　商標法施行細則第 15 條。

申請註冊動態商標，應於申請書中聲明，並檢附(1)商標圖樣為表現動態影像變化過程之靜止圖像，靜止圖像以六個為限；(2)商標描述，依序說明動態影像連續變化之過程；(3)檢附符合商標專責機關公告格式之電子載體❹。

申請註冊全像圖商標者，應於申請書中聲明，並檢附(1)商標圖樣，表現全像圖之視圖；該視圖以四個為限；(2)商標描述，說明全像圖，因視角差異產生不同圖像者，應說明其變化之情形❷。

申請註冊聲音商標者，應於申請書中聲明，並檢附(1)商標圖樣，可為①表現該聲音之五線譜或簡譜，此須提供商標描述，或②該聲音之文字說明──無法以五線譜或簡譜表現該聲音者；(2)檢附符合商標專責機關公告格式之電子載體❸。

第三項　證明標章、團體標章及團體商標之特定文件

證明標章、團體標章及團體商標因其特殊性質，須於申請時檢附特定書件。

申請註冊證明標章者，另應檢附❹：(1)具有證明他人商品或服務能力之文件；(2)證明標章使用規範書；及(3)不從事所證明商品之製造、行銷或服務提供之聲明。申請註冊產地證明標章之申請人代表性有疑義者，商標專責機關得向商品或服務之中央目的事業主管機關諮詢意見。例如農產品之中央目的事業主管機關為農委會；倘為外國法人、團體或政府機關，須另檢附以其名義在其原產國受保護之證明文件❺。

證明標章使用規範書應載明下列事項❻：(1)證明標章證明之內容；(2)使用證明標章之條件；(3)管理及監督證明標章使用之方式；(4)申請使用該

---

❹　商標法施行細則第 16 條。
❷　商標法施行細則第 17 條。
❸　商標法施行細則第 18 條。
❹　商標法第 82 條第 1 項。
❺　商標法第 82 條第 2 項暨第 3 項。
❻　商標法第 82 條第 4 項。

證明標章之程序事項及其爭議解決方式。使用規範書關乎證明的內容、標準及擬使用者如何申請等，是以證明標章註冊公告時，商標專責機關應一併公告其使用規範書；註冊後修改者，亦應經商標專責機關核准，並予公告❹。

　　申請團體標章註冊，除應於申請書載明相關事項，並應檢具團體標章使用規範書，向商標專責機關申請之；團體商標申請註冊，亦應檢附團體商標使用規範書❹。二者使用規範書均應載明下列事項❹：(1)會員之資格；(2)管理及監督團體標章使用之方式；及(3)違反規範之處理規定。另，前者須載明使用團體標章之條件，後者須載明使用團體商標之條件。

　　申請註冊產地團體商標者，商標專責機關認為申請人代表性有疑義者，得向商品或服務之中央目的事業主管機關諮詢意見；倘為外國法人、團體或政府機關，須另檢附以其名義在其原產國受保護之證明文件❺。又，為使潛在使用者知道使用該產地團體商標，前揭使用規範書並應載明地理區域界定範圍內之人，其商品或服務及資格符合使用規範書時，產地團體商標權人應同意其成為會員❺。

　　團體標章因非作為商業上使用，不影響消費者利益，是以，其使用規範書毋須公告❺。團體商標使用規範書關乎既有及潛在會員對團體商標的利用，以及消費者藉該團體商標辨識商品或服務的利益，是以團體商標註冊公告時，商標專責機關應一併公告其使用規範書；註冊後修改者，亦應經商標專責機關核准，並予公告❺。

---

❹　商標法第 82 條第 5 項。

❹　商標法第 86 條第 1 項暨第 89 條第 1 項。

❹　商標法第 86 條第 2 項暨第 89 條第 2 項。

❺　商標法第 91 條準用第 82 條第 2 項暨第 3 項。

❺　商標法第 89 條第 3 項。

❺　證明標章，團體商標及團體標章第 4.2.3 點，頁 62。

❺　商標法第 84 條第 4 項。

第四項 申請費

申請商標註冊須繳納申請費，申請費的計算標準為❺❹：⑴商標及團體商標——依指定商品及服務之類別合併計收；⑵證明標章及團體標章——按件計費，每件新臺幣五千元。

前揭⑴之計算如下❺❺：指定使用在第 1 類至第 34 類之商品者，同類商品中指定使用之商品在 20 項以下者，每類新臺幣三千元；商品超過 20 項，每增加 1 項加收二百元。指定使用在第 35 類至第 45 類之服務者，每類新臺幣三千元；但指定使用在第 35 類之特定商品零售服務，超過 5 項者，每增加 1 項，加收新臺幣五百元。

又，為鼓勵電子化申請，依商標法第 14 條規定以電子方式申請商標註冊者，註冊申請費每件減收新臺幣三百元；其全部指定使用之商品或服務與電子申請系統參考名稱相同者，每類再減收新臺幣三百元❺❻。

第五節 申請日

申請日於商標制度中的重要性，一如其於專利制度中之地位。

商標法第 30 條第 1 項第 10 款既已明定先申請者取得商標註冊，一申請案是否取得註冊，自取決於其申請日之先後。再者，商標註冊要件之審查，須無同法第 29 條第 1 項及第 30 條第 1 項各款之情事，其中部分款次，亦取決於申請日之前有無其所定之事由存在。申請日之重要性，由此可見諸般。至於申請日之取得，或為文件齊備之日，或為主張優先權之優先權日。

---

❺❹ 商標規費收費標準第 2 條第 1 項。
❺❺ 舉例說明：甲申請商標註冊，指定使用於第 2 類及第 3 類商品，第 2 類共指定 30 項商品，第 3 類指定 26 項商品。甲應繳納之申請費為第 2 類之五千元加上第 3 類之四千二百元，共計九千二百元。
❺❻ 商標規費收費標準第 2 條第 2 項。

第一項　文件齊備之日

依商標法第 19 條第 2 項，申請日為備具載明申請人、商標圖樣及指定使用之商品或服務之申請書送達商標專責機關之日，郵遞方式者，以郵寄地之郵戳為準❺❼。

申請案若不合法定程式可補正者，商標專責機關通知限期補正，並以補正之日為申請日。申請案若不合法定程式不能補正或不合法定程式，經商標專責機關通知限期補正，屆期未補正者，應不予受理❺❽。

申請人於商標專責機關審定前，申請減縮商標註冊申請之指定使用商品或服務者或申請分割，均沿用原案之申請日❺❾。

第二項　國際優先權日

優先權制度源於西元 1883 年巴黎公約第 4 條之規定。其目的，在彌補專利制度中有關新穎性要件的缺失❻⓪，由法國代表提議制訂，適用範圍及於專利、商標等申請案。依該規定，會員國必須承認申請人於特定期間前於他會員國提出相關案件之申請日。在專利制度中，其可彌補新穎性要件之缺點，並可適用於先申請主義中決定先申請日；而在商標制度中，其作用則屬於後者與部分消極要件的審查❻❶。

---

❺❼　商標法第 9 條第 1 項。惟，倘郵戳所載日期不清晰者，除由當事人舉證外，以到達商標機關之日為準。同條第 2 項。

❺❽　商標法第 8 條第 1 項。

❺❾　商標法第 23 條暨第 26 條。

❻⓪　有關巴黎公約第 4 條之「優先權制度」，請參閱拙著，《專利法專論》，頁 179～232（第 2 版，民國 86 年 10 月）。

❻❶　巴黎公約第 6 條之 5 之 (Art. 6 quinquies) 明定商標權人已於「源流國」(country of origin) 取得註冊商標者，得據該註冊商標向其他締約國申請註冊。所謂「源流國」，依次係指其產業據點、住所、國籍而言。溯及清光緒 30 年（西元 1903 年）所頒行之商標註冊章程，其中第 7 條即規定，在外國已註冊之商標，於其註冊之日起四個月內，將該商標呈請註冊者，可追認其在外國

　　商標權之取得，固然有使用主義與註冊主義兩種方式，惟，揆諸各國立法，主要仍以後者居多。而，一如專利申請案，商標申請案之申請人擬於世界各國同時提出申請案之可能性相當有限。致使其到他國提出申請時，便可能因已有近似之商標申請指定使用於同一或類似商品在先，而無法取得註冊。優先權制度，可使申請人就同一商標於甲、乙兩國先後申請，而於乙國申請商標註冊時，主張以其於甲國提出申請之申請日，為其於乙國之優先權日，彌補無法同步申請之缺憾。

　　商標法於民國 82 年修正時，配合專利法，於當時商標法第 4 條明定優先權制度。其之所以引進已有上百年歷史之優先權制度，係因國際貿易交流之頻繁，商標審查有趨於國際化之必要，再者，我國積極與他國簽訂保護智慧財產權之雙邊或多邊條約，承認優先權制度自有其重要意義與必要性❷。

　　擬依現行商標法第 20 條第 1 項主張優先權，應具備下列要件：

⑴申請人──本國人或符合第 4 條互惠原則之外國人❸；

⑵優先權之互惠原則──先申請案之受理國及申請人所屬國家各須為與我國有相互承認優先權之國家或世界貿易組織會員；就申請人國籍部分，採保護工業財產權巴黎公約第 3 條「準國民待遇」，亦即申請人縱非與我國有相互承認優先權之國家或世界貿易組織會員國民，然，在前揭國家境內有住所或營業所者，亦可❹；

⑶先後申請案之同一性──先後申請案之申請人須為同一，或經合法移轉、繼承，商標內容須為相同，且指定使用於相同之商品或服務，後案擬主張優先權之商品或服務，須包含於先申請案中。申請人得選擇就先申請

　　原註冊之時日。當年滿清政府並非巴黎公約的會員國，之所以制定該條次，應與列強迫使其制定商標制度、並介入其制定過程，有密切關聯。

❷　《82 年商標法案》，同❸，頁 245。

❸　民國 92 年修正前商標法第 4 條第 1 項另訂有「相互保護商標條約或協定」者，惟其是否當然涵蓋優先權之相互承認，有待商榷，故已予刪除。

❹　按外國申請人所屬國家，雖受理我國國民申請案，惟，是否承認我國國民之主張優先權，仍有疑義，101 年修法時於第 20 條第 2 項予以明定，應屬妥適。

案之全部或部分商品或服務主張優先權；

(4)先申請案之取得申請日——指於外國首次提出申請，依該國法律取得申請日者❻ ；

(5)優先權期間——六個月，即首次申請日後六個月內，申請人須提出後案之申請❻ 。

　　除須遵守六個月之優先權期間外，依同條第 3 項暨第 4 項，申請人另須遵守下列程序之規定：(1)申請時之聲明——申請人應於申請註冊同時聲明，並於申請書中載明在外國之申請日與受理該申請案之國家或 WTO 會員以及第一次申請之申請案號；(2)如期檢送證明文件——申請人應於申請後三個月內，檢送經該國證明受理之申請文件。除第一次申請之申請案號外，申請人未遵守前揭其他事項，將視為未主張優先權❻ 。亦即申請人不

---

❻ 所謂「首次提出申請」非指於該國之第一次，而係指於國際間第一次申請註冊而言。是以，倘甲於 A 國申請後，又於 B 國申請同一案，復於我國申請註冊，由於只有 B 國承認我之優先權，甲以 B 國申請案主張優先權，如此已不符首次申請之意義，自不得主張優先權。

❻ 民國 101 年修正之施行細則增訂第 20 條明定，六個月之起迄日期為先申請案之依他國法律取得之申請日次日，迄依我國商標法第 19 條第 2 項取得申請日之期間。舉例說明：甲於美國依美國聯邦商標法提出商標註冊申請案，並取得申請日西元 2012 年 8 月 10 日，嗣於民國 102 年（西元 2013 年）2 月 10 日向我國商標專責機關提出申請，當天檢具之申請書僅載明申請人名稱及優先權之聲明，至於商標圖樣及指定之商品，則聲明「容後補呈」，至民國 102 年 3 月 10 日始予補正（有關商標圖樣及指定之商品）。甲依我國商標法取得之申請日為 102 年 3 月 10 日，距其於美國取得之申請日已逾六個月，不符優先權之要件。

❻ 商標法第 20 條第 5 項。修正前商標法第 4 條第 4 項係明定「違反……者，喪失優先權。」101 年修法，則以優先權不具獨立之權利性質，而係附屬於商標註冊申請案的主張，申請人得自行選擇是否主張優先權，故無喪失與否之情事，倘申請案符合優先權要件，惟申請人未遵守程序規定，宜視為未主張優先權，而非喪失優先權。100 年商標法修正案，立法院院會三讀通過版，民國 100 年 5 月 31 日（以下簡稱「100 年商標法修正案」），第 20 條修正說明七。

得主張優先權，但仍得申請註冊，只是，若有他人在其向我國申請前，已提出申請者，則可能因無法主張優先權，致基於先申請註冊主義而無法取得註冊。

　　申請人主張優先權者，其申請案之申請日以優先權日為準❻，所謂優先權日，商標法雖未明定，應指先申請案之申請日❻，無疑；此揆諸巴黎公約甚明——申請人得據先申請案依外國法令申請註冊取得之申請日主張優先權。巴黎公約亦明定先申請案之申請日不因嗣後他國之審查結果而受影響。例如，先申請案取得申請日後，遭該國主管機關核駁或申請人自行撤回，均不影響申請人於後案中優先權的主張。

　　優先權之態樣可包括一般優先權、複數優先權及部分優先權。一般優先權係指後申請內容全部見諸於先申請案（前案）中，如前案商標 A，指定使用於第一類 30 項商品，後申請案（後案）之商標亦為 A，指定於相同的 30 項商品或其中 20 項商品。複數優先權為後案據兩個以上之先申請案主張優先權❼，如前案一，商標 A，指定使用於第一類 30 項商品，前案二，商標亦為 A，指定使用於第二類 20 項商品，後案商標 A，指定使用之商品包括前案一之第一類 30 項商品及前案二之第二類 20 項商品，本件得

---

❻　商標法第 20 條第 6 項。舉凡先申請主義、同日申請及商標法第 30 條第 2 項之認定均以優先權日為準。例如：甲以 A 商標於我國申請註冊，申請日為民國 101 年 10 月 12 日，乙以一近似之商標 A′（指定之商品亦與甲之商標類似）於 101 年 12 月 20 日申請註冊，據此，應由甲取得註冊。惟，倘乙得主張優先權，優先權日為 101 年 7 月 10 日，該日期早於甲之申請日，故由乙取得申請日。

❻　民國 92 年修正前商標法施行細則第 6 條明定：主張優先權成立者，以其首次在他國提出申請註冊商標之日，視為在中華民國申請註冊商標之日；且在他國之申請案審查結果，對已成立之優先權，不生影響。惟，民國 92 年修正施行細則時以其屬審查事項，毋需於細則中明定而予以刪除。筆者以為，優先權日之定義，攸關優先權適用之效果；而基於各國商標制度之自主性與獨立性，他國之商標審查結果更不應影響我國對商標之保護。二者非但不宜刪除，且應於商標法中明定之。

❼　商標法第 20 條第 7 項。

主張之優先權有兩項,此即複數優先權。擬主張複數優先權者,其優先權期間須以最早之優先權日起算,方得以涵蓋所有擬主張優先權之前案❼。部分優先權指後案中僅一部分內容得主張優先權。例如:前案商標 A 指定使用於第一類 20 項商品,後案 A 指定使用之商品包括前案之第一類 20 項商品及第二類 20 項商品,則,申請人僅得就第一類之 20 項商品主張優先權,至於第二類 20 項商品係以後案申請日為申請日。

第三項　展覽會優先權日

101 年修法時於商標法第 21 條增訂展覽會優先權。主張展覽會優先權之要件有(1)申請人參加我國政府主辦或認可之國際展覽會,(2)展出之商品或服務附有擬申請註冊之商標,且(3)申請人於該商品或服務展出日後六個月內,向我國提出申請案❼。符合前揭要件,申請人得主張優先權,亦即,其申請日以展出日為準亦即商品或服務第一次之展出日❼。此規定係參酌巴黎公約規定,目的在鼓勵業者參展❼。

所謂國際展覽會,係指該展覽會須為國際性質,有國外商品參展者,國際展覽會包括(1)我國政府主辦者,(2)外國主辦但須為我國政府認可者;

---

❼　請參閱專利法第 28 條第 2 項。 例如前案一之申請日為西元 2012 年 9 月 10 日,前案二之申請日為 2012 年 12 月 10 日,申請人若據此二案主張優先權,則須於 2013 年 4 月 10 日前於我國提出後案之申請,倘逾 2013 年 4 月 10 日,則無法就前案一主張優先權。

❼　六個月優先權期間之計算,以展出日次日起算至依我國商標法第 19 條提出申請、並依同條第 2 項取得申請日止。商標法施行細則第 22 條。

❼　無論條文所訂之「展出日」,或修正說明中之「參展日」、「展覽日」,究係指展覽會開始之日期,抑或申請人實際將商品或服務陳列於會場展覽之日期?筆者以為應以商品或服務實際陳列於會場展覽之日期為準, 方符合巴黎公約第 11 條之立法原意。又依商標法施行細則第 21 條第 2 項第 1 款,亦可窺知。

❼　巴黎公約第 11 條目的在鼓勵業者將新穎技術參展,商標之適用該規定,一則因其仍屬工業財產權, 另一則因專利物品之販售仍需附有商標方得以與其他業者之商品相區別, 並使消費者得以辨識其商品來源。發明／創作人展出新穎技術的同時,亦呈現其商標,故然。

舉辦地點亦不以在我國國內為限❼。據此，以實際有國外商品參展為要件，設若，我國政府舉辦國際性展覽會，倘僅我國業者參加，則不得主張第21條之適用；惟，對於當初相信其乃國際展覽會而參展者，有欠公允。又，相較於106年修正前專利法第22條之展覽會新穎性優惠期，後者並不以國際性為必要，筆者以為二者應予一致之規範。基於國際展覽會有認定上之疑義，以及配合專利法之鼓勵參展以提升我國科技水準，展覽會不宜限於國際展覽會，亦即凡我國政府主辦或認可者，不問國內外展覽會均可。

　　同條第2項明定主張展覽會優先權者，準用有關國際優先權之程序規定。亦即應❼(1)於申請註冊同時提出聲明，(2)於申請書中載明國際展覽會名稱及展覽地所屬國，並(3)於申請日後三個月內，檢送相關國際展覽會證明文件❼。違反前揭任一項程序，視為未主張展覽會優先權。

　　倘申請人參展後，於他國先申請商標註冊，嗣於我國提起申請案，設若其申請案各別符合展覽會優先權及國際優先權要件，則應適用展覽會優先權，以參展之日計算優先權期間，不得再行主張國際優先權❼。

---

❼　100年商標法修正案第21條修正說明二。

❼　100年商標法修正案第21條修正說明三。

❼　國際展覽會證明文件，指展覽會主辦者發給之參展證明文件；內容應包含下列事項：(1)展覽會名稱、地點、開幕日及主辦者名稱及商品或服務第一次展出日。(2)參展者姓名或名稱及參展商品或服務之名稱。(3)商品或服務之展示照片、目錄、宣傳手冊或其他足以證明展示內容之文件。商標法施行細則第21條。

❼　100年商標法修正案第21條修正說明四。該說明假設參展先於申請案（前案）之提出，此固為常見之情事。惟，設若申請案（前案）提出後始參展，則應適用第20條國際優先權，而不得主張第21條展覽會優先權。

第六節　申請案之異動

　　申請人於提出申請案，仍可能就申請事項予以變更，或進行分割，甚至將因申請所生之權利移轉予他人。惟，有關指定使用商品或服務之減縮、商標圖樣之非實質變更、註冊申請案之分割等，應於核駁審定前為之❼❾。

第一項　變更案

　　申請案提出後，申請人之名稱、地址、代理人或其他註冊申請事項變更者，應向商標專責機關申請變更❽⓿。

　　商標圖樣及其指定使用之商品或服務，原則上，申請後即不得變更；惟，仍得就指定使用之商品或服務予以減縮，或就商標圖樣為非實質之變更❽①。前者如原指定於第一類 50 項商品，嗣減縮其中 10 項商品，剩 40 項商品。後者之商標圖樣，如前所言，係指呈現申請註冊之商標內容的圖樣而言。其非實質之變更，包括下列情事之一❽②：

(1)刪除不具識別性或有使公眾誤認誤信商品或服務性質、品質或產地之虞者──如，須經驗證方得使用之「有機」二字，此將致商標申請案遭核駁；倘刪除不屬實質之變更，且不致改變原商標圖樣給予消費者識別來源之同一印象者，可准予刪除❽③。

---

❼❾　商標法第 31 條第 3 項。請參閱第四章第一節「申請案之審查」。

❽⓿　商標法第 24 條。依同法施行細則第 25 條，申請變更時，應備具變更申請書，並檢附變更證明文件。但其變更無須以文件證明者，免予檢附，如，變更申請人地址。申請人有兩件以上之申請案時，應按每一商標各別申請；惟，各申請案之變更事項相同者，得以一件變更申請案同時申請之。

❽①　商標法第 23 條。申請案屬數人共有者，其指定使用商品或服務之減縮，應經全體共有人之同意。商標法第 28 條第 5 項。

❽②　商標法施行細則第 24 條第 1 項。

❽③　商標法施行細則第 24 條第 2 項。請參閱民國 101 年商標法施行細則修正草案（以下簡稱「101 年商標法施行細則修正草案」）第 24 條修正說明二之(一)。本

(2)刪除商品重量或成分標示、代理或經銷者電話、地址或其他純粹資訊性事項者——該等內容不具商標功能。

(3)刪除國際通用商標或註冊符號者——如 ®、TM 等，不具商標功能。

(4)不屬商標之部分改以虛線表示者——此係指非傳統型商標之圖樣，標示商標之位置等虛線，原非商標之內容，誤以實線標示者，改以虛線標示，自不屬實質之變更。

　　就申請案特定申請事項之錯誤，申請人得申請更正或商標專責機關依職權更正，如(1)申請人名稱或地址之錯誤。(2)文字用語或繕寫之錯誤。(3)其他明顯之錯誤。又，更正內容不得影響商標同一性或擴大指定使用商品或服務之範圍❽❹。

　　修正前商標法施行細則第 20 條明定申請減縮商標註冊申請之指定使用商品或服務者，不影響其申請日。101 年修法時予以刪除，係因無明定必要，而非變更後不得沿用原申請日❽❺。

　　至於商標法第 24 條之變更及第 25 條之更正，無關乎商標內容暨指定之商品／服務，更不致影響其申請日之認定。

第二項　分割案

　　申請人得就所指定使用之商品或服務，向商標專責機關申請分割為兩件以上之註冊申請案，並以原註冊申請日為申請日❽❻。分割後各申請案所

文所舉「有機」乙例係引自前揭修正說明。

❽❹　商標法第 25 條。商標專責機關對於商標註冊申請事項之更正，認有查證之必要時，得要求申請人檢附相關證據。商標法施行細則第 26 條。

❽❺　101 年商標法施行細則修正草案刪除修正前第 20 條之修正說明。

❽❻　商標法第 26 條。申請案屬數人共有者，其指定使用商品或服務之分割，應經全體共有人之同意。商標法第 28 條第 5 項。商標法施行細則第 27 條第 1 項明定，申請分割註冊申請案者，應備具申請書，載明分割件數及分割後各件商標之指定使用商品或服務。104 年施行細則修正前亦規定，應按分割件數檢送分割申請書副本及其申請商標註冊之相關文件；惟，商標專責機關自 104 年 1 月 1 日起實施商標註冊申請案件線上審查作業，申請分割註冊申請案，亦可

指定使用之商品或服務，不得重疊，亦不得逾越原申請案指定之商品或服務範圍；倘申請人於核准審定後註冊公告前，申請分割註冊申請案者，商標專責機關應俟申請人繳納註冊費，商標經註冊公告後，始進行商標權分割❽❼。蓋以倘專責機關先行處理分割案，申請人嗣未如期繳納註冊費致不予公告，前揭分割之處理便失其意義；是以，於確定繳納註冊費、並經公告取得商標權後，專責機關始予分割。

第三項　移轉案

因商標註冊之申請所生之權利，得移轉予他人❽❽。移轉商標註冊申請所生之權利，係以變更申請人名義之方式為之❽❾；原則上應按每一商標各別申請，惟，倘繼受權利之人自相同之申請人取得兩件以上商標註冊申請所生之權利者，得於一變更申請案中同時申請之❾⓿。

商標註冊申請所生之權利倘為二人以上所共有者，該共有權利或共有人應有部分之移轉，原則上，應經全體共有人之同意；惟，因繼承、強制執行、法院判決或依其他法律規定移轉者，不在此限❾❶。

由電腦系統依分割件數自動產出副本及相關文件。是以，104 年修正施行細則第 27 條，刪除第 1 項後段有關應檢附申請書副本及其申請商標註冊之相關文件之規定。

❽❼　商標法施行細則第 27 條第 2 項暨第 3 項。

❽❽　商標法第 27 條。修正前所定受讓前揭之權利者，非經請准更換原申請人之名義，不得對抗第三人，已於 101 年修法刪除。理由為該等權利尚未註冊，無登記對抗效力之問題。100 年商標法修正案第 27 條修正說明三。

❽❾　申請人應備具申請書，並檢附移轉契約或其他移轉證明文件。商標法施行細則第 28 條第 1 項。

❾⓿　商標法施行細則第 28 條第 2 項。

❾❶　商標法第 28 條第 1 項。依專利法，原則上發明人於完成發明時即應享有申請權，商標法並無此觀念。申請人僅得於申請商標註冊後，主張其因此申請所生之權利，如商標法第 27 條。101 年修法卻於第 28 條明定申請權共有之事宜，揆諸其意旨，仍應指申請後所生之權利，而非申請前即享有之申請權。故，本文仍以申請所生之權利稱之。

第四項　拋　棄

申請人拋棄其商標註冊申請所生之權利者，必使其相關權利失其效力，申請案不復存在，此為必然結果，毋庸明定。

倘該權利為數人共有，其拋棄應得全體共有人之同意；各共有人拋棄其應有部分者，則無此限制，其應有部分由其他共有人依其應有部分之比例分配之❷。共有人死亡而無繼承人或消滅後無承受人者，其應有部分之分配，亦同❸。

第七節　期間、送達

期間的起迄涉及申請人的權益，而商標專責機關的文件送達常與期間的起算相關聯。茲就期間與送達分述如下。

第一項　期　間

期間，可分為法定期間與指定期間。凡由法律明定者，為法定期間，如：第 20 條第 1 項及第 21 條第 1 項之優先權期間暨第 20 條第 4 項申請日次日起三個月之檢送證明文件期限、第 32 條第 2 項之註冊費繳費期限、第 34 條第 1 項之申請延展註冊期限、第 48 條第 1 項註冊公告之日起三個月之異議期限，以及第 58 條之申請或提請評定期限等。由商標專責機關依職權指定之期間或期日，則為指定期間或期日，如：第 31 條第 2 項之限期陳述意見、第 49 條第 2 項之限期答辯、施行細則第 23 條之指定期間通知申請人協議暨指定日期抽籤等。二者除定義不同外，其得否延展或回復原狀

---

❷　商標法第 28 條第 2 項暨第 3 項。例如，甲、乙、丙共同持有一件商標申請案，三人應有部分所占比例為 2:1:1，今乙擬拋棄其應有部分，甲得乙之應有部分的 2/3，丙得乙之應有部分的 1/3，亦即甲自乙處分配得到 1/6，丙自乙處分配得到 1/12。總計甲之應有部分為 2/3，丙之應有部分為 1/3。

❸　商標法第 28 條第 4 項。

各異;除此,其起算,延誤之效果相同。

期間之計算,關係其屆至之日期為何,及當事人有無逾期、其行為應否遭程序上之駁回,故須審慎訂之,且須有一致的標準,俾免對不同之當事人造成不公平。商標法第9條明定商標之申請及其他程序,應以書件或物件到達商標專責機關之日為準;如係郵寄者,以郵寄地郵戳所載日期為準;倘郵戳所載日期不清晰者,除由當事人舉證外,以到達商標專責機關之日為準。此規定係於民國61年修法時所訂定,揆諸當年立法意旨,亦在確定當事人所為之程序是否逾期而定,並確定其計算,原則上採送達主義,而郵寄則採發信主義❷。

商標法第8條第1項明定,商標專責機關就商標申請案及其他程序應不予受理之事由有三:㈠遲誤法定期間;㈡不合法定程式不能補正;以及㈢不合法定程式經通知限期補正屆期未補正者❸。101年修法時增訂「除本法另有規定外」,係針對特定情事延誤期間並無不予受理之法律效果,如延誤國際優先權或展覽會優先權之六個月期間,或提出優先權證明文件之三個月期間,僅生視為未主張優先權之效果❻。

有關期間之計算,原則上,其始日不計算在內❼。始日算入之事由有:⑴商標權期間(第33條第1項);⑵商標權人之於通知之時起三個工作日內申請查扣(第75條第4項)❽。指定期間之訂定,既不若法定期間之嚴

---

❷ 商標法修正案,《立法院公報》,第61卷,第45期,院會紀錄,頁14～15(民國61年);商標法修正案,《立法院公報》,第61卷,第49期,院會紀錄,頁8～10(民國61年)。揆諸原修正案內容,亦可知悉其立法目的:「本法所定各項期間之計算,除本法另有規定外,以書件或物件到達商標主管機關之日為準。但當事人或其代理人不在商標主管機關所在地居住者,應扣除在途期間。書件或物件如係交由郵局寄遞者,以交郵當日郵戳為準。」。

❸ 所謂屆期未補正之情事有二:⑴於指定期間內迄未補正,及⑵於指定期間內補正仍不齊備者。商標法施行細則第7條。

❻ 100年商標法修正案第8條修正說明二之㈡。

❼ 商標法第16條。

❽ 又,依商標法第103條,防護商標申請變更為獨立之註冊商標後,有關無正

謹，原則上，商標專責機關得依當事人之申請，考量具體案情，准予延展或變更之。民國92年修正前商標法第12條明定倘該案有相對人或利害關係人時，除顯有理由或經徵得其同意外，不得為之。92年修法時，以其准否延展或變更屬商標專責機關之職責，而予以刪除。原則上，申請人得於指定期間屆滿前，敘明理由及延長之期間，申請延長❾❾。又，申請人於遲誤指定期間後補正，而商標專責機關尚未處分者，仍應予以受理。

　　法定期間之訂定，多涉及公共政策之考量，是以，其延展勢必較為慎重。商標法第8條第2項暨第3項明定，申請人因天災或不可歸責於己之事由遲誤法定期間者，於其原因消滅後三十日內得以書面敘明理由，向商標專責機關申請回復原狀，並同時補行原法定期間內應為之行為❿。但遲誤法定期間已逾一年者，不得為之。亦即，申請回復原狀之期間為原因消滅後三十日與法定期間起算一年，以先到期者為準。舉例說明：法定期間為民國108年10月1日到期，甲因不可歸責於己之事由致延誤；該事由於109年4月1日消滅，則甲須於109年5月1日前依法申請回復原狀。設若前例中事由於109年9月20日消滅，甲若擬申請回復原狀，須於109年10月1日（按：此為原法定期間108年10月1日逾一年之日期）前為之。

　　當事由連續三年未使用之廢止事由，其三年期間，自變更當日起算。惟，智慧局業於民國103年3月25日發布其商標資料庫已無防護商標，是以前揭條文已無適用餘地。

❾❾　商標法施行細則第8條。例外為有關商標法第31條第2項核駁審定前，商標專責機關通知申請人限期陳述意見乙節。考量居住國外之申請人與其代理人連繫較為費時，施行細則第34條明定前揭期限為：⑴申請人在我國境內有住居所或營業所者為一個月，⑵申請人在我國境內無住居所或營業所者為二個月。申請人得敘明理由申請延長，申請人在我國境內有住居所或營業所者得延長一個月，無住居所或營業所者為二個月。倘申請人再申請延長者，商標專責機關得依補正之事項、延長之理由及證據，再酌給延長期間；其申請無理由者，得不予受理。

❿　依商標法施行細則第9條，申請回復原狀者，應敘明遲誤期間之原因及其消滅日期，並檢附證明文件。

至於天災或不可歸責於己之事由，如地震、颱風或傳染性疾病⑩等，致使申請人無法如期從事應為之行為。

現行規定並未考量下列情事：商標異議案應否適用第 8 條第 2 項暨第 3 項之規定？按商標審查制度中之公眾審查制，包括異議制暨評定制。二者之適用，主要係時間上之差異，前者係於註冊公告三個月內提出，後者則因事由不同，而可分須於商標註冊公告之日起五年內對之提起，或無期限之情事⑩；至於主張之事由頗有雷同之處。換言之，在逾期未提起異議之情況下，仍得於該商標核准註冊後，對之提起評定。是以，逾期未提起異議者，似無適用第 8 條第 2 項暨第 3 項之必要。宜於該條增訂乙項，明定異議案不適用前揭規定⑩。

第二項　送　達

本項所謂「送達」，係指商標專責機關對商標案當事人所為通知之送達，而不包括當事人對商標專責機關檢附文件之送達；如前項所述，送達亦關乎當事人所為之程序是否逾期，與前項具備同等之重要性，不同的是，其係涉及期間之起算。商標專責機關通知限期補正書面答辯等情事，均以文到之次日起特定期間內為之，即商標法第 16 條「有關期間之計算……，其始日不計算在內」之規定⑩。如同法第 32 條第 2 項「……申請人應於審

---

⑩　為因應嚴重特殊傳染性肺炎、又稱 2019 年新型冠狀病毒 (coronavirus disease, 簡稱 "COVID-19")，商標專責機關（經濟部智慧財產局）於民國 109 年 4 月 8 日發布「專利、商標各項申請案因嚴重特殊傳染性肺炎 (COVID-19) 疫情持續擴大致遲誤法定期間者，得申請回復原狀」。依商標法第 8 條及同法施行細則第 9 條，商標申請人如因 COVID-19 疫情導致遲誤各項法定期間者，得檢具相關證明文件，依規定申請回復原狀，智慧局原則上將視個案具體情形從寬認定之。

⑩　有關公眾審查制，詳見第四章「審查制度」暨第六章「商標權之廢止暨消滅」。

⑩　我國 92 年修正前專利法第 18 條第 4 項便有如是之規定。

⑩　請參閱本章第七節。

定書送達後二個月內」，係指 「申請人應於審定書送達之次日起二個月內……」之意。

商標專責機關為送達時，應向應受送達人為之，並以其住居所、營業所或事務所為送達處所⓵。倘申請人有指定送達代收人，並向商標專責機關敘明者，前揭送達之行為應向代收人為之⓶。有委任代理人時，應向代理人為送達⓷。但代理人因故不能執行職務時，應向其本人為之，申請人住居在國外者，得為公示送達⓸。

商標專責機關依法通知當事人，倘應為送達之處所不明者，亦得為公示送達⓹。商標法第 10 條亦明定倘處分書或其他文件無從送達者，商標專責機關應於商標公報公告之，並於刊登公報後滿三十日，視為已送達。

⓵ 行政程序法第 72 條第 1 項。

⓶ 行政程序法第 83 條。

⓷ 行政程序法第 71 條。

⓸ 行政程序法第 78 條第 2 項。有關公示送達之相關規定，請參閱行政程序法第 78 條以下。

⓹ 同上。

第三章　商標註冊要件

　　依商標法申請註冊，核准者，得享有商標權，亦即排除他人就相同或近似之商標內容、使用於同一或類似商品。相對於排他性權利的取得，其據以申請之商標內容自須具備一定之要件，更需符合商標制度的設立宗旨，兼顧他人已申請或註冊在先之商標權，保護消費者權益，確保商標之註冊不致對工商企業的正常發展有負面影響。商標之申請註冊，須具備特定要件的重要性，由此可見。

　　我國商標法所定之商標註冊要件，可分積極要件與消極要件。積極要件，即商標內容之識別性；消極要件，則指不得有商標法所定之特定情事。101 年修正前商標法基於適用上的便利，將積極要件與消極要件合併於同一條次（修正前第 23 條第 1 項）規範，至為不妥。101 年修法時將二者分別於第 29 條及第 30 條予以明定，較為妥適。

第一節　積極要件——識別性及第二意義

　　商標之得以表彰業者之商品或服務，使消費者藉以區別商品或服務來源，必其內容非屬普通，方足以具識別作用，亦即，必須具有識別性。惟，亦有不具識別性的商標經申請人使用而具識別性者，即所謂第二意義。茲分述如下。

第一項　識別性

　　「識別性」乙詞，源自外國立法例之 distinctiveness，過往，均以「顯著性」稱之。揆諸光緒 30 年之試辦章程，民國 12 年之北京政府商標法，迄民國 19 年公布之商標法，均已有「特別顯著」之規定存在，並沿用至民

國 82 年修法前：「商標以圖樣為準，……應特別顯著，……」 ❶。82 年修法時則以「……應足以使一般商品購買人認識其為表彰商品之標識，並得藉以與他人之商品相區別」 ❷，直接說明「特別顯著」之意義 ❸。

民國 87 年修正施行之商標法便已不復見特別顯著性或顯著性 ❹，而以圖樣已為申請人交易上之識別標識者，具第二意義。92 年修法於第 23 條第 1 項第 12 款明定「識別性」乙詞。而溯至民國 86 年發布之審查要點便已採用識別性──「商標識別性審查要點」 ❺。以識別性替代顯著性，係因前者較符合商標之意義，而非降低其註冊要件。

商標專責機關於審查商標之識別性時，應分兩階段考量：㈠商標內容本身之識別性；㈡商標之於所指定使用商品之識別性 ❻，蓋以商標內容之識別性，亦可因所指定之商品不同而異。現行「商標識別性審查基準」 ❼更強調「識別性的判斷不得脫離指定商品或服務單獨為之」，筆者以為其固

---

❶ 「特別顯著」乙詞，應係源自西元 1875 年之英國商標法第 10 條："particular and distinctive" 或 "special and distinctive", Sec. 10 of the 1875 Trademark Registration Act.

❷ 修正前商標法第 5 條第 1 項，該段文字源自於行政法院 72 年判字第 461 號判例。

❸ 商標法案，《法律案專輯》，第 168 輯，頁 369、371～376（民國 83 年 8 月）（以下簡稱「82 年商標法案」）。惟當時商標法第 5 條第 2 項有關第二意義之規定，仍有「……視為具有特別顯著性」之字句存在。

❹ 惟，其第 5 條第 2 項有關第二意義之修正說明中仍可見顯著性乙詞。

❺ 86 年「商標識別性審查要點」 係中華民國 86 年 11 月 22 日臺商 890 字第 221034 號公告，中華民國 90 年 12 月 25 日 (90) 智商字第 0905000076–0 號公告，嗣於中華民國 93 年 4 月 28 日經濟部授智字第 0932003036–0 號令修正發布，93 年 5 月 1 日施行。

❻ 請參閱經濟部中央標準局，《商標手冊》，頁 28～29（民國 83 年 7 月）。

❼ 商標識別性審查基準第 2 點，頁 1。現行「商標識別性審查基準」為中華民國 97 年 12 月 31 日經濟部經授智字第 09720031750 號令訂定發布，98 年 1 月 1 日生效，嗣於中華民國 101 年 4 月 20 日經濟部經授智字第 10120030550 號令修正發布，101 年 7 月 1 日生效者。

為重要原則，卻不適用於獨創性及其他不具識別性之標識，蓋以此二者無論是否與特定商品或服務連結，識別性之有無，毋庸置疑。

依商標識別性審查基準，識別性判斷應考量個案的事實及證據，並就下列因素予以判斷❽：⑴商標與指定使用商品或服務的關係；⑵競爭同業使用情形；⑶申請人使用方式；以及⑷實際交易情況等。又，商標有無識別性，應以我國相關消費者的認知為準。此處應釐清何謂「相關」消費者及注意程度❾：「相關」消費者，包括已有購買或使用特定商品或服務經驗的實際消費者，及未來可能購買或使用該特定商品或服務的潛在消費者。如日常用品，應以一般公眾為相關消費者；屬專業人士使用的商品或服務，則應依專業人士的觀點予以判斷。再者，應考量相關消費者的注意程度，一般而言，對價位越高或越專業的商品，例如：奢侈品、高科技、醫藥產品等，消費者注意程度越高。

商標識別性審查基準將商標之具有識別性分先天識別性 (inherently distinctive) 與後天識別性❿，"inherently" 意指「本質」、「固有」，亦即，該商標本質上即具有識別性之謂，筆者以為採「固有識別性」乙詞較為妥適⓫；或，如民國 93 年施行之審查要點以具有識別性稱之即可。

具識別性之商標又分為㈠獨創性或創意性 (fanciful) 商標；㈡隨意性或任意性 (arbitrary) 商標；以及㈢暗示性 (suggestive) 商標⓬。茲說明如下⓭。

㈠獨創性商標：商標係運用智慧獨創所得，而非沿用既有之辭彙或事

---

❽　商標識別性審查基準第 3 點，頁 9～10。

❾　同上。

❿　商標識別性審查基準第 2 點，頁 1。

⓫　基準中稱先天識別性，應係便於與取得第二意義之後天識別性相對照。

⓬　此係源於美國案例法。美國法因商標識別性之強弱分為強勢標章 (strong marks) 及弱勢標章 (weak marks)。實務上又將其強弱依序分為㈠獨創性標章 (fanciful marks)，㈡隨意性標章 (arbitrary marks)，㈢暗示性標章 (suggestive marks)，㈣描述性標章 (descriptive marks)，以及㈤通用標章 (generic marks)。其中描述性標章可因具備第二意義而取得註冊；通用標章則不得註冊。

⓭　請參閱商標識別性審查基準第 2.1 點，頁 2～4。

物者。如 "Kodak"（指定使用於軟片）、「捷安特」（指定使用於腳踏車）及 "Xerox"（指定使用於影印機）等。

㈡隨意性商標：商標由現有之辭彙或事物所構成，惟與指定使用之商品或服務全然無關者。如「大同」之指定使用於電視機與電鍋、「白馬」之指定使用於磁磚、地磚及 "Giant" 之指定使用於腳踏車等。

㈢暗示性商標：商標以隱含譬喻方式暗示商品或服務之形狀、品質、功用或其他有關成分、性質、特性、功能或目的等，但非為業者所必須或通常用以說明商品或服務者。如「滅飛」之指定使用於殺蟲劑、及「快譯通」之指定使用於電子辭典等。

不具識別性之商標可分㈠描述性標章；㈡通用標章或名稱；以及㈢其他不具識別性的標識❶。此即明定於商標法第 29 條第 1 項第 1 款至第 3 款不具識別性之事由❶。茲說明如下❶。

一、描述性標章

又稱說明性標章，係對於商品或服務的品質、功用或其他有關的成分、產地等特性，作直接、明顯描述的標識，而非識別來源的標識。例如以「古坑」作為商標、指定使用於咖啡，屬咖啡產地之說明❶。描述性標章係依一般社會通念認定該標章為商品或服務本身之說明為已足，不以提供該商品或服務之同業所共同使用為必要❶。惟，其他競爭同業於交易過程需要

---

❶ 請參閱商標識別性審查基準第 2.2 點，頁 4～7。

❶ 民國 92 年修法時將修正前「不得申請註冊」改為「不得註冊」。理由為商標申請案須經審查始准予註冊，需一段時日，部分案件於申請時雖有不准註冊之情形，但於審查時已不存在該情形，倘無違反公益且未妨礙他人權益者，自應准予註冊。商標法修正草案，《立法院第五屆第三會期第九次會議議案關係文書》，頁討 132（民國 92 年 4 月 23 日）（以下簡稱「92 年商標法修正案」）。

❶ 相關標章之舉例說明請參閱商標識別性審查基準第 4 點，頁 10～43。

❶ 倘申請人並非於古坑種植咖啡，以「古坑」作為商標，屬錯誤描述或不當描述，可能有商標法第 30 條第 1 項第 8 款之適用。

❶ 審查基準將描述性標章與暗示性商標予以區別，並提供若干判斷因素：⑴消費者需要運用想像力的程度，⑵辭典定義，⑶報紙、雜誌或網路的使用，以及⑷

使用此等標識的可能性仍相當高，若賦予一人排他專屬權，將影響市場公平競爭，顯失公允，故申請人必須提出證據證明該標章業經使用取得第二意義，方得註冊。

二、通用標章或名稱

業者就特定商品或服務所共同使用之標誌、或通常用以表示商品或服務之名稱，包括其簡稱、縮寫及俗稱。如，「紅、藍、白三色旋轉霓虹燈」為理容院的通用標章，「開心果」為阿月渾子果實的俗稱。此等標章缺乏識別來源的功能，不僅消費者無法藉以識別來源，且應避免由單一業者取得排他專屬權而影響公平競爭，或以訴訟阻撓他人使用該用語，故不得由特定人註冊專用。

三、其他不具識別性的標識

如單純的字母、數字、簡單線條或基本幾何圖形、裝飾圖案、姓氏、公司名稱、習見的宗教神祇、用語與標誌、標語、常見的祝賀語、吉祥語、流行用語與成語等。

101 年修法時，放寬商標內容包含不具識別性標識的限制，及申請人應檢具不在專用之列聲明的條件❶。依商標法第 29 條第 1 項，商標內容僅由描述性標章、通用標章或名稱，或其他不具識別性的標識所構成者，不予註冊。是以，倘商標除前揭內容，另含有具識別性的標識，則仍有取得註冊的可能。同條第 3 項明定，商標內容中不具識別性的部分非常明確，不致有商標權範圍之疑義者，申請人毋須聲明該部分不在專用之列，如公司、牌等。反之，倘有致商標權範圍疑義之虞者，申請人應為前揭聲明；

競爭者可能需要使用的程度等。除前揭(1)消費者越需要運用想像力，越可能為暗示性商標外，其餘均與形成描述性標章之可能性成正比。商標識別性審查基準第 2.2.1 點，頁 5～6。審查基準亦指出描述性標章令消費者容易將之視為商品或服務的說明，此應僅為可能的情事之一，畢竟，消費者未必知悉商品的成分、特質等。

❶ 依 101 年修正前商標法第 19 條，申請人得於商標中保留不具識別性標識之條件有三：(1)限於說明性或不具識別性之標識（不包括通用標章），(2)刪除該部分將失其商標之完整性，及(3)須於申請時檢具該部分不在專用之列的聲明。

未為該聲明者，不得註冊❷⓪。

反之，聲明不專用審查基準亦臚列不得聲明不專用之事由❷①：⑴商標整體不具識別性——既整體不具識別性，便無准予註冊之可能；⑵商標中包含有使公眾誤認誤信商品或服務之性質、品質或產地之虞的事項——縱令聲明不專用，仍有致公眾誤認誤信之虞，仍應不准其註冊；⑶純粹資訊性事項——如商品重量等，為免使商標內容複雜，增加行政作業建檔的困擾，應刪除該部分，始得註冊；以及⑷具有識別性的部分❷②——按該部分，有指示及區別來源的功能，申請人將具有識別性的部分聲明不專用時，商標專責機關應通知申請人說明，申請人並得撤銷該聲明之意思表示。前揭⑴與⑵，因當然不准註冊，聲明不專用並無實益；前揭⑶則基於行政效率及避免商標內容的複雜化，申請人僅聲明不專用亦無實益，須將其刪除，始得註冊。至於⑷之具識別性，係發揮商標表彰商品來源功能所在，無論任何理由，均不得聲明該部分不專用。

另有於聲明不專用後，因使用就該部分取得識別性（第二意義）者，商標權人得於後案中以該部分申請商標註冊，既已具識別性自毋需聲明不專用❷③。

聲明不專用之部分不影響商標混淆誤認之虞的判斷，蓋以前揭判斷係

---

❷⓪　有關聲明不在專用之列之事宜，請參閱「聲明不專用審查基準」，中華民國 98 年 11 月 16 日經濟部經授智字第 09820031440 號令訂定發布，中華民國 101 年 5 月 2 日經濟部經授智字第 10120030691 號令修正發布，101 年 7 月 1 日生效。

❷①　聲明不專用審查基準第 5 點暨第 7.4 點，頁 36～41、49～50。

❷②　實務上，有申請人將商標內容中與註冊或申請在先商標構成近似的識別性部分聲明不專用，期藉此取得註冊，惟該部分既存在於商標上，即難謂無致消費者產生混淆誤認之虞，自不得允許申請人以此方式取得註冊。引自聲明不專用審查基準第 7.4 點，頁 49～50。

❷③　例如 "A DIAMOND IS FOREVER DE BEERS" 商標，原經商標權人聲明 "A DIAMOND IS FOREVER"（「鑽石恆久遠」之意）不專用，嗣經取得識別性，而另單獨以 "A DIAMOND IS FOREVER" 申請取得商標註冊。引自不專用審查基準第 7.3 點，頁 49。

以消費者的角度觀察。而呈現在商品或服務相關消費者面前的是商標的整體內容，是以，商標間是否有混淆誤認之虞，於判斷商標近似時，必須就商標整體觀察。換言之，商標內容不具識別性的部分，於商標整體比對時，仍可能影響商標近似與否的判斷❷。

　　101 年修法時顧及產地證明標章及產地團體商標之以產地名稱申請註冊，恐有落入描述性商標致不准註冊之虞，於商標法明定其例外之情事。商標法明定產地證明標章之申請人及產地團體商標之申請人，均得以含有該地理名稱或足以指示該地理區域之標識申請註冊，又前揭產地名稱不適用第 29 條第 1 項第 1 款及第 3 項有關描述性商標及聲明不專用之規定❷。

第二項　第二意義

　　第二意義 (secondary meaning)，對於原本不具識別性之商標，由申請人反覆地使用，使其因此產生聲譽，而具有識別之功能時，便視其已取得「第二意義」，具有識別性。由此可知，所謂 secondary meaning，應指該商標內容就其原有之一般性意義外，因申請人之使用，而使其產生另一意義，即表彰商品之識別性意義。過往，有稱之為「次要意義」，似予人較不重要、次等價值之想法，將其譯為「第二意義」，既足以說明其非原始意義，

---

❷　不論其屬有致商標權範圍產生疑義之虞，並經聲明不專用；或無疑義之虞而未經聲明不專用。不專用審查基準第 7.6 點，頁 50～51。然而，依「混淆誤認之虞」審查基準第 5.2.12 點：商標內容中不具識別性之部分，不論是否有不專用之聲明，在與其他商標間判斷近似時，仍應就包括聲明不專用之部分為整體比對，此乃為前述整體觀察原則之必然體現。惟亦應注意，聲明不專用部分雖列入商標整體為比對，然而不具識別性部分並非作為識別商品或服務來源之標識，所以在比對時，該不具識別性的部分會施以較少的注意。「混淆誤認之虞」審查基準，頁 11，中華民國 93 年 4 月 28 日經濟部經授智字第 09320030350 號令訂定發布，93 年 5 月 1 日生效，並於中華民國 101 年 4 月 20 日經濟部經授智字第 10120030550 號令修正發布，101 年 7 月 1 日生效。

❷　商標法第 80 條第 2 項暨第 88 條第 2 項，第 84 條第 1 項，第 91 條準用第 84 條第 1 項規定。

亦不致令人有前揭之誤認。

「第二意義」之立法，最早源於英國之商標法，西元 1905 年商標法第 9 條第 4 項，已大致揭露其精神：「……倘商標已實際使用，致使該商標於指定使用之商品具有識別性……」❷❻。嗣於其西元 1938 年商標法第 9 條第 3 項，更明確規定為「為決定商標是否具有識別功能，主管機關得考量下列事由：⑴商標圖樣具有識別功能，⑵商標圖樣因使用或其他因素，致使其足以表彰其商品」❷❼。

至於我國商標法，過往，非但強調商標圖樣自始即須具備識別性，更明文禁止業者使用通用或說明用之標章申請註冊，凡此，可分別見諸於民國 82 年修正前商標法第 5 條第 1 項及第 37 條第 8 款、第 10 款等❷❽。

迄民國 82 年修法，始有立法委員提議增訂「第二意義」，使原不具識別性之圖樣，如描述性名稱，在經由一段期間的使用後，因其知名度而產生識別性者，亦得申請註冊❷❾。遂於當年商標法第 5 條第 2 項增訂條文如下：凡描述性名稱、地理名詞、姓氏、指示商品等級及樣式之文字、記號、數字、字母等，如經申請人使用，且在交易上已成為申請人營業上商品之識別標章者，視為具有特別顯著性。

民國 86 年修法時，又探討前揭項次內容，查其係採列舉方式。列舉可能適用之商標內容，不若第一項之採概括式規定，致有未臻周延之情事，

---

❷❻　"...in the case of a trademark in actual use, take into consideration the extent to which such user has rendered such trade mark in fact distinctive for the goods with respect to which it is registered or proposed to be registered." Parag. 4. Sec. 9 of the 1905 Trade Marks Act.

❷❼　"... (b) by reason of the use of the trade mark or of any other circumstances, the trade mark is in fact capable of distinguishing as aforesaid." Sec. 9(3)(6) of the 1938 Trade Marks Act.

❷❽　有關如是之規定，可溯至民國 12 年北京政府之商標法第 1 條第 1 項及第 2 項第 4 款。

❷❾　「第二意義」係由立法委員蘇煥智先生於立法院二讀時以「次要意義」乙詞提出。《82 年商標法案》，同❸，頁 369。

故修正為「不符前項規定之圖樣，如經申請人使用，且在交易上已成為申請人營業上商品之識別標識者，視為已符合前項規定」❸。

民國 92 年修法時，將第二意義列為第 23 條商標註冊消極要件之例外情事，明定於同條第 4 項❸：有第 1 項第 2 款規定之情形或有不符合第 5 條第 2 項規定之情形，如經申請人使用且在交易上已成為申請人商品或服務之識別標識者，不適用之。其中第 1 項第 2 款係指商標之內容為表示商品或服務之形狀、品質、功用或其他說明等不予註冊之事由；第 5 條第 2 項則為商標註冊積極要件——識別性。筆者以為，第二意義之目的在彌補商標本身欠缺識別性之情事，92 年修正商標法第 23 條第 4 項之編排似有未洽。101 年修法時將積極要件——識別性及消極要件分條規範，並將修正前第 23 條第 4 項第二意義之規定列於第 29 條第 2 項，作為識別性要件之例外，應屬妥適。

我國商標法採申請主義，不以使用為取得商標註冊之要件。惟，申請人若擬以不具識別性之商標申請註冊者，便須於申請前（最遲於註冊前）先行使用，使該商標於市場上成為申請人商品或服務之識別標識，亦即，具第二意義方可。申請人並應於申請時（最遲於註冊前）提出相關事證證明之❸，按第二意義，其取得，以國內相關消費者的認知為判斷標準，是以申請人檢送之實際使用證據，應以國內的使用資料為主，倘檢送國外使用資料，仍應以國內相關消費者可獲知該國外使用情形之相關資訊，始足以採證❸。

---

❸　《立法院公報》，第 86 卷，第 17 期，頁 77（民國 86 年）。

❸　其修正理由為第 23 條第 1 項第 2 款與第 5 條第 2 項同屬商標須具識別性之規定，若於交易上已取得識別性者，應可准予註冊，故合併規定於第 4 項。92 年商標法修正案，同❶，頁討 142～143。

❸　商標法施行細則第 29 條。商標法第 29 條第 1 項暨第 30 條第 1 項於民國 92 年修正時將「不得申請註冊」改為「不得註冊」，使得申請時不符要件之商標申請案得於申請後註冊前予以補正，如取得第二意義的相關事證、取得先權利人的同意等。

❸　商標識別性審查基準第 5 點，頁 44。

商標是否具備第二意義，其考量因素如下❸：

⑴商標的使用方式、時間長短及同業使用情形

商標是否單獨使用、或與其他商標併用，後者較不易取得第二意義。商標使用的期間越長，越容易使相關消費者將商標與申請人聯想；然而，今日電子媒體及網際網路發達，資訊散布快速，商標亦極可能於短期內取得第二意義。

⑵銷售量、營業額與市場占有率

銷售量或營業額越大，原則上，顯示越多消費者接觸該商標，惟，仍須考量商品的特性及價格，如價位較低的日常用品，消費者較不注意其品牌，致不易取得第二意義，反之價位高的商品，因消費者施以較高的注意，故較易取得第二意義。又，使用於服務的商標宜以顧客人數為考量，而非僅參考其營業額。倘使用該商標之商品於市場上已有相當之占有率，可證明已有相當比例之消費者接觸該商標。

⑶廣告量、廣告費用、促銷活動

廣告係重要的行銷方式，可使大眾知悉申請人商標的存在，廣告量越大、支出的廣告費用越多，表示消費者越可能知道該商標，然，必須以知道其為商標，而非單純的說明性標識。除廣告外，其他的促銷活動，亦為考量的依據。

⑷銷售區域、市場分布、販賣據點或展覽陳列處所的範圍

商品或服務的銷售區域越大、市場分布越廣、販賣據點及展覽陳列處所越多，商標越有可能取得識別性。惟，所謂區域大小、市場分布廣狹等等，筆者以為應就同性質商品或服務做比較，例如同為日用品、或同為醫療器材，方為妥適。

⑸各國註冊的證明

申請人已於其他國家取得註冊乙事，雖因各國國情不同，亦可引以為參考。

---

❸　商標識別性審查基準第 5.1 點，頁 45～50。基準中稱該些因素為商標已取得識別性的證據，筆者則以為視其為考量因素較妥。

⑹市場調查報告

　　市場調查報告必須符合專業暨公正客觀，方得作為商標取得識別性的證據。是以，審酌申請人提出的市場調查報告，應注意下列事項：①市場調查公司或機構是否具有公信力。②調查方式是否合理並符合調查目的，包括調查對象應以商品或服務的實際或潛在消費者。③問卷內容設計，問題應與辨識申請商標是否具識別性有關，並應公正客觀。④內容與結論應具備演繹推論上的合理性與關聯性。⑤其他應注意事項，調查報告應包含受調查者的基本資料，以便嗣後檢視報告可靠與否時的調查所需，以及統計量誤差及信賴區間，應於報告中加以說明。

⑺其他得據以認定有第二意義的證據

　　其他得據以認定有第二意義的證據，如，報章雜誌對於申請商標的報導，惟，應注意現代行銷常將廣告以報導的方式呈現，審查時應注意客觀報導與廣告的差異。同業公會、商會、工會等機構出具的證明，亦得作為判斷商標是否取得識別性的參考。

　　凡此，均為商標是否具備第二意義之考量因素，卻不必然所有因素均可適用於每一個案。

第二節　消極要件

　　商標除應具備識別性之積極要件，亦須其無不准註冊之事由存在。現行法明定於第 30 條第 1 項共 15 款。有關消極要件的審查，原則上亦採不得註冊，而非不得申請註冊。

第一項　不准註冊之事由

　　所謂不准註冊之事由，係基於下列目的：㈠維護公共利益——如第 2 款至第 7 款；㈡維護公平競爭——如第 1 款、第 8 款至第 12 款；㈢保護消費者——如第 8 款至第 12 款；㈣保護地理標示——如第 8 款與第 9 款；㈤保護人格權或商譽——如第 13 款及第 14 款；㈥保護其他智慧財產權——

如第 15 款❸。茲就前揭議題依次予以探討：⑴公共利益條款；⑵公平競爭與保護消費者條款；⑶保護酒類地理標識條款；⑷保護人格權及商譽條款；及⑸保護其他智慧財產權條款。

第一款 公共利益

商標法第 30 條第 1 項第 2 款至第 7 款明定與公共利益有關之事由，茲分述如下。

壹、相同或近似於中華民國國旗、國徽、國璽、軍旗、軍徽、印信、勳章或外國國旗或 WTO 會員依巴黎公約第 6 條之 3 第 3 款所為通知之外國國徽、國璽或國家徽章者（商標法第 30 條第 1 項第 2 款）

主要分兩部分，立法緣由暨目的亦不相同。

一、相同或近似於中華民國國旗等

早於民國 12 年北京政府之商標法第 2 條即有如是之規定❸，民國 19 年公布之商標法亦沿用至今。按前揭內容，象徵國家或國家之精神，為確保我國政府、國軍之尊嚴，以及勳章之榮譽，自不宜使其附著於商品流傳市面❸；其適用對象亦當然以我國為準。

至其個別之定義，依商標專責機關之《商標手冊》❸，所謂「國璽」，係指其印文之圖形及文字；「軍旗」、「軍徽」，係指各軍種（包括陸、海、空、聯勤、憲兵及海軍陸戰隊等）之制式旗徽；「印信」，各級政府行文所

用以表彰該機關之圖記，舉凡印、關防、鈐記均屬之；「勳章」，則指政府機關頒予國家有功勞之人，包括依勳章條例及陸海空軍勳章條例所規定者。

二、相同或近似於外國國旗或 WTO 會員依巴黎公約第 6 條之 3 第 3 款所為通知之外國國徽、國璽或國家徽章者

有關相同或近似於外國國旗者不予註冊之規定，可見於巴黎公約第 6 條之 3。該條係於西元 1925 年海牙會議 (Hague Conference) 中所增訂，其目的在於對會員國間之國旗、勳章、政府標章等之尊重，並延伸至對有會員國參與之其他國際性組織之旗幟、徽章的尊重。不過，該條並未提供一積極手段保護國旗、勳章等，而係以消極方式禁止任何人以其作為商標圖樣之全部或一部。至於任何人，於其商標註冊之國家加入巴黎公約前，已善意取得商標權者，前揭規定不適用，換言之，該規定不溯既往；又，倘商標之註冊或使用，不致使公眾誤認其與某國有關係者，亦不適用之。

巴黎公約第 6 條之 3 之構成要件：⑴商標圖樣之一部或全部；⑵他會員國之國旗等；⑶使公眾產生誤認；及⑷商標圖樣非於該國加入巴黎公約前已善意取得者。

我國有關該規定，最早見於民國 12 年公布之商標法❸，較巴黎公約第 6 條之 3 訂定之年代（西元 1925 年）為早。民國 19 年公布之商標法沿襲該規定迄今，除條次、內容略作修正外，立法目的仍屬相同。

我國法之要件有二：⑴相同或近似於任何國家之國旗；⑵有溯及之效力。不同於巴黎公約之適用以其會員國為限，我國並非巴黎公約會員國，所謂對外國國旗之尊重，其對象係指無論有無外交關係，均屬之❹。遠較巴黎公約之適用對象為廣，其固足以貫徹對外國之尊重，然而，以今日新興小國之眾多，又未必與我國有外交關係，其國旗旗幟為何，更非國內業

---

❸ 民國 12 年公布之商標法第 2 條第 2 款：「相同或近似於紅十字章、或外國之國旗、軍旗者。」其中「紅十字章」即屬國際性組織紅十字會之標章。

❹ 此源自於 83 年商標手冊即有如是之規定。《商標手冊》，同❸，頁 52～53；經濟部智慧財產局，《商標法逐條釋義》，頁 82（民國 106 年 1 月）（以下簡稱「106 年商標法逐條釋義」）。

者所知悉。

101 年修正，更參酌巴黎公約第 6 條之 3 第 3 款規定，增訂 WTO 會員倘依該規定通知其持有之外國國徽、國璽或國家徽章者，我國亦應予以保護。

貳、相同於　國父或國家元首之肖像或姓名者（商標法第 30 條第 1 項第 3 款）

民國 19 年公布商標法時，為表達對　國父的尊崇，明文禁止相同於國父遺像及姓名別號之商標圖樣申請註冊[41]。迄民國 47 年修法時，增列「國家元首」之肖像及姓名，蓋以國家元首當然對外代表國家，自不宜允其肖像、姓名附著於商品流通市面。

無論　「國父」或「國家元首」，均指我國（中華民國）而言，　國父當然為　中山先生；國家元首是否涵蓋前後任，則法無明文規定。或謂國家元首，不論現任或卸任、生存或逝世者，均包含之[42]。

姓名是否包括別號在內，又有疑義，民國 47 年修法前原有別號之規定，惟於當年修法時刪除，究其目的，在使姓名涵蓋別號，抑或意謂別號不在禁止之列，實有待商榷。基於對　國父、國家元首之敬重，固宜涵蓋字號，惟，所謂字號，應以公開者為限。

又，本款之規定，以相同者為限，若僅構成近似，則為第 7 款所規範之事由[43]。

參、相同或近似於中華民國政府機關或其主辦展覽會之標章或其所發給之褒獎牌狀者（商標法第 30 條第 1 項第 4 款）

早於民國 12 年北京政府之商標法中即有明定。民國 20 年施行之商標法，亦沿用至今。其立法目的與第 8 款暨第 11 款同為避免致公眾誤認誤信

---

[41]　民國 19 年之商標法係以「總理」稱之，至民國 47 年始修正為「國父」乙詞。

[42]　倪開永，《商標法釋論》，頁 338（修正三版，民國 83 年 8 月）。

[43]　《106 年商標法逐條釋義》，同[40]，頁 82。

之情事發生——亦即誤信某業者之商品係政府所製造，或係受褒獎者等。

所謂中華民國政府、機關，包括中央及地方政府機關；而展覽會，則指由前者所舉辦者[44]。

適用本款之事由如下[45]：

㈠中華民國政府機關之標章。

㈡展覽會之標章——指中華民國政府機關所主辦之展覽會

㈢褒獎牌狀——包括(1)中華民國政府所頒給；(2)中華民國政府所主辦之展覽會所發給。

本款不適用於申請人為政府機關或相關機構之情事，此為商標法第 30 條第 3 項所明定。

肆、相同或近似於國際跨政府組織或國內外著名且具公益性機構之徽章、旗幟、其他徽記、縮寫或名稱，有致公眾誤認誤信之虞者（商標法第 30 條第 1 項第 5 款）

此規定之原始目的，一如第 2 款後段，對於國際組織標章之尊重，此外，亦有避免消費大眾誤認之虞。故早期規範僅限於國際性組織（如聯合國），致使若干國內著名組織（如慈濟功德會）之標章等無法受到保護，更影響消費者權益。民國 82 年修法時，遂增加「國內……著名組織……」，確保國內外組織暨消費大眾權益。至於商標所指定使用之商品類別為何，在所不問[46]。

又，101 年修法時明定，本款之適用，以其所保護之標的為具有公益性之名稱、徽記、徽章或標章為限；不具公益性之名稱、徽記、徽章或標章等，不論是否具有著名性，皆不應屬本款保護範圍。

本款不適用於申請人為政府機關或相關機構之情事，此為商標法第 30 條第 3 項所明定。

---

[44]　《106 年商標法逐條釋義》，同[40]，頁 82。

[45]　同上。

[46]　經濟部經 66 訴第 31321 號訴願決定書，另請參閱《商標手冊》，同[37]，頁 54。

伍、相同或近似於國內外用以表明品質管制或驗證之國家標誌或印記，且指定使用於同一或類似之商品或服務者（商標法第 30 條第 1 項第 6 款）

舉凡驗證標記，其設立之目的均在確認特定商品或服務之品質，以達特定標準。以相同或近似於驗證標記之圖樣作為商標，極可能使消費者誤認其所表彰之商品或服務具備特定的品質。

國內最早使用之驗證標記，當屬斯時經濟部中央標準局❹之正字標記，之後亦有類似之標記使用於不同性質之產品，如農產品之 CAS 等。除國內之「驗證標記」，國外亦有之，如：美國之 UL、日本之 JIS 等。為避免遺漏，故於民國 61 年修法時，增列外國之驗證標記。

101 年修法時，配合巴黎公約第 6 條之 3 有關保護國家本身品質管制及驗證之國家標誌與印記之規定，除就文字予以修正，並明定本款之適用要件為：(1)申請註冊之標章與該等標記相同或近似；(2)指定使用之商品或服務與該等標記擬驗證者為同一或類似。

陸、妨害公共秩序或善良風俗者（商標法第 30 條第 1 項第 7 款）

妨害公序良俗之內容，不得申請註冊，為我國商標法採行已久之規範。所謂公共秩序、善良風俗，如何孝元教授所言❹：前者注重國家社會之一般利益；後者則在維繫國民道德思想。在此前提下，自然不應准予任何違反前揭規定之內容註冊。公序良俗之標準為何？如何界定？又如何孝元教授所言，其因時代而有別❹。

本款立法目的，依審查基準❺為㈠維繫法律秩序及倫理道德；㈡維護

---

❹ 即現今之經濟部標準檢驗局。

❹ 何孝元，同❸，頁 148。

❹ 同上，頁 149。民國 83 年《商標手冊》中之審查要點亦指出，商標有無妨害公序良俗，應依申請註冊當時之社會環境，就其具體內容認定之。《商標手冊》，同❸，頁 54。

❺ 經濟部智慧財產局，商標妨害公共秩序或善良風俗審查基準（以下簡稱「妨

市場公平競爭；以及㈢保護消費者利益❺❶。商標內容是否妨害公序良俗，應就商標本身所表彰之外觀、觀念或讀音為判斷，並考量❺❷㈠註冊當時之社會環境；㈡所指定使用之商品或服務；㈢相關公眾之認知等因素，是否有明顯冒犯衝擊、或可能破壞宗教、家庭或社會價值、影響公共利益等情形。審查基準中列舉妨害公序良俗之事由如下❺❸：

㈠有散布犯罪、暴力、恐怖主義、叛亂或擾亂社會秩序之虞

㈡冒犯國家民族尊嚴──包括(1)對本國國家民族具有貶抑或負面聯想、(2)對國內各民族有貶抑或負面聯想、(3)對外國民族有貶抑或負面聯想

㈢冒犯宗教尊嚴

㈣冒犯特定社會族群或團體尊嚴

㈤冒犯特定人尊嚴

㈥使人心生恐怖或提倡迷信，影響身心健康

㈦敗壞風化、淫穢、粗鄙不雅之語言或圖形❺❹

㈧著名歷史人物或近代已故著名人物之肖像或名稱

害公序良俗審查基準」），中華民國 104 年 5 月 11 日經濟部經授智字第 10420030321 號令訂定發布，並自即日生效。

❺❶　妨害公序良俗審查基準第 2 點，頁 3。

❺❷　妨害公序良俗審查基準第 3.1～3.3 點，頁 3～6。

❺❸　妨害公序良俗審查基準第 4.1～4.10 點，頁 7～21。

❺❹　美國聯邦最高法院於 Lancu v. Brunetti 乙案中指出基於言論自由，冒犯的、不尊重的言論 (offensive, disparaging words) 以及不道德及毀謗性的標章 (immoral and scandalous marks) 應受聯邦商標法之保護。蓋以前揭事由之不准註冊者，應屬主觀歧視 (viewpoint discrimination)，侵害人民言論自由，故商標法之相關規定應屬違憲。39 S. Ct. 2294 (2019). 本案係因 Brunetti 設計 T-shirt 上附有 "FUCT" 字樣，並於 2011 年據以向 PTO 申請商標註冊。PTO 以該字樣屬不道德或毀謗性為由不准註冊；T.T.A.B. 亦維持審查人員的處分。Brunetti 上訴至聯邦巡迴上訴法院，法院以商標法有關不道德即不予註冊等規定，係屬主觀的歧視，侵害人民的言論自由。PTO 上訴至聯邦最高法院，最高法院以 6:3 維持上訴法院的判決。

㈨著名歷史小說虛構人物名稱

㈩其他違反社會公共利益或破壞倫理道德觀念

凡此，提供「公序良俗」一較明確之概念❺。例如：以近似於　國父或國家元首之肖像或姓名為商標者，得以其損害國家民族或社會之尊嚴，或對國家之侮辱或不尊重，致妨害公序良俗，而不予商標註冊❺。

❺　最高行政法院於 91 年度判字第 206 號判決中指出。所謂商標有妨害公共秩序或善良風俗，係指商標本體有違國家一般利益或社會一般道德觀念、公序良俗而言。

❺　非原住民之申請人若以與原住民族有關之名稱等申請註冊，除可能因商標法第 30 條第 1 項第 8 款錯誤描述不予註冊外，亦可能因有負面觀感而有本款不予註冊之情事。商標妨害公共秩序或善良風俗審查基準第 3.3 點暨第 4.2.2 點。然而，美國司法實務已於 2017 年推翻前揭見解。聯邦最高法院於 Matal v. Tam 中認定商標法「不尊重」條款 (disparage clause) 侵害人民的言論自由因而違憲，137 S. Ct. 1744 (2017). 該案中，Tam 等人組成 "The Slants"（丹鳳眼）合唱團，並以團名向美國專利商標局 （Patent and Trademark Office，簡稱 "PTO"）申請註冊而遭到核駁，並經商標審判暨上訴委員會（Trademark Trial and Appeal Board，簡稱 "T.T.A.B."）維持原處分。108 U.S.P.Q. 2d 1305 (T.T.A.B. 2013). Tam 等人上訴至聯邦巡迴上訴法院，法院以「不尊重」條款 (disparage clause) 涉及主觀的歧視 (view point discrimination)，侵害人民的言論自由而違憲，因此撤銷原不予註冊之處分。In re Tam, 808 F.3d 1321 (Fed. Cir. 2015). PTO 上訴至最高法院，最高法院維持聯邦巡迴法院的見解。582 U.S., 137 S. Ct. 1744 (2017). 該判決已適用於長達二十六年的 REDSKINS 乙案。美國華盛頓足球團體以 "REDSKINS" 為註冊商標，引發七個美國原住民領袖對該商標的不滿，要求撤銷其註冊，因其對印地安人構成侮辱（但商標權人認其無侮辱之意，且其為標榜印地安人之驍勇善戰）。該案於西元 1992 年由美國境內七個印地安團體所提起，1999 年經 PTO 的 T.T.A.B. 決定 "REDSKINS" 應予撤銷，理由為 "REDSKINS" 雖未構成侮辱或冒犯，但已足以構成對印地安人的不尊重 (disparage)。Harjo v. Pro-Football, Inc., 50 U.S.P.Q. 2d 1705 (T.T.A.B. 1999). 商標權人遂向聯邦地院提起訴訟。聯邦地院於西元 2003 年 9 月 3 日推翻 T.T.A.B. 的決定、作成有利於商標權人的判決：㈠本案欠缺充分證據證明 "REDSKINS" 對印地安人構成不尊重，㈡系爭商標已註冊長達 30 年，印地安團體此時始要求撤銷註冊，恐對商標權人構成重大

第二款　維護公平競爭與保護消費者

　　商標法第 30 條第 1 項第 1 款、第 8 款至第 12 款明定與維護公平競爭與保護消費者有關之事由，茲分述如下。

壹、僅為發揮商品或服務之功能性所必要者（商標法第 30 條第 1 項第 1 款）

　　民國 92 年修法時配合立體形狀得為商標之客體而增訂本款。立體商標之立體形狀若具有功能性，而為業者所需要，不應由特定人取得註冊。93 年立體、顏色及聲音商標審查基準窺知❺❼，基於公平競爭之考量，商品或

　　經濟損失。 Pro-Football Inc. v. Harjo, 284 F. Supp. 2d 96 (D.D.C. 2003). 西元 2005 年 7 月聯邦 DC 巡迴上訴法院將案件發回地院，要求就上訴人之一於 1967 年時才 1 歲乙事、認定其有無怠於行使權利予以重審。 415 F. 3d 44 (D.C. Cir. 2005). 聯邦地院又於 2008 年做成與 2003 年相同判決，567 F. Supp. 2d 46 (D.D.C. 2008). 聯邦 DC 巡迴上訴法院此次亦維持其判決。565 F. 3d 880 (D.C. Cir. 2009). 而聯邦最高法院拒絕受理此案。2006 年 8 月 11 日，一群年僅 18～24 歲的原住民再度向 PTO/T.T.A.B. 提起撤銷案，T.T.A.B. 於 2014 年又作成決定撤銷 "REDSKINS" 等商標之註冊。 Blackhorse v. Pro-Football, Inc., 111 U.S.P.Q. 2d 1080 (T.T.A.B. 2014). 商標權人又向聯邦地院提起訴訟，聯邦地院維持 T.T.A.B. 有關撤銷商標的決定。 Pro-Football, Inc. v. Blackhorse, 112 F.Supp. 3d 439 (E.D.Va. 2015). 商標權人上訴至聯邦第四巡迴上訴法院， 2018 年第四巡迴法院廢棄下級法院的判決。使得 "REDSKINS" 等商標免於被撤，得以繼續有效存在。 第四巡迴法院係引用聯邦最高法院於 Matal v. Tam 之判決認定「不尊重」條款違憲，據以撤銷商標註冊之商標法既然違憲，該撤銷商標之判決自應廢棄。

❺❼　功能性判斷之考量因素有：⑴該形狀是否為達到該商品之使用或目的所必需；⑵該形狀是否為達到某種技術效果所必要；⑶該形狀的製作成本或方法是否比較簡單、便宜或較好；以及⑷功能性的判斷係隨著時間的變遷、技術進步、市場的改變而有所不同。93 年立體、顏色及聲音商標審查基準第 2.5.2 點，頁 9～11；非傳統商標審查基準第 3.2.4 點，頁 15～17，民國 106 年 9 月 12 日經濟部經授智字第 10620033011 號令修正發布，生效。

其包裝之立體形狀具有特定使用上的功能，且該功能為達到該商品之使用或目的、或某種技術效果所必需，或該形狀的製作成本或方法比較簡單、便宜或較好，於同類競爭商品中具有競爭優勢者；除得依專利法取得專利權利外，若由一人所獨占，將嚴重影響同業權益，是以，應使一般業者都可以合理使用以利公平競爭。再者，具功能性之商標縱使經長期使用而取得商標的識別性，仍不得准予註冊。

101 年修法以商標功能性問題不僅限於商品或其包裝容器之立體形狀，顏色及聲音亦有功能性問題，例如汽艇甲板上的馬達採用黑色，可使其易於與其他設備搭配，更產生視覺上外形較小的效果；又如救護車的警笛聲用於救護車運輸等❺❽。故而刪除「商品或包裝之立體形狀」等文字，以資周延❺❾。

是否具功能性應就商標整體判斷之，倘商標整體具有識別性，縱使商標某一部分具功能性之特徵，仍得獲准註冊，惟，倘有致商標權範圍產生疑義之虞，申請人應聲明該部分不在專用之列後方可取得註冊❻⓪。

貳、使公眾誤認誤信其商品或服務之性質、品質或產地之虞者（商標法第 30 條第 1 項第 8 款）

此規定源於民國 12 年北京政府之商標法第 2 條第 3 款之「有妨害風俗秩序，或可欺罔公眾之虞者」，並沿用至民國 61 年❻❶；民國 61 年修法時，除條次變更外，更將後段修改為「……，或有欺罔公眾或有使公眾誤信之虞者」❻❷，後段之「有欺罔公眾」，以行為人於主觀上有欺罔公眾之意圖，而「使公眾誤信之虞」，則以商標圖樣本身在客觀上有使人誤信之可能❻❸。

---

❺❽　非傳統商標審查基準第 2.3 點、第 5.2.4 點，頁 6、頁 24。
❺❾　100 年商標法修正案第 30 條第 1 項第 1 款修正說明。
❻⓪　商標法第 30 條第 4 項準用第 29 條第 3 項。請參閱第一節第一項「識別性」。
❻❶　民國 20 年施行之商標法第 2 條第 4 款，民國 29 年修正公布之商標法第 2 條第 6 款。
❻❷　民國 61 年修正公布之商標法第 37 條第 1 項第 6 款。
❻❸　參閱行政院 71 年度判字第 747 號判決。

民國 72 年修法時，基於前、後段為不同型態，將前段移列為第 5 款，後段仍為第 6 款❻。至民國 82 年修法，又以第 6 款於實務上之案例類型，均為商標有使消費者產生誤認、誤信之可能，主要可分為二：⑴消費者誤信其商品性質、品質或產地；⑵襲用他人之商標或標章，使消費者有誤信其商品之來源者。故改以前揭⑴、⑵之內容列為當時之第 6 款暨第 7 款之事由。

此款為錯誤或不當描述，商品之性質、品質或產地原為一般業者所使用，若以商品甲之性質說明作為商品乙之商標，便有可能使消費者誤認為商品乙為商品甲或具有商品甲之性質。如當年審查要點所舉之例：以鮑魚為商標圖樣使用於罐頭，易使人誤認其為魚類罐頭❺。而若以標榜品質之文字，則有可能使消費者誤信所指定使用商品之品質達特定標準。如民國 52 年之判例：其商標圖樣為 “MONOPOLY”，指定使用於運動遊戲器具用品，有使消費者產生混淆誤認，使其誤認該商品有專利權。又如以 “I.S.O.” 或「國家標準」使用於度量衡。藥品使用「合格」二字為商標，亦有使人誤以為其藥品為合格。又，以產地名稱❻作為商標，更有使消費者誤認為商品產自於該產地之可能。如鐘錶以「瑞士」標示，均有使人誤認該鐘錶為瑞士所產，但即使是瑞士所產亦不可為此標示；又如金門高粱酒等。

然而，並非所有錯誤或不當描述必然有導致消費者誤認誤信之虞，如，婚紗業以國外城市為名，如「巴黎」、「紐約」等，消費者不致誤認誤信其

---

❻　此外，「使公眾誤信之虞」中之「使」修改為「致」，俾使語意更為明確。商標法修正案，《立法院公報》，第 72 卷，第 4 期，院會紀錄，頁 28（民國 72 年 1 月 8 日）。

❺　《商標手冊》，同❸，頁 56；《106 年商標法逐條釋義》，同❹，頁 85。

❻　巴黎公約及 WTO 之 TRIPs 協定亦有地理標示之規定，即產品必須係該地所生產者始可為相關之標示，如酒類之以「干邑白蘭地」(COGNAC) 標示。干邑 (COGNAC) 係法國之地名，位於法國西南部，鄰近大西洋，無論氣候、土壤、雨量、陽光，均適於釀製白蘭地。法國於西元 1909 年通過一項法律——酒法，規定只有干邑區出產的白蘭地得稱為「干邑」。除此，第 9 款更明確規範對酒類地理標示的保護。

與巴黎、紐約有任何關聯，以該些名稱申請註冊應無本款之適用。

民國 106 年商標專責機關發布 「涉及原住民文化表達之商標審查原則」 ❻，將涉及原住民文化表達分為三種類型 ❻：㈠原住民族之族名、部落名稱或圖騰；㈡經登記之原住民族傳統智慧創作；及㈢原住民族文化表達相關之其他元素。原則上，此三種類型均僅得由具原住民身分之人申請，原住民以外之申請便可能有第 30 條第 1 項第 8 款因不實陳述而有致公眾誤認誤信之虞 ❻。又，無論前揭何種類型，倘生詆毀原住民族之負面印象或引起原住民族之憤怒者，得優先適用商標法第 30 條第 1 項第 7 款「妨害公序良俗」 條款 ❼。

參、相同或近似於他人同一或類似商品或服務之註冊商標或申請在先之商標，有致相關消費者混淆誤認之虞者（商標法第 30 條第 1 項第 10 款）

此款為先申請主義原則，民國 92 年修法前為當時第 36 條所明定，復於第 37 條第 12 款明定。差別在於第 12 款係指已有一註冊商標存在，第 36 條則係指二相同或近似商標均未註冊。

第 12 款與第 36 條看似立法目的相同，實則第 12 款除保護註冊在先的商標外，另有保護消費大眾不致因後商標於前商標甫消滅即註冊，而誤認後商標權人所製造之商品為前商標權人所製造者 ❼。期限之規定，目的便

---

❻ 為呼應原住民族基本法與原住民族傳統智慧創作保護條例，避免第三人據含有原住民文化表達元素之商標申請、取得註冊，致有權利衝突之情事，故而制定本審查原則。

❻ 請參閱涉及原住民文化表達之商標審查原則第 1 點～第 3 點，頁 1～10。

❻ 涉及原住民文化表達之商標審查原則第 5 點，頁 11。惟，其適用上仍有若干例外，以第一種類型為例，即便是原住民族申請亦可能因不具識別性而不得註冊。涉及原住民文化表達之商標審查原則第 5 點。

❼ 涉及原住民文化表達之商標審查原則第 3 (6) 點，頁 10。

❼ 第 12 款規定早於民國 12 年北京政府之商標法即有之，惟，有關失效前未使用之期間及失效後之特定期間，均以一年為限，民國 20 年施行之商標法亦

在確定消費者已淡忘該商標所依附之商品來源。

　　依民國 86 年修正前之規定，倘第二件商標申請註冊時，第一件註冊商標消滅未滿二年，則第二件商標無法取得註冊，其乃為避免消費者之混淆，換言之，在未滿二年時，原商標權人得重新申請註冊，揆諸 88 年修正前商標法施行細則第 33 條但書規定甚明：「其影響第三人權益或期滿前三年內有使用商標之專用權人，業於期滿失效二年內重新申請註冊者，不得為之。」❼❷

　　民國 87 年修法時將本款改為相同或近似於他人同一商品或類似商品之註冊商標者。刪除其後段，第 37 條第 2 項亦配合刪除之。其修正理由謂，配合延展註冊申請期間之修改為專用期間屆滿前後六個月，及實務上商標專責機關有通知商標權人辦理延展之情事，故第 12 款後段及原第 37 條第 2 項無存在之必要而予刪除。揆諸其立意，顯然誤解原規定之立法意

　　然。迄民國 72 年修法時，配合當時第 31 條第 1 項第 2 款之修訂，而將「一年」改為「二年」。民國 82 年修法時，又再度配合第 31 條第 1 項第 2 款之修正，將「二年」改為「三年」，只是期滿後失效之期間仍維持「二年」，而失效前未使用之年限改為「三年」。

❼❷　但於期滿前三年內有使用始可，因其乃在預防商標專用權人於期滿前三年內未使用，依第 25 條申請延展必不受准許，所以規避延展規定而於期滿後重新申請。原第 12 款但書：「其註冊失效前已有三年以上不使用時，不在此限」，專用權人於期滿前三年內未使用，則第二申請人欲申請時，必須於前商標專用權期滿二年後始可，但原商標專用權人於期滿前三年內已無使用，消費者對該商標已淡忘，所以不再以期滿二年為限。民國 87 年修正前第 37 條第 2 項規定：「前項第 12 款但書規定之事實應由申請人證明之」，即後申請人必須證明原商標專用權人於註冊失效前有三年不使用，實欲申請商標者於此情況下多不會依第 37 條第 1 項第 12 款於其期滿後始加以主張，而依修正前商標法第 31 條第 1 項第 2 款規定：「無正當理由迄未使用或繼續停止使用已滿三年者」，申請撤銷商標專用權，於撤銷商標專用權後其即得申請。而於期滿後申請者，若第二申請人可證明原商標專用權人於註冊失效前三年以上不使用時，第二申請人即得直接申請，不須至失效後滿兩年。按「商標專用權」即現行法之「商標權」。

旨，全然忽視原規定保護消費者之目的，甚為可議。

民國 92 年修法時，以修正前第 37 條第 12 款與第 36 條均屬先申請原則之規定，故將二者合併納入本款規範。以「先申請主義」之為商標制度的重要原則之一，實不宜僅將其臚列為不予註冊之消極要件事由。

依本款規定，不准註冊之商標態樣有四：(1)相同商標之於同一商品或服務；(2)相同商標之於類似商品或服務；(3)近似商標之於同一商品或服務；以及(4)近似商標之於類似商品或服務。(2)至(4)即修正前聯合商標之態樣。

民國 92 年修法時，又明定二商標須有致相關消費者混淆誤認之虞，始不准註冊。理由為相同或近似於他人同一或類似商品之註冊商標或先申請之商標者，不准註冊，係因其近似之結果有致相關消費者混淆誤認之虞。換言之，判斷二商標是否構成近似，應綜合判斷有無致混淆誤認之虞，方可❼❸。揆諸其立法，除相同或近似於已註冊或申請在先之商標且指定使用於同一或類似之商品或服務外，商標申請案之否准註冊，係由商標專責機關認定其有混淆誤認之虞；異議案、評定案之成立，則須由異議案或評定案之申請人(此時多為已註冊之商標權人或申請在先之商標註冊案申請人)證明有混淆誤認之虞❼❹。第 11 款亦有類似規範，惟，其係及於未註冊之著名商標以及指定使用之商品或服務不以同一或類似為限，故宜由著名商標所有人證明有致相關公眾混淆誤認之虞。至於本款之情事，筆者以為一旦二商標為相同或近似且指定使用於同一或類似商品或服務，則應推定其有致相關消費者混淆誤認之虞；而由申請在後之人提出反證證明無前揭情事。理由如下：㈠二人以上持有相同或近似之商標於同一或類似之商品或服務，

---

❼❸ 92 年商標法修正案，同❶❺，頁討 138～139。然而，當兩商標為相同或近似商品又為相同或類似時，多已當然發生構成混淆誤認之虞的結果。該句之實益有待商榷。

❼❹ 揆諸商標法第 35 條第 2 項第 1 款，使用相同於註冊商標之商標於同一商品或服務者，其適用不須另具「有致相關消費者混淆誤認之虞」之要件；因其乃不證自明之必然結果。同理，本款有關申請案相同於他人同一商品或服務之註冊商標或申請在先之商標，應當然不准註冊，不須另具「有致相關消費者混淆誤認之虞」之要件。

其構成混淆誤認之可能性極高；此為「混淆誤認之虞」審查基準第 2 點所肯認❼；㈡就舉證責任分配原則，固然應由已註冊之商標權人或申請在先之商標註冊案申請人負舉證責任，惟，加諸「混淆誤認之虞」的舉證項目，顯然對渠等不公平❼，且有違商標制度之先申請主義。概以既已有他人註冊或申請在先之商標存在，後申請者仍以相同或近似於該商標之商標、指定使用於同一或類似商品或服務申請商標註冊，自應由其證明何以不致構成相關消費者的混淆誤認；㈢依「混淆誤認之虞」審查基準第 4 點，有關「混淆誤認之虞」的舉證責任分配未臻明確❼。

　　本款但書規定，倘經該註冊商標或申請在先之商標所有人同意申請，且非顯屬不當者，不在此限❼。此但書是否得當，實有待商榷。本款既為

❼　「混淆誤認之虞」審查基準第 2 點：……在商標近似及商品／服務類似要件具備的情形下，雖然導致有混淆誤認之虞的機率極大……。「混淆誤認之虞」審查基準係於中華民國 93 年 4 月 28 日經濟部經授智字第 09320030350 號令訂定發布、同年 5 月 1 日生效，並於中華民國 101 年 4 月 20 日經濟部經授智字第 10120030550 號令修正發布，101 年 7 月 1 日生效。

❼　行政訴訟法第 136 條準用民事訴訟法第 277 條，明定規範原則上當事人須就有利於己之事實負舉證之責任，惟依其情形顯失公平者不在此限。此為行政訴訟法所準用，筆者以為與其由商標專責機關認定由何人負舉證責任，宜於法規中明確界定舉證之項目及責任之歸屬。

❼　「混淆誤認之虞」審查基準第 4 點列舉八項判斷混淆誤認之虞的參考因素。其中商標識別性強弱、二商標近似程度及商品或服務類似程度為前三項參考因素。商標專責機關於審查新申請案時得僅就該三項參考因素認定之；商標異議案或評定案，則依個案案情及當事人是否主張予以認定。筆者以為，異議案或評定案之申請人得僅以前三項因素為由申請異議或評定。所謂「當事人」當可包括異議案或評定案之兩造當事人；系爭商標之商標權人自得就前揭因素予以反駁並據其他因素異議／評定之。

❼　101 年修法時以「非顯屬不當」取代修正前之「除二者之商標及指定使用之商品或服務均相同外」，理由為，除「相同／近似商標於同一類似商品／服務」，實務上有註冊商標業經法院禁止處分，商標權人仍持續同意他人之商標並存註冊之情事，實屬不當，是以修正為若有顯屬不當之情形，縱令先權利人同意，亦不得准予以註冊。100 年商標法修正案第 30 條修正說明二之㈩。

「先申請主義」之規範，豈可因當事人的同意而違反其規定。第 11 款雖有類似之但書規定，惟，如前所言，其適用應以該著名商標未在我國註冊或使用者為限（按，著名商標本不以在我國註冊者為限）。反觀本款，商標須以在我國已申請或已註冊為前提，如此，兩商標既已有致混淆誤認之虞，由先申請者或註冊者同意即可註冊，將使先申請主義之立法精神蕩然無存，使二商標喪失表彰商品來源功能，更使消費者無從辨識❼。縱令商標權人／先申請人與後申請人不在意商標喪失其指示商品來源功能，基於保護消費者，實不宜允許當事人破壞商標制度的本質與功能。以家族企業或關係企業的經營型態，使用相同或近似的商標於同一或類似商品或服務的可能性極大，亦有其必要性，便有適用本款但書的必要。惟，但書於適用上既未以前揭企業型態為限，該規定之妥適性，亟待商榷。

商標法施行細則第 30 條明定顯屬不當指下列情形之一：(1)申請註冊商標相同於註冊或申請在先商標，且指定使用於同一商品或服務者；(2)註冊商標經法院禁止處分者；及(3)其他商標專責機關認有顯屬不當之情形。該條修正說明及混淆誤認之虞審查基準之例示中，雖均提及消費者的保護❽，筆者以為宜於該條或本法中，明定顯屬不當的認定標準包括：(1)使商標喪失指示商品／服務來源的功能；(2)消費者有混淆誤認之虞。

肆、相同或近似於他人著名商標或標章，有致相關公眾混淆誤認之虞，或有減損著名商標或標章之識別性或信譽之虞者（商標法第 30 條第 1 項第 11 款）

本款原為保護著名商標或標章而定。按，著名標章 (well-known mark) 的保護，其主要理論有三❽：㈠商品或服務來源的誤認，一商標之功能本

---

❼ 再者，商標權人未就相同商標於類似商品或服務、或近似商標於同一或類似商品或服務取得註冊，其有無行使同意的權利，實有待商榷。

❽ 商標法施行細則第 30 條修正說明一之㈠、㈢；「混淆誤認之虞」審查基準第 7.3 點，頁 18～19。

❽ 2 Stephen Ladas, Patents, Trademarks, and Related Rights, National and International Protection 1087–1088 (1975).

在表彰商品或服務來源——商標藉由其所附著之商品或服務的廣泛銷售，使消費者認知附有該商標之商品或服務來源，倘允許他人使用相同或近似之商標，則有使消費者對後者之商品或服務來源，誤認為與前揭商品或服務為同一來源；㈡標章識別性的淡化——如前揭㈠所言，商標具表彰商品或服務來源之功能，倘允許他人使用相同或近似之商標，久而久之，便不易區別附有該商標之商品或服務究係為何人所有，而使該商標喪失其識別性；㈢不當利益——著名標章除可表彰商品或服務來源，更具品質的保證，倘允許他人使用相同或近似之商標，有使消費者因誤認而購買，致後者有「搭便車」(free ride) 之嫌。

前揭三項理論彼此相關連，實難謂何者足以為保護著名標章之唯一事由，況且，前揭事由非僅於著名標章如此，就一般未達著名程度之標章，亦有發生的可能。商標的功能既在表彰商品或服務來源，自須足以與他人商標加以區別，此即識別性是也。倘多人使用相同或近似之商標，將使消費者無從辨識其商品或服務來源，商標因此喪失其識別性，或誤認為首次使用該商標之商品或服務，造成商品或服務來源之混淆，後使用者亦有「搭便車」之嫌。如此之情事，並不以商標著名者為限，只是著名商標較易有前揭事由之發生。

巴黎公約於西元 1925 年海牙會議時，增訂第 6 條之 2 (Art. 6 bis) 明定對著名標章的保護，其間歷經兩次修正❷。其保護方式，由消極地不准他人以相同或近似之商標註冊（包括核駁及撤銷），到禁止他人使用相同或近似之商標。著名標章所有人得於他人註冊後五年內隨時要求主管機關撤銷之，並得於法定期間內要求禁止他人之使用；不過，著名標章所有人若能證明該他人之註冊或使用係屬惡意 (bad faith) 者，則不受前揭時間之限制。

我國早於民國 12 年之北京政府商標法第 2 條第 5 款中明定「相同或近似於世所共知他人之標章，使用於同一商品者」不得申請註冊，所謂「世所共知」當指「著名」之意；民國 20 年之商標法亦沿用相同之規定❸，至

---

❷　兩次修正分別於西元 1934 年倫敦會議及西元 1958 年里斯本會議中完成。

❸　民國 19 年公布之商標法第 2 條第 6 款，民國 61 年修法時，因應條次之更動，

民國 72 年修法時，將「世所共知」改為「著名」**⑭**。民國 82 年修法時，
又配合第 37 條第 1 項第 6 款之修正，將「使消費者產生誤信之虞」第二種
型態——「襲用他人之商標或標章，有致公眾誤信之虞者」列於第 7 款，
所謂他人之商標等，包括註冊與未註冊者，既不需為著名之商標，亦不以
使用於同一或同類商品為限。修法理由，以過去僅保護同一或同類商品之
著名標章，顯有不足，並「為杜絕剽竊、襲用他人標章，冀圖獲准註冊之
僥倖歪風，以建立正常商標秩序」**⑮**。除此，著名標章之證明不易，其界
定之標準為何，爭議頗多，亦應為其刪除之原因之一。總之，民國 82 年之
修正，大幅擴張修正前之適用，使及於非著名之標章，更可視為我國商標
制度中少數保護未註冊、但先使用商標之規定；可證諸於修正前商標法施
行細則第 31 條之規定：「……第七款之適用，指以不公平競爭之目的，非
出於自創而抄襲他人已使用之商標或標章申請註冊，並有致公眾誤信之虞
者；所襲用者，不以著名商標或標章而使用於同一或類似商品為限。」**⑯**
　　民國 86 年修法時將前段「襲用他人之商標或標章……」修改為「相同

　　而移列為第 37 條第 1 項第 7 款，並將不得註冊之商品範圍由「同一商品」擴
　　及「同一或同類商品」。

⑭　按民國 53 年之司法院大法官會議釋字第 104 號解釋，謂「世所共知」之標
　　章，指在「中華民國境內一般所共知者而言」，民國 72 年修法時，以當時交
　　通工具已堪稱便捷，傳播事業發達，商品及商標之流通無遠弗居，前揭解釋
　　已屬狹隘，故為配合國際貿易之需要，防止不正當競爭，而將「世所共知」
　　予以修正。原修正案為「夙著盛譽」，惟經立法院審查會於二讀時修改為「著
　　名」乙詞。商標法修正案，《立法院公報》，第 72 卷，第 4 期，院會紀錄，頁
　　28～29（民國 72 年）。足見「著名標章」不以國內著者為限。

⑮　《82 年商標法案》，同**❸**，頁 269～270。

⑯　儘管當時「著名」已非第 7 款適用之要件，惟，其仍為主要考量因素之一，
　　是以，商標專責機關仍將其列為決定有無致公眾對產銷主體發生混淆誤信之
　　虞的因素：(1)知名度（著名）；(2)商標圖樣近似程度；(3)是否具創意；(4)所指
　　定使用商品之相關及類似程度；(5)商品銷售網路或販賣陳列之處所；(6)購買
　　人對商品種類價格及其性質之注意程度；(7)使用商標之事實及時間；(8)其他
　　足以證明有致公眾誤認誤信之可能因素。《商標手冊》，同**㊲**，頁 57～58。

或近似於他人著名商標或標章……」，並增訂但書：「但申請人係由商標或標章之所有人或授權人之同意申請註冊者，不在此限。」其修正理由為：著名商標或標章之保護，係 WTO 之 TRIPs 協定及巴黎公約所明定，亦為世界趨勢，修正前條文未予明列，致生誤解，故明定之❽。反觀 82 年修法之際，所謂「為杜絕剽竊歪風」及「僅保護著名標章之不足」，現行規定之修正理由，頗為牽強、矛盾，實難自圓其說。至於所謂「著名」，則指「有客觀證據足以認定該商標或標章已廣為相關事業或消費者所普遍認知者」（88 年修正施行之商標法施行細則第 31 條第 1 項）。但書之規定，則僅在於確定，自權利人處取得許可者得申請註冊，俾因應實務上國內代理商取得代理權後，為確保權益而有申請商標註冊之需要。其中所謂「授權人」，係指「經商標或標章所有人同意得授權他人申請註冊之人」（同細則第 31 條第 2 項）。

　　嗣因世界智慧財產權組織（World Intellectual Property Organization，簡稱 "WIPO"）於西元 1999 年公布有關著名商標保護之共同決議，該決議指明對著名商標之認定，應以商品或服務之相關公眾的認識為考量，而非以一般公眾的認知予以判斷；除此，應避免減損 (dilution) 著名商標之識別性❽。我國於民國 92 年修法時，將導致混淆誤認之虞的對象由一般公眾改為「相關公眾」，並擴及維護著名商標之識別性或信譽❽。

　　主張本款之適用，先決條件為有著名商標或標章的存在，其次有另一商標與其相同或近似，且其結果對著名商標或標章有構成損害之虞。亦即，必須具備下列要件：㈠系爭商標相同或近似於他人之商標或標章；㈡他人之商標或標章為著名者；㈢系爭商標之註冊將導致下列情事之一──⑴有

---

❽　商標法部分條文修正案，《立法院公報》，第 86 卷，第 17 期，院會紀錄，頁 81（民國 86 年）（以下簡稱「86 年商標法部分條文修正案」）。

❽　92 年商標法修正案，同❺，頁討 136〜137。

❽　我國基於 APEC 於民國 89 年 3 月有關會員國應遵守 WIPO 之決議，故將「公眾」修正為「相關公眾」，並增訂有減損著名商標或標章之識別性或信譽之虞者，不得註冊。同上。

致相關公眾混淆誤認之虞；(2)減損著名商標或標章識別性之虞；或(3)減損著名商標或標章信譽之虞。

著名商標或標章，不以在我國註冊或使用為要件。其以有客觀證據足以認定已廣為相關事業或消費者所普遍認知者❾⓪。依據「商標法第 30 條第 1 項第 11 款著名商標保護審查基準」❾① (以下簡稱「著名商標審查基準」) 判斷相關事業或消費者，係以商標或標章所使用商品或服務之交易範圍為準，例如：(1)商標或標章所使用商品或服務之實際或可能消費者；(2)涉及商標或標章所使用商品或服務經銷管道之人；(3)經營商標或標章所使用商品或服務之相關業者❾②。前揭要點雖謂以上所列之事業或消費者所普遍認知者均足以視為著名商標或標章❾③，惟，著名商標之認定仍應就個案情況考量相關因素❾④：(1)商標識別性之強弱；(2)相關事業或消費者知悉或認識

❾⓪ 商標法施行細則第 31 條。

❾① 此基準係於中華民國 96 年 11 月 9 日經濟部經授智字第 09620031170 號訂定發布，並於中華民國 101 年 4 月 20 日經濟部經授智字第 10120030550 號令修正發布，101 年 7 月 1 日生效。

❾② 著名商標審查基準第 2.1.1 點，頁 5。所謂證據，如(1)商品或服務銷售發票、行銷單據、進出口單據及其銷售數額統計之明細等資料。(2)國內、外之報章、雜誌或電視等大眾媒體廣告資料。(3)商品或服務銷售據點及其銷售管道、場所之配置情形。(4)商標或標章在市場上之評價、鑑價、銷售額排名、廣告額排名或其營業狀況等資料。(5)商標或標章創用時間及其持續使用等資料。(6)商標或標章在國內、外註冊之文件。包括其關係企業所為商標或標章註冊之資料。(7)具公信力機構出具之相關證明或市場調查報告等資料。(8)行政或司法機關所為相關認定之文件。(9)其他證明商標或標章著名之資料。著名商標審查基準第 2.1.2.2 點，頁 9～10。前揭證據應有其商標圖樣及日期之標示或得以辨識其使用之圖樣及日期的佐證資料，其雖不以國內證據為限，但於國外所為之證據資料，仍須以國內相關事業或消費者得否知悉為判斷。著名商標審查基準第 2.1.2.2 點，頁 10。曾具體舉證並經認定為著名商標或標章，得不要求商標或標章所有人提出相同證據證明之。但因個案審查需要，仍得要求其檢送相關證據證明之。同上。

❾③ 著名商標審查基準第 2.1.1 點，頁 5。

❾④ 著名商標審查基準第 2.1.2.1 點，頁 7～9。著名商標雖不限於識別性強的商

商標或標章的程度；(3)商標或標章使用期間、範圍及地域；(4)商標或標章推廣的期間、範圍及地域。如廣告或宣傳，以及在商展或展覽會的展示；(5)商標或標章註冊、申請註冊的期間、範圍及地域。但須達足以反映其使用或被認識的程度；(6)商標或標章成功執行其權利的紀錄，特別指經行政或司法機關認定為著名的情形。倘該些紀錄已逾三年，則仍須參酌其他事證以為判斷；(7)商標或標章的價值；以及(8)其他足以認定著名商標或標章的因素。

　　然而，縱令系爭商標相同或近似於著名商標或標章，倘其申請註冊係取得該著名商標或標章之所有人之同意者，則無本款之適用，此為但書所明定。按本款之規定係為保護著名商標或標章所有人之權益而設，倘經該所有人同意，自無保護之必要。惟，本文以為有關構成「混淆誤認之虞」乙節，其立法目的應包括保護著名商標或標章所有人之權益，以及保護消費者權益；是以，但書之適用應以該著名商標或標章所有人未在我國註冊或使用為限，否則一旦構成混淆誤認之虞，將使消費者無從辨識。

　　至於對著名商標或標章之損害，包括構成混淆誤認之虞❾❺，以及減損著名商標或標章之識別性或信譽之虞。前者確保商標權人暨消費者權益，後者則以保護著名商標所有人確保其著名商標的價值。

　　減損商標識別性及信譽之虞，係民國92年修法時所增訂，其源自於美國法之「商標淡化」(trademark dilution)。按商標本應具有識別性，著名商標亦如是；一旦喪失識別性，便已失去商標之首要功能──表彰商品來源及供消費者辨識。再者，商標之使用，亦足以使其產生信譽保證的功能；尤以著名商標為最。是以，縱令他人使用於不同之商品，無構成混淆誤認

　　標，惟，著名商標所有人若擬主張他人之註冊有構成「商標淡化之虞」，則其應以獨創性商標為主，否則，若為隨意性商標，例如鱷魚乙詞於國內有數十家不同業者申請註冊，縱於其中一、兩件為著名，亦難據以主張商標淡化，而排除他人註冊申請。

❾❺　有關「混淆誤認之虞」的認定基準將與「相同或近似商標」一併於本章第二節討論。

之虞，惟，倘有減損其識別性或信譽之虞，仍應不准其註冊❻。

　　至於著名商標的認定應以申請時為準❼，亦即，該商標著名與否，應取決申請案提出申請之時點。設若該商標於系爭申請案提出申請後，始成為著名商標，則無本款之適用，方為公允。所謂「申請時」，應指依本法第19條第2項取得之申請日。

---

❻　「淡化」乙詞係由 Frank Schechter 教授首次於西元 1927 年的文章中提及。Frank Schechter, *The Rational Basis of Trademark Protection,* 40 Harv. L. Rev. 813 (1927). 嗣於西元 1947 年由麻州 (Massachusetts) 制定第一套州反淡化法 (state anti-dilution statute)。迄西元 1995 年，共有 25 州制定類似法規，其主要重點有：(1)適用對象界定得受保護之標章所應備之識別性；(2)禁止實際淡化及淡化之虞；(3)界定淡化為識別性的減損而非經濟價值的損害；以及(4)救濟方式為禁令其行為。美國聯邦政府於同年始於商標法第 43 條 c 項 (15 U.S.C. §1125(c)) 規範有關著名商標之淡化 (dilution) 規定，賦予著名商標權人有排除他人使用相同或近似之商標，及要求損害賠償的權利。其行為態樣包括減損識別性 (blurring) 以及減損信譽 (tarnishment)。惟其條文並未提及「之虞」(likelihood) 二字，致使聯邦最高法院於西元 2003 年 Moseley v. V. Secret Catalogue, Inc. (537 U.S. 418; 123 S. Ct. 1115; 155 L. Ed. 2d 1 (2003)) 乙案中釐清前揭條文之適用須以有淡化之事實存在為要件，僅有淡化之虞不足以主張前揭條文之適用（此案涉及原告 V. Secret Catalogue 公司的著名商標 "Victoria's Secret" 遭淡化的訴訟，被告 Moseley 以 "Victor's Secret" 為名經營一家商店，嗣經原告書面要求其停止使用而改為 "Victor's Little Secret"，原告主張 "Victor's Little Secret" 的使用仍對 "Victoria's Secret" 構成淡化而提起訴訟）。該判決引起各界批判，蓋以若須證明有實質的淡化，方得以成立，將使著名商標的損害無以回復。聯邦國會回應該判決，於西元 2006 年通過商標淡化修正案 (Trademark Dilution Revision Act)，將商標淡化 (trademark dilution) 改為商標淡化之虞 (likelihood of trademark dilution)。

❼　商標法第 30 條第 2 項。

伍、相同或近似於他人先使用於同一或類似商品或服務之商標，而申請
　　人因與該他人間具有契約、地緣、業務往來或其他關係，知悉他人
　　商標存在，意圖仿襲而申請註冊（商標法第 30 條第 1 項第 12 款）

　　本款係於民國 87 年修正時所增訂，並訂有但書「但得該他人同意者，
不在此限。」其係為維護商場秩序所定之規範❾❽。惟，究其規定，應在彌
補同期修正之第 7 款，按第 7 款排除修正前對先使用而未達著名程度之標
章的保護；只是本款規定之適用，須限於申請人與先使用者間有契約、業
務往來、地緣或其他關係，如：商業、僱傭等，致知悉其商標之存在者。
然而，既為先使用之商標，亦即，先使用者已有使用之事實，無論其市場
大小，必有相關業者及消費者知悉該商標之存在，而其與先使用者間未必
有任何法律關係，如此，其援用該商標申請註冊之行為，是否不受本款之
拘束，抑或以其間地緣關係、買賣關係（倘消費者有購買之行為）為由而
仍有該款之適用。

　　本款之立法，固在維護商場秩序；然而，貫徹商標制度之促進工商企
業正常發展的宗旨，註冊主義❾❾之採行更為首要的措施。姑不論申請人是
否惡意，商標制度實不宜賦諸先使用但未註冊之商標具有排除他人申請註
冊之法律效果；除非另有重要的法益存在，如第 11 款之保護著名商標。再
者，本款之適用並未如第 10 款有「致相關消費者混淆誤認之虞」之要件，
似乎予先使用者較已註冊或先申請者更多的保護，實有未妥。賦予先使用
者過廣的權利非但有違註冊主義之採行，亦對鼓勵業者提出商標註冊之申
請有負面的影響。現行商標法第 36 條第 1 項第 3 款對於先使用者之商標使
用權益的消極保護應為已足。

　　101 年修法重申本款維護市場公平競爭之意旨，擬排除「因與他人有
特定關係，而知悉他人先使用之商標，非出於自創加以仿襲註冊者」。基於

---

❾❽　86 年商標法部分條文修正案，同❽❼，頁 82。

❾❾　註冊主義之重要性在於：公示作用、舉證的便利，商標專責機關的便於管理，
　　繼而達到促進工商企業的正常發展。

反映前揭仿襲之立法原意，故於本款增列「意圖仿襲而申請註冊」⑩。

所謂先使用之商標，亦以申請時為準⑩，亦即，使用人應於系爭商標申請前已開始使用；申請時亦指申請日而言。筆者以為有關其間之契約、地緣、業務往來之認定，亦應以申請日為準，方為公允。

第三款　保護酒類地理標識

商標法第 29 條第 1 項第 1 款、第 30 條第 1 項第 8 款暨第 9 款均與產地之標識有關；前二款之產地包含所有商品／服務，不以酒類為限，又因其分別與識別性要件與維護公平競爭／保護消費者有關，故於各議題中討論。本款僅就明定葡萄酒或蒸餾酒地理標識⑩之第 30 條第 1 項第 9 款⑩予以說明。

本款適用之要件為，申請註冊之商標：(1)相同或近似於我國或外國之葡萄酒或蒸餾酒地理標示；(2)指定使用於與葡萄酒或蒸餾酒同一或類似商品；(3)互惠原則——前揭(1)之外國須符合下列情事之一：①與我國簽訂協定，②與我國共同參加國際條約，或③與我國相互承認葡萄酒或蒸餾酒地理標示之保護者。其中簽訂之協定或共同參加之國際條約，亦應指與葡萄酒或蒸餾酒地理標示之保護有關者。至於系爭商標有無使公眾誤認誤信其為葡萄酒或蒸餾酒地理標示之虞，則在所不問。

本款所擬保護之葡萄酒或蒸餾酒地理標示，以系爭商標申請日之前已

---

⑩　100 年商標法修正案第 30 條修正說明二之㈩。至於申請人是否基於仿襲意圖所為，自應斟酌契約、地緣、業務往來或其他客觀存在之事實及證據，依據論理法則及經驗法則加以判斷。同上。

⑩　商標法第 30 條第 2 項。

⑩　修正前係以酒類地理標示稱之，101 年修法時參酌 WTO/TRIPs 協定及日本商標法，將酒類限於葡萄酒及蒸餾酒。

⑩　民國 92 年修法前，有關酒類地理標示之保護，係以 92 年修正前商標法第 37 條第 6 款（即現行法第 30 條第 1 項第 8 款）予以規範。民國 92 年修法時，為配合 WTO/TRIPs 協定第 23 條第 2 項規定，除增訂證明產地之證明標章，並將酒類地理標示明定為不得申請註冊之事由。

於我國存在，或該標示所屬國家與我國之互惠關係已存在者為限❿。

第四款　保護人格權及商譽

商標法第 30 條第 1 項第 13 款暨第 14 款明定與保護人格權及商譽有關之事由，茲分述如下。

壹、有他人之肖像或著名之姓名、藝名、筆名、字號者（商標法第 30 條第 1 項第 13 款）

本款原與第 14 款合併規範，民國 92 年修法時，則以二者法益不同，故分別予以明定。本款目的在保護自然人的人格權，包括其肖像，及著名之姓名、藝名、筆名、字號等。故其適用上，須申請註冊之商標與該他人之肖像、姓名、藝名、筆名或字號完全相同者為限❿。

他人肖像必須確有此人，惟，不以著名為必要。外國人之肖像是否在「他人肖像」保護部分？條文本身並未規定，本文以為，在符合互惠原則的前提下，外國人之肖像權亦應予以保護。其他全國著名姓名、藝名、筆名、字號等，姓名以戶籍登記者為準，外國人亦在保護之列，但以其已達全國著名之程度者為限，如柯林頓等亦加以保護。至於「著名」與否，自須由當事人提出證據證明之，且須於系爭商標申請日前已著名者為限❿。倘申請人取得該他人之同意而申請註冊，則無本款之適用❿。

貳、有著名之法人、商號或其他團體之名稱，有致相關公眾混淆誤認之虞者（商標法第 30 條第 1 項第 14 款）

本款目的在保護法人、商號或其他團體之名稱，及維護市場公平競爭。本款應備之要件為著名之名稱❿及有致公眾混淆誤認之虞。是以，商標與

---

❿　商標法第 30 條第 2 項。

❿　本款之適用理當無商品或服務是否同一或類似之情事，不待贅言。

❿　商標法第 30 條第 2 項。

❿　商標法第 30 條第 1 項第 13 款但書。

❿　所謂名稱，係指特取名稱而言。商標法施行細則第 32 條。92 年修正前第 37

法人、商號或其他團體之著名名稱相同時，應否准予註冊，應視其有無致公眾混淆誤認之虞以為判斷[109]；此不同於修正前之以商標指定使用之商品與法人、商號所營事業是否相同為審查依據[110]。此款之適用將擴及商標指定使用之商品與法人、商號所營事業不同，而後者為著名名稱，且有構成混淆誤認之虞之情事。而所謂著名須於系爭商標申請日前已著名者為限[111]。又，101年修法時增訂但書，倘系爭商標申請人取得前揭名稱所有人同意，則仍得申請註冊。

至於法人、商號、團體等名稱，以依我國法律登記者始受保護；未依法登記之英文名稱不適用本款規定[112]，反之，依我國公司法申請認許之外

條第11款有關法人或其他商號名稱之規範，明定商號之名稱必須為「全國著名」之名稱，至法人之名稱則無此限制。司法院大法官會議釋字第486號解釋，指出前揭款次中，法人或其他無權利能力之團體，如具「有相當之知名度」及「受有保護之利益者」，其名稱均為商標法所保障之對象，尚不因有無權利能力而有所不同。是以，民國92年修法時，修正為不分法人、商號或團體，其名稱均須為已經「著名」者。92年商標法修正案，同[15]，頁討140～141。

[109] 民國92年修法時，並未就此修正說明其法理。

[110] 公司法對於營業範圍之區分與商標法之區分不同，依公司法第18條第2項不同類業務之公司，標明不同業務種類得使用相同之名稱，但商標法則會發生有類似商品之情形，如A公司生產車床，A′公司業務為砂石類（依商標法車床與砂石為同類商品），A公司於民國88年2月1日成立，A′公司於89年6月1日成立，A於89年10月24日申請註冊商標，A是否須得A′之同意？92年修正前商標法施行細則第32條第2項規定：「登記在先之法人，以其名稱之特取部分作為商標申請註冊，而與登記在後之法人名稱特取部分相同，且指定使用之商品與該登記在後之法人所經營之商品為同一或類似者，仍應取得該登記在後之法人之承諾」，是A仍須得A′之同意；反之，A於88年10月1日申請註冊則無此顧慮。此問題於現行法亦可能存在，惟，前揭細則業於92年刪除，致無從解決此爭議。

[111] 商標法第30條第2項。

[112] 行政法院71年度判字第202號判決，另請參閱《106年商標法逐條釋義》，同[40]，頁98。依公司法第18條授權所制定之公司名稱及所營業務預查審核準則

國公司，其登記之公司中、英文名稱均受本款規定保護⑬。惟，公司法業於民國 107 年 11 月 1 日修正施行，其中修正第 4 條已刪除外國公司須經申請認許方得於我國營業之規定，更增訂第 2 項使外國公司於法令限制內，與中華民國公司享有相同之權利能力。外國公司既不需登記，倘其著名名稱遭申請人據以申請商標註冊時，究應適用本款，抑或前揭第 11 款，便有釐清之必要。若依行政法院之判決，似應適用第 11 款為宜⑭。

第五款　保護其他智慧財產權

商標法第 30 條第 1 項第 15 款明定對其他智慧財產權之保護：商標侵害他人之著作權、專利權或其他權利，經判決確定者，不得註冊。

按商標之內容除經註冊可取得商標權外，可能係美術著作而享有著作權，亦可能為立體形狀之創作而依專利法申請取得設計專利權。是以，商標註冊之申請，便有可能侵害他人已享有之著作權或已取得之設計專利權。倘商標侵害他人之著作權、專利權或其他權利，經判決確定者，理應不准註冊，此為民國 92 年修法時所增訂。惟，但書又明定雖侵害他人權利，如事後取得他人同意者，應可准予註冊。

第二項　混淆誤認之虞

商標法第 30 條第 1 項之不得註冊事由中，部分係以有無構成混淆誤認之虞為要件，如第 10 款、第 11 款及第 14 款等。有致相關消費者混淆誤認之虞，係指消費者無從藉由商標來正確識別商品／服務來源；其態樣有二：一為消費者誤將系爭商標誤認為先權利人之商標，二為消費者雖得分辨兩

第 5 條及商業登記法第 28 條第 3 項授權所制定之商業名稱及所營業務預查審核準則第 5 條規定，我國公司應使用我國文字，原則上應以中文為限，至於進出口廠商向貿易局登記之公司英文名稱，雖仍為「表彰營業主體」之名稱，若有致相關公眾混淆誤認之虞者，應適用商標法第 30 條第 1 項第 11 款有關著名商標或標章之規定。

⑬　《106 年商標法逐條釋義》，同上。

⑭　《106 年商標法逐條釋義》，同⑩，頁 99。

者為不同商標，卻誤認為兩者之商品或服務源自相同來源⑮。

　　至於有無構成混淆誤認之虞，常須考量兩商標是否為相同或近似，以及指定使用之商品或服務是否相同或類似。依「混淆誤認之虞」審查基準⑯，混淆誤認之虞應考量之因素包括：(1)商標識別性之強弱；(2)商標是否近似暨其近似之程度；(3)商品／服務是否類似暨其類似之程度；(4)先權利人多角化經營之情形；(5)實際混淆誤認之情事；(6)相關消費者對各商標熟悉之程度；(7)系爭商標之申請人是否善意；及(8)其他混淆誤認之因素。前揭考量因素未必併存於每一案件中。茲依審查基準，說明臚列之考量因素如下⑰。

第一款　商標識別性之強弱

　　識別性越強的商標，消費者的印象越深，他人稍有攀附，便即可能引起購買人產生混淆誤認。如前所述，原則上獨創性的商標識別性最強，而隨意性商標及暗示性商標之識別性則次之。在類似商品／服務中已為多數不同人使用為聯合式或組合性商標之一部分而取得註冊者，該部分視為弱勢部分，例如科技相關商品之使用 "tech" 或 "tek"，以及電腦網路服務上，"net"、"cyber" 等。

第二款　商標是否近似暨其近似之程度

　　判斷近似與否，應(1)以消費者立場觀之；(2)以商標之整體外觀、觀念

---

⑮　「混淆誤認之虞」審查基準第3點，頁4。

⑯　除商標法第30條第1項，有關「混淆誤認之虞」亦可見於第22條之同日申請情事、第35條第2項之商標權限（第2款暨第3款）、第43條之移轉商標權的結果，第63條第1項第1款商標經變換加附記之廢止事由、第68條第2款暨第3款侵害商標權之態樣（民事）、第70條第2款、第95條侵害商標權（第2款暨第3款）之罰則；以及第96條第1項侵害証明標章權之罰則。凡此，均可依「混淆誤認之虞」審查基準認定之。

⑰　以下內容主要依「混淆誤認之虞」審查基準第5點，頁6～16，「各項參酌因素之內涵」編排而成，不再另引註腳。

或讀音觀之；⑶兼顧整體、主要部分以及異時異地之判斷；⑷商標內容不同亦影響判斷的方式。前揭⑵暨⑶係沿用傳統型商標近似與否的判斷標準，是以未必全然適用於非傳統型商標的近似判斷。

壹、以消費者立場觀之

判斷商標是否近似，應以具有普通知識經驗之消費者，於購買時施以普通之注意為準。而商品性質的不同會影響其消費者的注意程度，例如日常用品，消費者的注意程度較低，對二商標間之差異辨識較弱，容易產生近似的印象。至於專業性商品如藥品，或單價較高之商品如汽車，消費者多於購買時會施以較高注意，對二商標間之差異較能區辨，判斷近似的標準自然高於一般日常用品的情況。

貳、以商標之整體外觀、觀念或讀音觀之

商標給予消費者的印象，可就商標整體的外觀、觀念或讀音予以觀察，因此判斷商標近似，亦得就此三者判斷是否有造成混淆近似的可能。讀音之比較包括相同與不同語言間，甚至相同語言的方言間的諧音。惟，縱令兩商標之外觀、觀念或讀音中有一項構成近似，二者之整體印象未必即為近似，仍應以其是否可能引起消費者之混淆誤認為判斷近似之依據。再者，國人習以動物為商標，如老虎、鱷魚等，此時則不宜僅以觀念近似為由否准後案註冊。

參、兼顧整體、主要部分以及異時異地之判斷

判斷商標近似，原則上應以商標圖樣整體為觀察。此因消費者所看到的商標係整體圖樣之故。至於「主要部分」之觀察，係因商標圖樣中具有較為顯著的部分（即主要部分）；致使消費者關注或者事後存有印象者為該主要部分。主要部分最終仍影響商標給予消費者的整體印象，主要部分觀察與整體觀察並非相互對立。

異時異地、隔離觀察原則，在提醒審查人員應設想一般實際購買行為

態樣,而非要求審查人員須以異時異地,隔離觀察之審查方式來審查商標近似問題。所謂一般實際購買行為,係指一般消費者僅憑著對商標未必清晰完整的印象,在不同的時間或地點,來作重複選購的行為,而不是拿著商標以併列比對的方式選購,因此細微部分的差異,在消費者的印象中難以發揮區辨的功能,判斷商標是否近似時,得無庸納入考量。

肆、商標內容不同亦影響判斷的方式

一、文字商標之判斷近似

原則上當二文字商標之外觀構成近似時,雖然觀念與讀音未必近似,仍可認為該二商標為近似。又外觀雖然不近似,但字義近似,則仍會因觀念及讀音近似而認為近似。如企鵝之圖形與文字「企鵝」,就其外觀而言並不相同,但就其觀念而言卻係相同;另如「999」與「三九」亦同;其他如「香奈兒」與「香朵兒」,外觀相似;另讀音相似方面,如「多保利」與「多寶利」。在比對中文商標時,應可較側重外觀及觀念之比對。惟若使用之商品/服務係以唱呼為主要行銷方式,則應提升其讀音比對之比重。反之,拼音性之外文如英法德日語等,予消費者的印象重在於其讀音,在比對時自應以讀音比對為重。又,其起首字母在外觀與讀音上,對於整體字詞給予消費者之印象有極重要之影響,判斷近似時應賦予比重較重之考量。

二、圖形、顏色或立體商標

此類商標著重於外觀的比對,是以圖形、顏色或立體商標雖在觀念上相同仍應以外觀比對為原則,例如在觀念上雖均為貓,然由於外觀設計的不同,「凱蒂貓」與「加菲貓」均可註冊在案。

三、聲音商標

聲音商標應著重於聲音的比對。

四、立體商標

立體商標應以其整體立體形狀為比對,惟若有予購買人印象特別深刻之主要面者,得以該主要面作為外觀比對之依據,若其他各面亦有其特殊設計而具識別性者,則該各面均得作為外觀比對之依據。其次立體商標與

平面商標之間也可能構成近似，例如立體造形的凱蒂貓商標與平面的凱蒂貓圖商標，應構成觀念與外觀近似。

第三款　商品／服務是否類似暨其類似之程度

商品或服務類似係指二個不同的商品或服務，在功能、材料、產製者或其他因素上具有共同或關聯之處，如果標上相同或近似的商標，依一般社會通念及市場交易情形，易使消費者誤認其為來自相同或雖不相同但有關聯之來源，則此二個商品間即存在類似的關係。

商品或服務分類係為便於行政管理及檢索之用，同一類商品或服務未必為類似商品或服務，而不同一類的商品或服務卻可能是類似商品或服務。是以，商品或服務類似與否不受制於分類。

商品或服務類似之判斷，應綜合該商品或服務之各相關因素，以一般社會通念及市場交易情形為依據。類似商品間通常具有相同或相近之功能，或者具有相同或相近之材質。因此，判斷商品類似問題時，原則上可先從商品功能考量，其次就材質而後再就產製者等其他相關因素考量。惟，若某些商品重在其材質，例如貴金屬，則得以材質之相近程度為優先考量。

壹、類似商品

類似商品可依下列情況定之：

一、商品間具有相同或輔助功能

功能的相同可能為概括性或特定的功能相同，功能相同越特定，商品的類似程度越高，如桌上型個人電腦與筆記型電腦均屬電腦。相輔功能則指功能間具有相輔作用，可共同完成消費者特定的需求。商品在功能上相輔的關係越緊密，類似的程度即越高，如碳粉匣與雷射印表機同為列印資料所需者[118]。

---

[118]　商品的功能為何以及服務滿足的需求為何，應以一般社會通念為主，例如拖鞋，其主要功能在保護足部，協助步行，自應以此功能進行比對。「混淆誤認之虞」審查基準第 5.3.10 點，頁 14。

二、商品本身與其零組件或半成品

若後者之用途係配合前者之使用功能，前者欠缺後者即無法達成或嚴重減損其經濟上之使用目的，則被認定為類似商品之可能性較高。否則，二者原則上並不類似。

三、二商品源自相同產製業者

被認定為類似商品之可能性較高。例如筆記型電腦與平板電腦。

貳、類似服務

類似服務可依下列情況定之：

一、滿足消費者相同需求

服務之目的在於滿足消費者特定需求，因此，其所能滿足消費者的需求越相近，服務的類似程度就越高，如美容院、理髮廳。

二、服務由相同業者提供

服務由相同業者提供時，被認定為類似服務之可能性較高。例如：指壓按摩與三溫暖。

參、商品與服務間的類似

商品與服務間亦可能有類似之情事，例如商品為家電用品，服務則在提供家電用品之銷售、裝置或修繕等，則該特定商品與該服務間即類似。

第四款　先權利人多角化經營之情形

先權利人若採多角化經營，將商標使用或註冊在多類商品／服務，則於考量與系爭商標間有無混淆誤認之虞時，應將該多角化經營情形總括的納入考量。尤其如有事證顯示可能跨入同一商品／服務市場經營者，更應予以考量。反之，若先權利人長期僅經營特定商品／服務，無任何跨越其他行業之跡象者，則其保護範圍應可較為限縮。

第五款　實際混淆誤認之情事

指確有消費者誤認後案商標之商品係源自先權利人之事實。此事實應由先權利人提出相關事證證明。又當事人有提出市場調查報告，經依法踐行答辯攻防程序，可認定具公信力者，該調查報告應視為具有等同實際混淆誤認情事之效果。再者，商標自註冊至第三人提出評定，可能已有相當時日，系爭商標權人若已使用其商標行銷市場者，則消費者是否有因其使用商標而發生混淆誤認情事，自亦得列入考量。

第六款　相關消費者對各商標熟悉之程度

倘相關消費者對衝突之二商標均已相當熟悉，亦即二商標在市場併存之事實已為相關消費者所認識，且足以區辨為不同來源者，則應儘量尊重此一併存之事實[119]。倘相關消費者對衝突之二商標僅熟悉其中之一者，則就該較為被熟悉之商標，應給予較大之保護。

相關消費者對商標之熟悉程度，繫於該商標使用之廣泛程度，原則上應由主張者提出相關使用事證證明之[120]。但眾所周知之事實，不在此限。

第七款　系爭商標之申請人是否善意

按商標之主要功能在表彰自己的商品，俾以與他人商品相區別，申請註冊商標或使用商標，其目的亦應在發揮商標此一識別功能。惟若申請人明知可能引起相關消費者混淆誤認其來源，甚或原本即企圖引起相關消費者混淆誤認其來源，而申請註冊商標者，其申請即非屬善意。如申請人因

---

[119] 例如，以鱷魚指定於服飾之商標，有法商拉克絲蒂股份有限公司註冊第00644662號「LACOSTE及圖」及新加坡商鱷魚國際企業私人有限公司之註冊第00054344號「鱷魚CROCODILE」。

[120] 按商標使用之廣泛程度的證明與商標著名的證明類似，故其相關事證之提出可參考著名商標保護審查基準之相關規定。「混淆誤認之虞」審查基準第5.6.3點，頁15。

合意、強制執行或破產程序將其原有商標移轉予他人，嗣以相同或近似之
商標申請註冊。又如申請人經他商標權人授權使用一中文商標，而後逕以
該中文之英譯作為商標申請註冊。

第八款　其他混淆誤認之因素

除前揭因素外，在某些特殊情形也可能存在一些影響混淆誤認判斷之
因素，例如商品之行銷管道或服務提供場所相同，相關消費者同時接觸之
機會較大，引起混淆誤認之可能性較高。反之，行銷方式或提供服務的形
式不同，則未必會引起混淆誤認。例如以直銷、電子購物、郵購等行銷方
式與一般行銷管道行銷者，未必會發生混淆誤認之虞。又如同屬餐飲服務，
大飯店以及路邊攤的提供形式完全不同，不致發生混淆誤認之虞。

第三項　消極事由之排除

如前所言，系爭商標有商標法第 30 條第 1 項所定事由之一者，不得註
冊。除同項第 1 款至第 5 款暨第 7 款外，申請人得採取下列方式排除其餘
款次之消極事由：(1)減縮有消極事由之商品／服務；(2)分割商標；及(3)取
得有權利之人的同意❶。該等行為得由申請人主動為之，或由商標專責機
關通知申請人為之。「混淆誤認之虞」審查基準將其列為申請人排除混淆誤
認之虞衝突之方式❷，筆者以為，前揭方式亦得依事由之性質適用於與混
淆誤認之虞無關之消極事由。

---

❶　實務上所謂商標法之「先權利人」，多指申請、註冊或使用商標在先之人，本
　　文為使涵蓋自然人之人格權、法人之名稱及其他智慧財產權，故以「有權利
　　之人」稱之。

❷　「混淆誤認之虞」審查基準第 7 點，頁 17～19。筆者以為此應稱之為相關消
　　極事由的排除，所謂衝突之排除，應指混淆誤認之虞之事實已不存在，然，
　　審查基準所提方式，除(1)外，混淆誤認之虞之事實依舊存在，(3)之方式僅解
　　決先權利人與系爭商標申請人間之衝突，而(2)之方式，則僅將商標申請案分
　　割為兩案，一為無混淆誤認之虞，另一為有混淆誤認之虞，使申請人得就無
　　混淆誤認之虞之申請案先取得商標權。

⑴減縮發生衝突之商品／服務

　　倘系爭商標所指定使用之商品／服務僅部分涉及消極事由，申請人得依商標法第 23 條將該部分商品或服務予以刪除或限縮❷。此方式可適用於第 30 條第 1 項第 6 款、第 8 款至第 12 款、第 14 款暨第 15 款。

⑵分割商標

　　將商標申請案分割為兩案，一為無消極事由，另一為有消極事由；申請人得就無消極事由之申請案先取得商標權。有消極事由之申請案則另行行政程序，①經商標專責機關核駁後，依法行使訴願及行政救濟；或②若屬第 10 款至第 15 款事由，申請人得就此案於取得先權利人同意後獲准註冊。此方式可適用於第 30 條第 1 項第 6 款、第 8 款至第 12 款、第 14 款暨第 15 款。

⑶取得有權利之人的同意

　　商標法第 30 條第 1 項第 10 至第 15 款明定，系爭商標申請人得於取得有權利之人同意後獲准註冊。惟，第 10 款明定同意權之行使顯屬不當者，系爭商標仍不得准予註冊。又，該有權利之人嗣後若擬申請註冊，其商標有本法第 30 條第 1 項第 10 款規定之情形時，仍有該款但書經註冊商標或申請在先所有人同意申請規定之適用❷。

---

❷　例如，僅部分商品／服務與先權利人指定或使用之商品／服務相同或類似而存在有混淆誤認之虞。所謂限縮，如，將上位概念包含較廣範圍之商品，變更為下位概念之具體商品，例如家具改為桌子，或者增加使用目的之限制，例如桌子改為書桌等。惟，倘引證商標所指定之商品已涵蓋了屬於上位概念的全部商品，則縱使申請商標減縮其商品，仍不脫引證商標指定使用之範圍。「混淆誤認之虞」審查基準第 7.1 點，頁 17～18。

❷　商標法施行細則第 33 條。例如甲以 A 申請註冊，因乙以 A′ 使用在先，二者均使用於飲料，甲依第 30 條第 1 項第 12 款但書取得乙同意而獲准註冊。嗣乙擬以 A′ 申請註冊於飲料，乙須取得甲同意，否則，將因同項第 10 款而無法註冊。

第四章　審查制度

　　商標註冊，有不同立法例，主要分審查制與登記制兩種。審查制，係指商標申請案必須經由實體審查 (substantive examination) 審定其符合註冊要件（包括識別性及無不予註冊之事由）時，方准予註冊。登記制，則由商標專責機關對申請案進行形式審查 (formal examination)，只須符合文件程式，即准予註冊，倘有不准註冊之事由等，則可於公眾審查程序中撤銷其註冊。前者須歷經審查程序，故註冊之取得需費時日，惟，一旦核准，其所取得之權利較具公信力暨穩定性。反之，依登記制，可隨之於申請後取得註冊，但取得之權利缺乏公信力暨穩定性，被撤銷的機率相對提高。權衡利弊，自以審查制度較有利於工商企業之正常發展，並為目前多數國家所採行，我國亦然。

　　我國現行商標法採行的審查制為：㈠申請案之審查❶及㈡公眾審查。公眾審查又可分異議制與評定制。茲於本章各別探討之。

---

❶　我國之採行審查制，可溯至清光緒 30 年之商標註冊試辦章程。斯時，申請案之審查，就商標主管機關而言，可分初審查與再審查（第 15 條）；類似之規定，亦可見於民國 12 年北京政府之商標法（第 27 條）；民國 20 年施行之商標法（第 28 條）依該規定，申請人於申請案初次審查遭核駁時，得申請主管機關再行審查。不過，前揭章程並無訴願之規定，而民國 12 年暨 20 年之商標法，則賦予申請人於再審查遭核駁時有訴願之權利。至民國 47 年，始廢除「再審查」之規定（商標法第 26 條），其理由為：申請人於再審查時，鮮有提出新事證者，再審查制徒予狹點者利用為拖延確定權利之機會，以從事不正當競爭，助長商德之低落，再者，其程序過於繁複，宜予以簡化，故刪除再審查程序，使不服處分者，逕依訴願程序救濟之。民國 47 年商標法修正案，《立法院公報》，第 22 會期，第 7 期，頁 182（民國 47 年）。

第一節　申請案之審查

申請案之審查，分程序與實體兩部分，商標專責機關須先行審查其是否符合程序❷，倘有違反法令所定之程序或程式者，商標專責機關應通知限期補正，逾期者，其申請案不予受理❸；合於程序、程式者，則逕予進行實體審查。

商標註冊之申請，應由商標專責機關指定審查人員審查之，此為商標法第 14 條所明定。類似之規定雖可見於早期民國 12 年北京政府之商標法（第 26 條）暨民國 20 年施行之商標法（第 27 條），惟，審查人員之資格為何，並未明定。迄民國 61 年修法，始明定審查人員之消極資格，並沿用至民國 92 年。民國 82 年修法時，增訂「審查員之資格應以法律定之」（92年修正前商標法第 39 條後段）。其目的在於提升審查人員的素質，使案件的審查達一定水準，俾保障申請人權益。「審查員」乙詞，於「智慧財產局組織條例」中改以「審查官」稱之；「商標審查官資格條例」業於民國 89年 2 月 2 日總統令公布施行。

民國 92 年修法時，以「經濟部智慧財產局組織條例」明定，聘用之專業審查人員亦得擔任商標審查工作，故將審查員修正為「審查人員」❹。至於審查人員應迴避之事由依行政程序法第 32 條暨第 33 條之規定為之。

商標審查人員必須對商標註冊申請案是否符合註冊要件、及有無不准註冊之事由進行審查❺；無論是否准予註冊，均應作成書面之處分，記載理由並由審查人員具名，送達申請人，此為商標法第 15 條所明定。

---

❷　商標法第 8 條第 1 項。有關商標申請案之申請程序，請參閱第二章「商標權之申請」。

❸　有關法定或指定期間之規定，請參閱第二章「商標權之申請」。

❹　商標法修正草案，《立法院第 5 屆第 3 會期第 9 次會議議案關係文書》，頁討124～125（民國 92 年 4 月 23 日）（以下簡稱「92 年商標法修正案」）。

❺　有關商標之註冊要件，請參閱第三章「商標註冊要件」。

　　依商標法第 31 條，商標審查人員審查後，認為有商標法第 29 條第 1 項、第 3 項、第 30 條第 1 項、第 4 項不予註冊之事由或第 65 條第 3 項廢止之日起三年內不得註冊之情事者，應予核駁審定❻。惟，核駁審定前，應將核駁理由以書面通知申請人限期陳述意見❼。倘申請人擬就申請案指

---

❻　92 年修正前商標法施行細則第 37 條明定「核駁審定書」應記載事項為：⑴申請人姓名或名稱及住所、居所、事務所或營業所；⑵委任商標代理人者，其姓名及住所、居所、事務所或營業所；⑶商標名稱、圖樣及其指定使用商品類別；⑷申請案號；⑸核駁審定主旨及說明；⑹核駁審定號數及年、月、日。民國 92 年修改細則時，以行政程序法第 96 條業已明定書面行政處分應記載之事項，毋需重複規定而予刪除。至於不准註冊究應稱之為「駁回」或「核駁」：查清光緒 30 年之獎勵條例將「審查不准註冊」之決定稱之為「批駁」（第 15 條）；民國 12 年北京政府之商標法則稱之為「核駁」（第 24 條但書，第 27 條第 1 項），並為民國 20 年施行之商標法所沿用（第 28 條）。此因過去立法人士偏好以文言方式立法，「核駁」乙詞恰與「核准」相對為文，故然。民國 61 年商標法修正案，《立法院公報》，第 61 卷，第 45 期，院會紀錄，頁 18（民國 61 年）。民國 61 年修法時以一般法律對申請案之不准，均適用「駁回」二字，而將商標法中之「核駁」全部改為「駁回」。同註，頁 17～18。自此，「核駁」二字不復見諸於商標法，然而，同法施行細則並未配合修改，以致審查實務上仍多以「核駁」稱之。是以，民國 92 年修法時，又將核駁二字明定於商標法中。至於第 65 條第 3 項，請參閱本論第六章第一節「商標註冊之廢止」。

❼　商標法第 31 條第 2 項。其目的在於提供申請人陳述意見機會、確保申請人權益，俾免審查缺失，並減少不必要之爭訟。審定核駁理由先行通知實施要點第 1 點。修正前明定申請人陳述意見期間為 30 天，101 年修法考量住所或營業所在國外之申請人，其陳述意見書信郵寄往返需時較長，易造成準備期間不足，而請求展期之情形，故而修正為限期陳述意見。依同法施行細則第 34 條，前揭期限因申請人在中華民國境內有無住居所或營業所而異——有住居所或營業所者為一個月，無住居所或營業所者為二個月；申請人得敘明理由申請延長，前者得延長一個月，後者為二個月。申請人若擬再申請延長者，商標專責機關得依補正之事項、延長之理由及證據，再酌給延長期間；其延長之申請無理由者，得不受理。申請人於指定期間內，得⑴據實陳述意見；⑵減縮與他人商標權益牴觸之指定商品或服務，並得⑶舉出有利於自己之事

定使用商品或服務之減縮、商標圖樣之非實質變更、註冊申請案之分割，及不專用之聲明，應於核駁審定前為之❽。

商標專責機關於民國 108 年 6 月發布「商標註冊申請案第三人意見書作業要點」❾，令第三人得就申請案之審查提出意見書，俾提高商標註冊之合法性❿。

又，依商標法第 32 條，倘申請案經審查無第 31 條第 1 項規定之情形者，商標審查人員應予核准審定⓫。經核准審定之商標，並不當然取得註

證。同要點第 3 點。商標審查人員應將申請人所具之前揭內容，納入審查之參考。同要點第 4 點。按，審定核駁理由先行通知實施要點係由商標專責機關於民國 83 年 12 月 1 日臺商字第 220567 號公告實施，並於民國 88 年元月22 日臺商 980 字第 201497 號，中華民國 94 年 10 月 7 日經授智字第09420030700 號令修正發布第 3 點、並刪除第 5 點規定。

❽ 商標法第 31 條第 3 項。此為 101 年修法所增訂，按，實務上有申請人於核駁審定後行政救濟期間始減縮商品／服務、申請分割、或聲明不專用者，因行政救濟機關無法進行審查，致商標專責機關須以違法事由不存在而自行撤銷原處分，重新審理另為處分，既浪費行政資源，又使案件延宕，無法早日確定。現行制度已採行核駁理由先行通知機制，並放寬陳述意見期間，申請人有充分審慎斟酌考量是否就申請案為前揭處理，故而規定應於核駁審定前為之。100 年商標法修正案第 31 條修正說明四。至於其所申請之商標經核准審定者，於核准審定後，仍可請求減縮及申請分割。同前註。惟，倘於審定後公告前申請分割者，商標專責機關將先處理公告註冊案，於公告後，方予以分割。商標法施行細則第 27 條第 3 項。

❾ 中華民國 108 年 6 月 20 日經濟部經授智字第 10820031571 號令訂定發布，並自即日生效。

❿ 依要點，舉凡申請人以外之第三人均得提出意見書，且不以具名為必要。其重點如下：(1)提出期限——意見書須於申請案仍繫屬於申請程序中，倘業經處分或審定，或撤回，不受理者不得提出。(2)意見書內容——有關商標法第29 條第 1 項與第 3 項、第 30 條第 1 項與第 4 項以及第 65 條第 3 項等不得註冊之情事。(3)檢具相關事證——就意見書所定情事檢具相關事證。

⓫ 92 年修正前商標法施行細則第 35 條明定核准審定書應記載之事項，包含(1)申請人姓名或名稱及住所、居所、事務所或營業所；(2)委任商標代理人者，其

冊，申請人應於審定書送達後二個月內，繳納註冊費，商標專責機關始予註冊公告，並發給商標註冊證；屆期未繳費者，不予註冊公告，亦即，申請人無法取得商標權。申請人非因故意，未於審定書送達後二個月內繳費者，得於繳費期限屆滿後六個月內，繳納二倍之註冊費後，由商標專責機關公告之；惟，影響第三人於此期間內申請註冊或取得商標權者，不得為之❷。

第二節　公眾審查制(一)——異議制

採審查制的國家，商標之註冊，以取得商標專責機關之核准審定為前提，惟，為使審查結果更臻完善，另以公眾審查制輔之，使大眾對不合法之商標有異議撤銷的機會。現行法所採行之公眾審查制，可分異議制及評定制。本節先行探討異議制。

依民國 92 年修正前商標法，任何商標核准審定後，必須公告於商標專責機關之公報，目的在使公眾知悉即將註冊之商標，俾有利於公眾審查之進行。審定公告三個月期間（92 年修正前商標法第 41 條第 1 項），任何人認為有違反商標法規定之情事者，得向商標專責機關提出異議（92 年修正

姓名及住所、居所、事務所或營業所；⑶商標名稱；⑷申請案號：有正商標者，其號數；⑸審定主旨及說明；⑹審定之年、月、日。92 年修改細則時，亦以行政程序法第 96 條已有明定書面行政處分應載事項為由，予以刪除。

❷ 商標法第 32 條第 3 項。實務上申請人有因出國或其他非故意事由，致未能遵守繳費期限，由於該等事由非屬「天災或不可歸責於己之事由」，致申請人無法申請回復原狀，也無其他救濟方法以恢復其權利。而商標從申請至核准審定，除申請人已投入許多資源（精力、時間及金錢），商標專責機關亦已投入相當之行政資源從事審查，始核准審定；倘商標已於市場上使用，申請人所為之投資更大。是以，爰參酌商標法新加坡條約 (STLT) 第 14 條第 2 項及第 4 項之規定，增訂其救濟及繳納二倍註冊費之規定，以資調和適用。惟，為維護權利之安定性，避免因復權而發生混淆之商標並存的現象，若有第三人於此商標審定失效期間內，因信賴無在先商標之存在而申請註冊，或商標專責機關已核准他商標註冊者，即不得核准其復權。

前商標法第 46 條)。

　　民國 92 年修法時則將審定公告期間之異議制改為註冊公告之日起三個月內之異議制。其理由為❸：㈠因應 WTO/TRIPs 協定第 15 條第 5 項之規定；㈡配合當時商標法第 25 條之規定，廢除審定公告之異議制；及㈢基於評定制非任何人均得為之以及其審查程序較嚴謹，故訂定註冊公告後之異議制。

　　公眾審查制固然有其必要性，然而是否應於註冊後有兩階段之公眾審查，則有待商榷❹。筆者以為實宜將其合併，廢除異議制，方為妥適。按以異議制或評定制，其公眾審查之目的同一，究竟應由任何人或利害關係人提出，可就公眾審查之事由予以區隔，例如第 30 條第 1 項第 11 款、第12 款、第 13 款至第 15 款宜由利害關係人為之。評定委員究係一人或三人，可以期間為區隔，例如，註冊公告後兩年內申請評定者，由一名委員評定之。兩年至五年間申請評定者因考量商標權人已使用其註冊商標一段期間，不宜任意撤銷，故應由三名評定委員為之。

第一項　異議人暨異議期間

　　依商標法第 48 條第 1 項，任何人均得向商標專責機關提起異議。此係溯至民國 82 年修法時所修定。然而，於民國 82 年修法前，異議人須為利害關係人。

　　民國 12 年北京政府之商標法第 26 條即規定：「……，俟滿六個月，別

---

❸　WTO/TRIPs 協定第 15 條第 5 項明定，商標專責機關於商標註冊前或註冊後，應立即公告商標，並提供撤銷該註冊之合理機會。（92 年施行之）商標法第25 條規定經核准審定，且繳納註冊費後即予註冊公告，外界無從申請撤銷該註冊商標。商標於註冊後，雖有評定制度可資救濟，惟其須為利害關係人始得申請評定，且評定則須利害關係人始得申請，其評決須由評定委員三人為之。92 年商標法修正案，同❹，頁討 162～163。

❹　過往，專利制度即於取得專利權後之採行兩階段之公眾審查——異議制及舉發制，造成實務上諸多問題，例如「暫准專利權」之法律效果等。故民國 92 年修正施行之專利法僅保留舉發制，而廢除異議制。

無利害關係人之異議，……」；民國 20 年施行之商標法第 26 條沿用北京政府之規定，民國 61 年修法時仍承襲該規定，並於當時第 46 條明定「對於審定商標有利害關係之人，得於公告期間內，向商標主管機關提出異議。」民國 78 年修法時，更為了防止不肖商人利用外國人創用之商標搶先在我國註冊以圖非法利益，而增列第 46 條第 2 項，明定依當時商標法第 37 條第 1 項第 6 款**⓯**提起異議之利害關係人為**⓰**：㈠主張他商標有欺罔公眾之虞者，其商標已在我國註冊之商標專用權人；㈡主張他商標有致公眾誤信之虞者，包括其商標已在我國註冊之商標專用權人及未在我國註冊而先使用商標之人。

民國 82 年修法時，又以下列理由刪除異議人須為利害關係人之規定：審定公告期間無人異議，始予註冊之目的，在於藉公眾審查程序，阻止違法商標之註冊；僅限於利害關係人提出，與公眾審查之意旨相違背，故宜刪除之**⓱**。迄今，任何人均得對註冊商標提起異議，不復限於利害關係人。

依商標法向商標專責機關提起異議者，須自註冊公告後三個月內為之。

第二項　異議事由暨程序

異議人提起異議時，須敘明註冊商標之違法事由，即有違反商標法第 29 條第 1 項、第 30 條第 1 項或第 65 條第 3 項之事由**⓲**。至於核駁事由之第 29 條第 3 項與第 30 條第 4 項並未列為異議及評定事由，依逐條釋義，

⓯ 民國 82 年以前施行之商標法第 37 條第 1 項第 6 款：「有欺罔公眾或致公眾誤信之虞者。」。

⓰ 78 年商標法修正案，《法律案專輯》，第 125 輯，頁 6～8（民國 78 年 11 月）。

⓱ 商標法案，《法律案專輯》，第 168 輯，頁 45（民國 83 年 8 月）。

⓲ 依商標法第 50 條，異議商標之註冊有無違法事由，應依其註冊公告時之規定，惟，於民國 101 年 7 月 1 日施行前已受理但未處分之爭議案，以註冊時及本法修正施行後之規定均為違法事由為限，始撤銷其註冊，其程序依修正施行後之規定辦理。但修正施行前已依法進行之程序，其效力不受影響。施行前已註冊之商標於施行後始提出之爭議案，亦以註冊時及本法修正施行後之規定均為違法事由為限。商標法第 106 條第 1 項及第 3 項。

謂商標得否准予註冊及其排他權之判斷，均以商標整體為觀察，縱其內容包含不具識別性或功能性，亦不影響商標整體取得註冊之權利，故然❶。此理由若可成立，又何需於第 29 條第 3 項與第 30 條第 4 項明定應聲明而未聲明者不予註冊。

依商標法第 48 條第 3 項，異議人應就每一註冊商標各別提起異議。又，配合現行商標法之得指定多項商品或服務、甚至指定跨類商品或服務之情事，故同條第 2 項明定，異議人得僅就註冊商標指定使用之部分商品或服務提起異議。

異議人應檢附異議書（含副本）載明異議之事實及理由。異議書如有提出附屬文件者，副本中應提出❷。

商標專責機關認為異議不合程式而可補正者，應通知限期補正❷。異議之事實及理由不明確或不完備者，商標專責機關得通知異議人限期補正，註冊公告後三個月內，異議人得變更或追加其主張之事實及理由❷。

商標專責機關應將副本連同附屬文件（相關證據等）送達商標權人，限期答辯，商標權人依限內提出答辯書及副本；商標專責機關應將該副本送達異議人限期陳述意見❷。倘前揭答辯書或陳述意見書有遲滯程序之虞，或其事證已臻明確者，商標專責機關得不通知相對人答辯或陳述意見，逕行審理❷。

---

❶　經濟部智慧財產局，《商標法逐條釋義》，頁 176（民國 106 年 1 月）（以下簡稱「106 年商標法逐條釋義」）。

❷　商標法第 49 條第 1 項。

❷　商標法第 8 條第 1 項。

❷　商標法施行細則第 42 條。

❷　商標法第 49 條第 2 項。商標權人或異議人依該項規定答辯或陳述意見者，答辯書或陳述意見書如有提出附屬文件，副本中應提出。商標法施行細則第 43 條。

❷　商標法第 49 條第 3 項。

第三項 異議審查暨效果

異議程序中，商標專責機關須指定未曾審查原案之商標審查人員審查之❷。審理異議案時，商標審查人員得依職權或依當事人之申請，舉行聽證❷。

101 年修正前商標法第 43 條明定，異議人或商標權人得提出市場調查報告作為證據，商標專責機關應予異議人或商標權人就市場調查報告陳述意見之機會；復就當事人陳述之意見及市場調查報告結果綜合判斷之。101年修法，則以市場調查報告本可作為證據，無特別規定之必要，至其證明力，須依具體個案情況進行判斷，不因法律規定而有異，故予以刪除❷。

異議人得於異議審定書送達前，撤回其異議；一旦撤回，異議人不得以同一事實、同一證據及同一理由，再提異議或評定，其目的在避免異議人的反覆異議或提起評定❷。

異議程序進行中，被異議之商標權移轉者，異議程序不受影響；商標權受讓人得聲明承受被異議人之地位，續行異議程序❷。

商標權人亦得於此時就商標案申請下列事項❸：(1)變更案——減縮所

---

❷ 商標法第 51 條。

❷ 商標爭議案件聽證作業要點，中華民國 94 年 2 月 15 日經濟部經授智字第09420030110 號令訂定發布。

❷ 100 年商標法修正案刪除第 43 條修正說明二。

❷ 商標法第 53 條。92 年商標法修正案，同❹，頁討 167。此非一事不再理原則之適用，是以，法未禁止第三人就同一事實、證據及理由提起異議或評定。如此，卻使原異議人得利用第三人再為異議、評定，而規避前揭規定。

❷ 商標法第 52 條。此立法目的應係源自於訴訟法之「當事人恆定原則」。行政訴訟法第 110 條第 1 項暨第 2 項：訴訟繫屬中為訴訟標的之法律關係雖移轉於第三人，對訴訟並無影響；惟，該第三人得於取得兩造同意後，聲請代當事人承當訴訟；倘僅他造同意，得聲請行政法院裁定之。民事訴訟法第 254 條第 1 項暨第 2 項亦有類似規定。訴願法第 88 條亦明定「受讓原行處分所涉權利或利益之人，得檢具受讓證明文件，向受理訴願機關申請許其承受訴願。」

❸ 商標法第 37 條暨第 38 條第 1 項。依施行細則第 36 條，申請分割商標權，準

指定使用之商品或服務項目，刪除有爭議的項目；(2)分割案——將有爭議與無爭議之項目予以分割區隔。商標專責機關受理前揭案件，應先處理完畢始續行異議案之審查❸。

異議處分前，被異議之商標權經核准分割者，商標專責機關應通知異議人，限期聲明就分割後之各別商標續行異議；屆期未聲明者，以全部續行異議論❸。反之，異議人若於商標權經核准分割公告後，始對分割前註冊商標提出異議者，商標專責機關應通知異議人，限期指定擬異議之商標，分別檢附相關申請文件，並按指定被異議商標之件數，重新核計應繳納之規費；規費不足者，應為補繳；有溢繳者，異議人得檢據辦理退費❸。

商標專責機關對異議案之審查，應作成書面處分，由審查人員具名，記載理由送達異議人與商標權人❸。審查之結果若認定註冊商標無違法之情事，應為異議不成立之審定；若有違法情事，則應為異議成立，並撤銷被異議之商標權；倘撤銷之事由，存在於註冊商標所指定使用之部分商品或服務者，得僅撤銷該部分商品或服務之註冊❸。一旦撤銷，經撤銷之商標權即溯至註冊公告之日失其效力。

商標法第 56 條明定「一事不再理」原則，任何人對於異議不成立確定後之註冊商標，不得就同一事實、同一證據及同一理由申請評定。

依 101 年修正前商標法第 49 條在異議程序進行中，凡有提出關於商標權之民事或刑事訴訟者，得於異議審定確定前，停止其訴訟程序之進行❸。

用施行細則第 27 條第 1 項及第 2 項之規定，並按分割件數檢送分割申請書副本。按：分割商標權之申請尚未採行線上審查作業，故仍有檢送份數相同於分割件數之申請書副本的必要。經核准分割者，商標專責機關應就分割之商標分別發給商標註冊證。

❸ 商標法第 38 條第 3 項。
❸ 商標法施行細則第 45 條。
❸ 商標法施行細則第 44 條。
❸ 商標法第 14 條暨第 15 條。
❸ 商標法第 54 條暨第 55 條。
❸ 過往，是否停止訴訟程序，應由司法機關依職權決定，惟，實務上，為避免

101 年修法時已予以刪除，按，依智慧財產案件審理法第 16 條第 1 項規定，當事人主張或抗辯智慧財產權有應撤銷、廢止之原因者，智慧財產法院應就其主張或抗辯有無理由自為判斷，毋須停止訴訟。

第三節　公眾審查制㈡——評定制

我國商標制度中之公眾審查制有二，一為註冊公告之日起三個月之異議制，另一為評定制，目的均在彌補商標專責機關依職權審查之不足**㊲**。

評定制可在商標已註冊後數年始提出，自應較為審慎，故其申請評定之資格、評定程序、評定事由，甚至期限，均有所限制，茲分別討論如下。

第一項　評定案申請人

如前所言，因評定制係對註冊商標評定其註冊無效，使商標權人之權利自始不存在，故商標法將得依法申請評定之人（即評定人）的資格，限於具有利害關係者，亦即利害關係人；除此，商標審查人員亦為當然得依職權提請評定之人**㊳**。

壹、商標審查人員

商標審查人員之提請評定，與民國 92 年修正前商標法之於審定公告期間由商標審查人員報請撤銷之意義相同**㊴**，均因其代表專責機關之故。

判決侵權後有註冊商標被撤之情事，司法機關多採停止訴訟程序，致使侵權被告得藉由異議或評定程序延宕訴訟。

㊲　商標專責機關則強調評定制與異議制不同，蓋以前者目的在於賦予利害關係人表明不服的機會。《106 年商標法逐條釋義》，同**⑲**，頁 188～189。

㊳　商標法第 57 條第 1 項。

㊴　不同於異議案之由公眾提出；民國 92 年修正前商標法有關報請撤銷之案件，係指商標審查員對於有違法情事之審定商標提報撤銷之（92 年修正前商標法第 45 條第 1 項）。「報請撤銷」係於民國 61 年修法時所增訂，目的與商標審查人員之提請評定註冊無效相同，均在彌補審查人員審查之疏失，倘審查人

商標審查人員提請評定時，應審酌商標審查基準，並考量(1)商標註冊違法性之輕重；(2)侵害權益；(3)商標權人信賴利益保護；及(4)既存商業秩序等影響因素，為合理、公正之裁量❹。

商標審查人員提請評定之情事有三❹：(1)自行發現商標之註冊有違法情事；(2)經檢舉請求商標審查人員依職權提請評定❹；(3)依訴願決定或智慧財產法院之判決意旨❹。

貳、利害關係人

評定案申請人，須就所主張之評定事由，有利害關係始可。依商標專責機關訂定之「商標法利害關係人認定要點」❹，申請人可為下列之人：

(一)因系爭商標涉訟之訴訟當事人。

(二)與系爭商標相關之其他商標爭議案當事人。

(三)經營系爭商標指定使用之同一或類似商品或服務之競爭同業。

(四)主張其商標或標章與系爭商標相同或近似且為先使用之人，及其被

員於商標審定後自行發現有錯誤（亦即，審定商標有違法事由存在），則應即刻報請撤銷，毋須待公眾提出異議。

❹ 商標審查人員提請評定作業要點第 2 點，中華民國 93 年 4 月 28 日經濟部經授智字第 09320030360 號令訂定發布，93 年 5 月 1 日生效，並於中華民國 101 年 4 月 20 日經濟部經授智字第 10120030570 號令修正發布，101 年 7 月 1 日生效。

❹ 商標審查人員提請評定作業要點第 3 點至第 5 點。

❹ 經檢舉者，商標審查人員倘審認商標之註冊並無違法情事，或無提請評定之必要，或非屬職權提請評定範圍者，應以書面敘明理由送達檢舉人。若認為有提請評定之必要者，應依提請評定程序為之。商標審查人員提請評定作業要點第 4 點。

❹ 商標審查人員應就有無依職權提請評定必要予以審酌。經審認無提請評定必要者，應簽報主管核可後，結案存查。倘經審認有依職權提請評定必要者，應依提請評定程序為之。商標審查人員提請評定作業要點第 5 點。

❹ 中華民國 93 年 4 月 28 日經濟部經授智字第 09320030360 號令修正發布，同年 5 月 1 日生效，中華民國 101 年 4 月 20 日經濟部經授智字第 10120030550 號令修正發布，101 年 7 月 1 日生效。

授權人或代理商。

㈤主張其註冊商標或標章與系爭商標相同或近似之商標權人,及其被授權人或代理商。

㈥主張其姓名或名稱與系爭商標相同或近似之個人、商號、法人或其他團體。

㈦系爭商標之申請註冊,係違反商標權人與他人之契約約定者,該契約之相對人。

㈧商標專責機關以系爭商標為據,駁回其申請商標註冊案之申請人。

㈨主張其商標與系爭商標相同或近似,指定使用於同一或類似商品或服務,尚繫屬於申請中之商標註冊申請人。

㈩其他主張因系爭商標之註冊,而其權利或利益受影響之人。

商標之註冊是否對於其權利或利益有影響,應由主張自己為利害關係者檢證釋明之;商標專責機關就其檢證內容,進行形式審查。是否為利害關係人,原則上以申請時為準,惟,於商標專責機關處分時或行政救濟程序中,已具備利害關係者,亦得認為係利害關係人❹❺。

第二項　評定事由暨程序

依商標法第 57 條,註冊商標之評定事由有三❹❻:⑴違反商標法第 29

---

❹❺　商標法利害關係人認定要點第 2 點至第 5 點。

❹❻　民國 92 年修正前商標法之評定事由另有延展註冊不合法及專用權範圍之界定,蓋以斯時商標法之延展註冊係採更新主義,故商標專責機關須就已註冊十年之商標進行審查。依當時商標法第 25 條第 2 項,審查內容包括:有無違反(修正前)商標法第 37 條第 1 款至第 8 款,及申請延展前三年內有無使用之事實。倘經核准延展註冊,商標審查人員或利害關係人,均得提請或申請評定其延展註冊無效。凡對於註冊商標及其所指定之商品專用權範圍不明,專用權人或利害關係人得向商標主管機關申請評定之(92 年修正前商標法第 54 條暨 92 年修正前施行細則第 41 條)。例如,商標圖樣中有部分內容不符註冊要件,或因商品分類之修正,致使註冊商標專用權之界定有疑慮者,如:甲原指定使用於修正前第一類商品,然而現行第一類之商品項目眾多,故有

條第 1 項，(2)違反商標法第 30 條第 1 項，以及(3)違反商標法第 65 條第 3 項。一如異議案，商標法第 29 條第 3 項與第 30 條第 4 項並未列為評定事由。

商標審查人員就商標之註冊有違法情事，提請評定者，應於簽請主管核可後，載明事實及理由送達商標權人或其商標代理人，並限期提出答辯。提請評定案於商標權人答辯後或逾期未答辯者，應即簽請指定評定委員，並於指定後，將全案移送評定委員進行評定❹。

利害關係人申請評定時應以評定書載明事實及理由，並附副本；評定書如有提出附屬文件者，副本中應提出❹。評定案申請人以商標之註冊違反第 30 條第 1 項第 10 款規定，申請評定者，其據以評定商標之註冊已滿三年者，應檢附於申請評定前三年有使用於據以主張商品或服務之證據，或其未使用有正當事由之事證；前揭使用證據，應足以證明商標之真實使用，並符合一般商業交易習慣❹。評定案申請人未能檢附前揭事證者，其評定之申請應不受理❺。此規定僅適用於利害關係人申請評定之情事，倘為商標審查人員提請評定，是否應依職權調查據以評定之商標有無使用之情事，似有明定之必要。否則，商標權人得藉由向商標專責機關檢舉，由商標專責機關依職權提請評定，而規避前揭規定。

審理評定案之商標審查人員得依職權或依當事人之申請，舉行聽證❺。

必要由商標主管機關加以認定其專用權究竟及於那些特定商品，俾免範圍擴大，損及他人權益。

❹ 商標審查人員提請評定作業要點第 6 點。

❹ 商標法第 62 條準用第 49 條第 1 項。

❹ 商標法第 57 條第 2 項及第 3 項。

❺ 100 年商標法修正案第 58 條修正說明四之㈢。

❺ 商標爭議案件聽證作業要點，中華民國 94 年 2 月 15 日經濟部經授智字第 09420030110 號令訂定發布。嗣於中華民國 101 年 4 月 20 日經濟部經授智字 10120030550 號令修正發布，101 年 7 月 1 日生效。現行為中華民國 108 年 8 月 5 日經濟部經授智字第 10820032031 號令修正發布，108 年 8 月 5 日生效之要點。

　　同一商標，相同的違法事由，同時有利害關係人申請評定及商標審查人員提請評定者，應優先辦理申請評定案❺❷。

　　一如異議案，商標權人亦得於此時就商標案申請下列事項❺❸：⑴變更案——減縮所指定使用之商品或服務項目，刪除有爭議的項目；⑵分割案——將有爭議與無爭議之項目予以分割區隔。商標專責機關受理前揭案件，應先處理完畢始續行評定案之審查❺❹。

　　評定處分前，被評定之商標權經核准分割者，商標專責機關應通知評定案申請人，限期聲明就分割後之各別商標續行評定；屆期未聲明者，以全部續行評定論❺❺。反之，評定案申請人若於商標權經核准分割公告後，始對分割前註冊商標申請評定者，商標專責機關應通知評定案申請人，限期指定擬申請評定之商標，分別檢附相關申請文件，並按指定被評定商標之件數，重新核計應繳納之規費；規費不足者，應為補繳；有溢繳者，評定案申請人得檢據辦理退費❺❻。

　　依商標法第 62 條，規範異議案之部分規定於評定案亦準用之：第 48 條第 2 項及第 3 項關於提起異議得指定部分商品或服務及一商標一申請原則、第 49 條有關提出之程式及商標專責機關通知兩造答辯及陳述意見，以及不通知之逕行審理之規定、第 50 條有關商標之註冊有無違法事由，除第 106 條第 1 項及第 3 項規定外，依其註冊公告時之規定、第 51 條應指定未曾審查原案之審查人員審查之規定、第 52 條有關審理程序中商標權之移轉、第 53 條有關撤回之規定，以及第 55 條得為撤銷部分註冊之規定。

　　商標法對於因特定事由提請或申請商標評定案件，有期間上的限制：⑴註冊公告日後五年內——商標之註冊違反第 29 條第 1 項第 1 款、第 3 款、第 30 條第 1 項第 9 款至第 15 款或第 65 條第 3 項規定者；⑵無期間限

❺❷　商標審查人員提請評定作業要點第 7 點。

❺❸　商標法第 37 條暨第 38 條第 1 項。

❺❹　商標法第 38 條第 3 項。

❺❺　商標法施行細則第 46 條準用第 45 條。

❺❻　商標法施行細則第 46 條準用第 44 條。

制者——商標之註冊違反第 29 條第 1 項第 2 款，第 30 條第 1 項第 1 款至第 8 款，以及惡意違反第 9 款及第 11 款者。

依商標法第 59 條，商標專責機關於審查時，應指定三名以上評定委員評定之。

第三項　評決效果

商標註冊評定案，由商標專責機關評決後，作成評定書，通知當事人。

商標專責機關評決評定案成立者，應撤銷被評定商標之註冊，使註冊溯至註冊公告之日失其效力。惟，於評決時，該違法情形已不存在者，經斟酌公益及當事人利益後，得為不成立之評決❺❼。評定案一旦評決不成立，依一事不再理原則，任何人不得就同一事實、同一證據及同一理由申請評定❺❽。

---

❺❼　商標法第 60 條。此際若司法程序另有註冊商標權之侵害案件，商標專責機關則不宜貿然適用但書之規定。

❺❽　商標法第 61 條。

第五章　商標權及其異動

　　商標專責機關核准審定商標後，申請人應於審定書送達後二個月內，繳納註冊費；商標專責機關始予註冊公告，並發給商標註冊證。倘申請人屆期未繳費者，不予註冊公告❶。是以，申請人若擬早日取得註冊，應儘快繳納註冊費。

　　實務上，常有註冊滿三年從未使用或不擬繼續使用之情事，為促使商標權人有效利用其商標，自然淘汰市場上週期較短的商品，民國 92 年修法時於當時商標法第 26 條第 1 項明定商標權人就註冊費之繳納得分二期為之，以減輕其負擔❷。101 年修法時予以刪除，理由為：該規定施行效果

---

❶ 商標法第 32 條第 2 項。此不同於民國 92 年修正前商標法之採審定公告期間異議制。依 92 年修正前商標法第 41 條，係於審定公告之日起滿三個月無人異議，或異議不成立確定後，始予註冊；並以公告期滿次日為註冊日；至於註冊費，係於申請時一併繳納。

❷ 商標法修正草案，《立法院第 5 屆第 3 會期第 9 次會議議案關係文書》，頁討 146（民國 92 年 4 月 23 日）（以下簡稱「92 年商標法修正案」）。依中華民國 92 年 11 月 26 日修正發布之商標規費收費準則第 3 條有關註冊費之繳納：㈠商標或團體商標，每類新臺幣二千五百元；分期繳納者，第一期每類新臺幣一千元，第二期每類新臺幣一千五百元。㈡團體標章或證明標章，每件新臺幣二千五百元；分期繳納者，第一期每件新臺幣一千元，第二期每件新臺幣一千五百元。商標權人若選擇兩期繳納，依同條第 2 項，須於商標註冊公告居滿第三年之前三個月內，繳納第二期註冊費；逾期未繳納者，得於居期後六個月內，按規定之註冊費加倍繳納。商標權人又未於前揭六個月內加倍繳費者，同條第 3 項規定，商標權自該加倍繳費期限居滿之次日起消滅。商標法並未明定繳納第一期所得享有之商標權期間為何？揆諸其分期繳納之立法說明以及第二期應於第三年居滿前三個月內繳納，則第一期註冊費得享有之商標權期間應指註冊公告之日起三年。據此，當商標權人未於加倍繳費期間

不彰,除增加商標權人因遲誤繳納第二期註冊費,致喪失商標權之風險,亦徒增行政負擔。商標法第 32 條第 3 項另增訂補繳規定:使申請人非因故意,未於審定書送達後兩個月內繳費者,得於繳費期限屆滿後六個月內,繳納二倍之註冊費後,由商標專責機關公告之。惟,影響第三人於此期間內申請註冊或取得商標權者,不得為之。倘申請人又遲誤補繳期限,不得再行主張第 8 條第 2 項暨第 3 項之適用❸。然而,倘商標權人未於審定書送達後兩個月內繳費者,係因天災/不可歸責於己之事由,則仍得主張第 8 條第 2 項暨第 3 項之適用。

　　商標權人得就註冊商標指定使用之商品或服務,向商標專責機關申請分割商標權❹。商標權經核准分割者,商標專責機關應就分割後之商標,分別發給商標註冊證❺。一旦商標權經核准分割,其異議程序應就分割後之商標權指定擬異議之特定商標:(1)於商標權經核准分割公告後,對分割前註冊商標提出異議者,商標專責機關應通知異議人,限期指定擬異議之商標❻。(2)於異議審定前,被異議之商標權經核准分割者,商標專責機關應通知異議人,限期聲明就分割後之各別商標續行異議;屆期未聲明者,以全部續行異議論❼。

內繳費,其商標權理應溯至註冊公告屆滿第三年之次日消滅。請參閱 93 年專利法第 66 條第 3 款年費未繳而消滅之規範。

❸　商標法第 8 條第 4 項。筆者以為繳納註冊費之法定期限為審定書送達後兩個月,至於非因故意得於繳納兩倍之註冊費取得註冊之「六個月期間」屬優惠期 (grace period),不宜視其為法定期間,據此,自無第 8 條第 2 項暨第 3 項適用之餘地。

❹　商標法第 37 條。依商標法施行細則第 36 條第 1 項之準用第 27 條第 1 項及第 2 項規定,申請分割商標權者,應備具申請書,載明分割後各件商標之指定使用商品或服務,並按分割件數檢送申請書副本。分割後各商標案之指定使用之商品或服務,不得超出原商標案指定之商品或服務範圍,且不得重複。

❺　商標法施行細則第 36 條第 2 項。

❻　商標法施行細則第 44 條。分別檢附相關申請文件,並按指定被異議商標之件數,重新核計應繳納之規費;規費不足者,應為補繳;有溢繳者,異議人得檢據辦理退費。

❼　商標法施行細則第 45 條。

依商標法第 38 條第 1 項，商標及其指定使用之商品或服務，註冊後原則上即不得變更；惟，指定使用商品或服務之減縮，不在此限。共有商標權指定使用商品或服務之減縮或分割，則應得全體共有人之同意❽。

同條第 2 項明定，商標註冊事項之變更或更正，準用第 24 條及第 25 條規定❾。倘註冊商標涉有異議、評定或廢止案件時，申請分割商標權或減縮指定使用商品或服務者，應於處分前為之❿。

商標註冊之申請人於取得註冊後，便於特定期間內持有該商標之專用權 (proprietary right)。至於其權利期間及權利範圍，以至其相關異動事項，依序討論如下。

第一節　商標權期間

凡屬智慧財產之權利，均具有特定程度之專屬性與排他性，故而該類權利之存續，均有其期間之限制。原則上，權利越強，期間越短，以商標權、專利權及著作權為例。

商標法第 33 條第 1 項明定商標權期間為十年，自註冊公告當天起算。相較於著作權與專利權，商標權期間似為三者中最短，因著作財產權期間原則上為著作權人死亡後五十年（以自然人為例），專利權則為自申請日起二十年（以發明專利為例），然而商標權期間可以無限次延展⓫。是以，所

---

❽　商標法第 46 條準用第 28 條第 5 項規定。

❾　亦即商標權人之名稱、地址、代理人或其他註冊事項變更者，應向商標專責機關申請變更。商標法第 24 條。商標註冊事項有下列錯誤時，得經商標權或商標專責機關依職權更正之：⑴商標權人名稱或地址之錯誤。⑵文字用語或繕寫之錯誤。⑶其他明顯之錯誤。又，前揭更正，不得影響商標同一性或擴大指定使用商品或服務之範圍。商標法第 25 條。至於申請程序亦準用施行細則第 25 條及第 26 條。商標法施行細則第 37 條。

❿　商標法第 38 條第 3 項。

⓫　有關修正前商標權期間之延展，請參閱本書修正三版附件四「修正前商標法之延展制」。

有權利期間，應以商標權最長；權利期間之長短亦可窺知權利對公益程度之影響，如專利權限最大，影響產業最鉅，但相對其權利期間最短，反之，商標權所可獨占者，乃該商標之內容而已，不涵蓋產品部分，是以可給予繼續使用，因其不至影響他人製造、販售相同產品或提供相同服務的權益；著作財產權影響之層次亦有限，因其乃在保護著作權人之原創性，並不排除他人具原創性之相同著作，惟，著作權法仍顧及社會文化之發展，故期間亦非永久性。

揆諸早期之立法❷，商標權期間有二十年之久（自註冊之日起），至民國 61 年修法，將其改為自註冊之日起十年❸。該修正使權利人之商標權期間減了一半，然，其目的是為加強專責機關的監督管理，而非剝奪其權益❹。迄今，商標權期間仍維持「十年」之規定。

商標權人得申請延展其商標權期間，每次得延展十年；自商標權期間屆滿之次日起算❺。申請商標權期間延展註冊者，應於期間屆滿前六個月

---

❷ 光緒 30 年之商標註冊試辦章程第 9 條，民國 12 年北京政府商標法第 16 條，及民國 20 年國民政府施行之商標法第 16 條，均規定商標專用期間為二十年。光緒 30 年之試辦章程暨北京政府之商標法，另規定以在外國請准註冊之商標來我國申請商標註冊者，專用期間以其在國外註冊之期間為準，但不得逾二十年（試辦章程第 9 條後段，北京政府商標法第 16 條第 2 項）。該規定應與當時列強之干預其制度有關。

❸ 民國 61 年修正商標法第 24 條第 1 項。

❹ 民國 61 年商標法修正案，《立法院公報》，第 61 卷，第 46 期，院會紀錄，頁 3～5（民國 61 年）。修法當時，立法委員吳延環先生極力主張保留當時修正前「二十年」之規定，理由為：㈠便民——專用權人只須二十年延展一次，更可避免因忘記延展而失去其專用權；㈡避免不肖人員的勒索——商標越老，價值越高，專用權人為保有其商標，恐有每十年被不肖審查人員勒索一次之虞。多數立委則以專用權人得藉延展，持續擁有其商標，除較舊法多一次申請手續而略增麻煩外，其實質權益並未受損，再者，配合科技、經濟之發展，主管機關有必要加強監督其品質，俾保護消費者，並淘汰不符商標法規定之商標。

❺ 商標法第 33 條第 2 項暨第 34 條第 2 項。

內申請；逾期而於期間屆滿後六個月內申請者，應加倍繳納註冊費 ❶ 。商標權人應備具申請書，就註冊商標指定之商品或服務之全部或一部申請延展 ❶ 。換言之，延展註冊未必須就註冊商標所指定之全部商品或服務申請延展，而係由商標權人自行決定擬延展之部分。又，對商標權之存續有利害關係之人，得載明理由申請延展商標權期間 ❶ ，如商標被授權人，商標之質權人等。

　　民國 92 年修正前商標法，有關商標權期間之延展係採更新制。亦即藉由商標權人之申請延展註冊，商標專責機關將進行實體審查：⑴有無違反公益之情事；⑵淘汰商標——申請延展前或註冊期滿前三年內有無使用註冊商標；以及⑶確定商標權範圍。惟民國 92 年修法時，基於下列理由而廢除更新制，改採簡易的登記制：⑴有關公益考量因素，可依商標法第 50 條第 1 項（即現行法第 57 條第 1 項之評定制）撤銷其註冊，且修正前鮮有因此因素而否准延展註冊者；⑵淘汰商標及確定商標權範圍——註冊商標未使用或未為全部使用，則依商標法第 57 條第 1 項第 2 款（即現行法第 63 條第 1 項第 2 款之廢止制）規定，即可廢止其註冊或部分商品或服務之註冊；⑶配合 WIPO 商標法條約 (Trademark Law Treaty) 第 13 條第 6 項明文禁止就延展註冊申請案時進行實體審查 ❶ 。就第一項理由而言，商標審查人員固得另依法提請評定，惟，就第二項理由，倘無人申請廢止，該註冊商標仍得存續，甚至成為核駁他案的依據❷。至於第三項理由，我國並非商標法條約之締約國，有無遵守其相關規定之必要，有待商榷。

---

❶　商標法第 34 條第 1 項。

❶　商標法施行細則第 35 條第 1 項。

❶　商標法施行細則第 35 條第 2 項。

❶　92 年商標法修正案，同❷，頁討 150～152。

❷　商標法第 57 條第 2 項及第 3 項明定，評定人檢附註冊已滿三年之據以評定商標之使用證明或正當事由未使用之事證。惟，該規定並未適用於申請案之准駁及異議案。

第二節　商標權限

　　商標法第 2 條「欲取得商標權……者，應依本法申請註冊」，及第 8 條第 2 項可知商標之目的在於藉由註冊商標指示自己的營業或服務來源，是以，第 35 條第 1 項明定商標權人於經註冊指定之商品或服務享有商標權。

　　民國 92 年修法時，增訂商標權人之權限包括下列四種行為的同意權行使❷❶：(1)於同一商品或服務，使用相同於商標權人之註冊商標的商標；(2)於類似之商品或服務，使用相同於商標權人之註冊商標的商標，有致相關消費者混淆誤認之虞；(3)於同一之商品或服務，使用近似於商標權人之註冊商標的商標，有致相關消費者混淆誤認之虞；(4)於類似之商品或服務，使用近似於註冊商標之商標，有致相關消費者混淆誤認之虞者。就商標之功能與其經濟價值而言，若非藉由商標之授權或移轉，商標權人不致同意他人使用與其相同或近似之商標於同一或類似商品或服務。是以，商標法第 35 條第 2 項之意旨不在於闡明其同意權行使的範圍，而在於規範商標權之排他性質。商標權人除當然得排除他人使用相同商標於同一商品或服務外；亦得排除他人使用相同商標於類似商品或服務、以及近似商標於同一或類似商品或服務❷❷。

　　綜上，商標權人有使用其註冊商標的權利，亦有排除他人未經其同意使用其註冊商標的權利❷❸。何謂商標的使用，便有明定之必要。商標法依序明定商標、證明標章、團體標章及團體商標之使用。

---

❷❶　商標法第 35 條第 2 項。

❷❷　其中相同商標於類似商品或服務、以及近似商標於同一或類似商品或服務，即為修正前聯合商標之態樣；民國 92 年修法時廢除聯合商標，並將前揭三種態樣連同「相同商標於同一商品 / 服務」明定為商標權之排他範圍。

❷❸　100 年商標法修正案修法說明指出：商標之使用，可分為商標權人之使用及他人侵害商標權之使用兩種態樣，二者雖有不同，惟實質內涵皆應就交易過程中，其使用是否足以使消費者認識該商標而加以判斷。100 年商標法修正案第 5 條修正說明二。

　　商標的使用，指為行銷之目的，而有下列情形之一，並足以使相關消費者認識其為商標❷：⑴將商標用於商品或其包裝容器；⑵持有、陳列、

---

❷　商標法第 5 條第 1 項。92 年修正前商標法第 6 條第 2 項原明定商標於電視、廣播、新聞紙類廣告或參加展覽會展示以促銷其商品者，亦視為使用。民國 92 年修法時則以其已涵蓋於第 6 條中而予以刪除。92 年商標法修正案，同❷，頁計 113～114。使用之方式原不受任何限制，是以，民國 61 年修法前並無「使用方式」之規定；但須足以符合表彰其營業之目的。民國 61 年修法時，明定所謂「商標之使用」，係指將商標用於商品或其包裝或容器之上、行銷市面而言。民國 61 年修正商標法第 6 條。當時有立法委員反對制定「商標使用」之規定，理由為：⑴過去無該規定，除非有重要目的，否則無訂定之必要；⑵依增訂內容，商標之使用只限於附著於商品及其容器、包裝上，倘仍有其他使用方式，是否將視為不法？民國 61 年商標法修正案，《立法院公報》，第 61 卷，第 45 期，院會紀錄，頁 9～10（民國 61 年）。然而，商標之目的原本即在表彰其商品來源，倘不附著於商品或其包裝、容器上，又將如何達到其功效？故有必要明定商標須加貼之處所，始具法律上保障之效力。嗣於民國 72 年，將「行銷國內市場或外銷者」，以符合國內業者之實際營業情形；並於同條增訂第 2 項：「商標於電視、新聞紙類廣告或參加展覽會展示，以促銷其商品者，視為使用；以商標之外文部分用於外銷商品者亦同。」理由為：⑴大眾傳播事業發展迅速，業者常利用電視、新聞紙類廣告或參加展覽會展示，以促銷其附有商標之商品，此外⑵為因應國際貿易之實際需要，亦常有業者僅於外銷商品上標示商標之外文部分者，故然。民國 72 年商標法修正案，《立法院公報》，第 72 卷，第 4 期，院會紀錄，頁 20（民國 72 年）。民國 82 年修法時，又將「行銷國內市場或外銷」修改為單純以「行銷之目的」，其目的應不在於將商標之使用限於國內市場，而係以「行銷」二字涵蓋所有銷售網路，包括國內外，方為合理。至於商標得附著之標的擴及「標帖、說明書、價目表、或其他類似物件上」。基於行銷目的，商標權人持有陳列或散布前揭物品者，均為商標之使用。此項修正應與當時第 2 條之修正有關，按，82 年修正前第 2 條明定商標註冊之申請人須已有營業之事實存在，故須檢附已登記之營業範圍證明；82 年修正時則明定有意從事營業者得於營業範圍活動開始前申請註冊，如是，則其商標之使用便可能因營業事宜尚未就緒，事先將商標附著於價目表、型錄等宣傳，或附於標帖而尚未貼於商品或容器等之情事。另於第 2 項促銷之方式，又增訂「廣播」以符合實際需要，並刪

販賣、輸出或輸入前款之商品；⑶將商標用於與提供服務有關之物品❷；⑷將商標用於與商品或服務有關之商業文書或廣告❷。⑴至⑷之行為亦包括以數位影音、電子媒體、網路或其他媒介物方式為之者❷。

證明標章之使用，指經證明標章權人同意之人，依證明標章使用規範書所定之條件，使用該證明標章❷。

除有關「外文使用於外銷商品」之規定，以配合商標不再受國內外語文限制之原則。82 年修正前商標法第 5 條規定「商標所用之文字，包括讀音在內，以國文為主；讀音以國語為準，並得以外文為輔。外國商標不受前項拘束。」82 年修法時將其刪除，理由為，商標無關商品說明，不以中文為必要，對國內業者造成負面影響，如，無法以具有「中外文」圖樣之外文部分向國外申請主張優先權，又不易將其授權外國人使用，限制企業發展；而反觀外國商標卻不受該限制，故有刪除之必要。如此，82 年修正前第 6 條第 2 項後段便無存在之意義，故配合刪除之。

❷ 100 年商標法修正案修法說明舉例如下：提供餐飲／旅宿服務之業者將商標製作招牌懸掛於營業場所或印製於員工制服、名牌、菜單或餐具提供服務；提供購物服務之百貨公司業者將商標印製於購物袋提供服務等，其關鍵因素為商標已與服務之提供相結合之情形，如餐廳業者已將標示有其商標之餐盤、餐巾擺設於餐桌上，以表彰其所提供之餐飲服務。100 年商標法修正案第 5 條修正說明三之㈢。

❷ 如，將商標用於訂購單、產品型錄、價目表、發票、產品說明書等商業文書，或報紙、雜誌、宣傳單、海報等廣告行為，此為業者在交易過程常有促銷商品之商業行為。引自 100 年商標法修正案第 5 條修正說明三之㈣。

❷ 商標法第 5 條第 2 項。100 年商標法修正案修法說明指出：數位影音係指以數位訊號存錄之影像及聲音，例如存錄於光碟中之影音資料，而可透過電腦設備，利用影像或聲音編輯軟體編輯處理者而言；電子媒體指電視、廣播等透過電子傳輸訊息之中介體；網路指利用電纜線或現成之電信通訊線路，配合網路卡或數據機，將伺服器與各單獨電腦連接起來，在軟體運作下，達成資訊傳輸、資料共享等功能之系統，如電子網路或網際網路等；至於其他媒介物則泛指前述方式以外，具有傳遞資訊、顯示影像等功能之各式媒介物。100 年商標法修正案第 5 條修正說明四之㈡。

❷ 商標法第 83 條。證明標章權人亦得委託具有相關檢測能力之法人或團體進行檢測或驗證他人之商品或服務，惟，該受委託人之檢測或驗證應受證明標章

　　團體標章之使用，指團體會員為表彰其會員身分，依團體標章使用規範書所定之條件，使用該團體標章❷。

　　團體商標之使用，指團體或其會員依團體商標使用規範書所定之條件，使用該團體商標❸。

　　商標經註冊者，商標權人得於使用時標明註冊商標或國際通用註冊符號，如 ®、TM 等，可藉以宣示其註冊商標權益❹。證明標章、團體標章及團體商標，亦同❺。

　　商標制度以促進工商企業正常發展為其最終目的，保護商標權僅為達成前揭目的的措施之一。是以，商標權的保護並非絕對，為顧及工商企業發展，商標法對商標權利有所限制。我國商標法第 36 條明定下列行為不受商標權效力所拘束：⑴善意合理使用，⑵發揮商品或服務功能所必要者⑶善意先使用者，及⑷耗盡原則。

壹、善意合理使用（商標法第 36 條第 1 項第 1 款暨第 84 條第 2 項）

　　「善意合理使用」 係 101 年修法前之用語，「善意」 相當於外文之 "bona fide" 或 "good faith"，而非民法上之「不知情」。101 年修法時改為：凡以符合商業交易習慣之誠實信用方法，表示自己的姓名、名稱（指商號、法人等）或其商品或服務之名稱、形狀、品質、性質、特性、用途、產地或其他有關商品或服務本身之說明，而非作為商標使用者，不受商標權之拘束。有關商品或服務之產地說明，亦不受產地證明標章權及產地團體商標權之拘束。筆者以為「善意合理使用」較為簡潔妥適，故仍沿用此用語。

　　101 年修法時使商標法第 36 條第 1 項第 1 款之適用，包含描述性合理使用 (descriptive fair use) 及指示性合理使用 (nominative fair use)。第 84 條第 2 項之適用則屬描述性合理使用。

　　權人之監督控制。商標法施行細則第 47 條。

❷　商標法第 87 條。

❸　商標法第 90 條。

❹　商標法第 35 條第 3 項。100 年商標法修正案第 35 條修正說明四。

❺　商標法第 94 條。

一、描述性合理使用

商品名稱、形式、品質、功用、產地或其他有關商品本身之說明，以及其他不具識別性之標章等，原本為不得註冊之內容❸，惟，可因長期使用而符合商標法第 29 條第 2 項「第二意義」之規定，而獲准註冊。致使其他業者以普通方式使用前揭文字或圖樣時，有侵害商標權之虞，故須明定普通使用不受商標權之拘束。又如，個人之姓名或商號，亦可能因與商標相同或近似，而有前揭之疑慮，故一併規範之。是以，民國 87 年修正施行前規定凡以普通使用之方法，表示自己的姓名、商號或其商品之名稱、形狀、品質、功用、產地或其他有關商品本身之說明，附記於商品之上者，不受他人商標專用權之拘束❸。所謂普通使用之方法，係指商業上通常使用的方法，在使用人主觀上無作為商標使用的意圖，同時，一般商品購買人客觀上也不認為其為商標之使用❸。惟，使用人於使用自己之姓名或商號時有惡意者（亦即，有侵害之商標權的意圖），仍構成商標權之侵害❸。

民國 87 年修正施行之商標法，則作下列之修正：(1)刪除惡意使用之但書規定，並將本款之適用限於「善意合理使用之情事」；(2)改「商號」為「名稱」，使涵蓋所有法人、團體等；(3)將「普通使用」改為「非作為商標使用」，使其意義更明確❸。又如前所述，101 年修法時將「善意合理使用」改為「符合商業交易習慣之誠實信用方法」，目的係就「善意合理使用」作明確的定義，避免將「善意」解釋為民法上的「不知情」❸。

---

❸ 商標法第 29 條第 1 項第 1 款暨第 3 款明定為不予註冊之事由。

❸ 87 年修正前商標法第 23 條第 1 項。類似之規定，最早揭示於民國 12 年北京政府之商標法，民國 19 年國民政府公布、20 年施行之商標法沿襲迄今；只是有關「第二意義」之規定，係於民國 82 年 12 月修法時始予增訂，換言之，在此之前，應無藉「使用」使描述性文字等產生識別性並取得註冊之可能。

❸ 88 年修正前商標法施行細則第 18 條。

❸ 87 年修正前商標法第 23 條第 1 項但書。

❸ 86 年商標法修正案，《立法院公報》，第 86 卷，第 17 期，院會紀錄，頁 77～78（民國 86 年）。

❸ 100 年商標法修正案第 36 條修正說明二之㈠之 1。

　　商標法第 84 條第 1 項明定，產地名稱得註冊為產地證明標章或產地團體商標，為顧及第三人之善意合理使用，故於同條第 2 項明定，產地證明標章權人及產地團體商標權人不得禁止他人以符合商業交易習慣之誠實信用方法，表示其商品或服務之產地❸❾。

二、指示性合理使用

　　指示性合理使用係指第三人以他人之商標指示該他人（即商標權人）或該他人之商品或服務；此種方式之使用，係利用他人商標指示該他人商品或服務來源之功能，用以表示自己商品或服務之品質、性質、特性、用途等，類此使用情形多出現於比較性廣告、維修服務，或用以表示自己零組件產品與商標權人之產品相容；凡此，皆非作為自己的商標使用，均不受商標權效力所拘束。例如張三汽車維修廠，在其店面招牌上列入 VW，VOLVO，BMW 等商標，目的在告訴消費者，該維修廠可維修該些廠牌的汽車。

　　與描述性合理使用不同者，指示性合理使用係將他人商標當作商標使用，惟，係當作該他人商標使用，描述性合理使用則將他人商標當作一般說明性文字使用。是以，本款所謂「非作為商標使用者」，嫌有未洽，應修正為「非作為自己之商標使用」。

貳、發揮商品或服務功能所必要者（商標法第 36 條第 1 項第 2 款）

　　商品或包裝之立體形狀，係為發揮其功能性所必要者，不受商標權之拘束，此為民國 92 年修法時所增訂。其增訂理由為：第 5 條既已將立體商標納入本法保護，商品或其包裝之立體形狀若為發揮其功能性所必要，應不受他人商標權效力所拘束❹⓪。此規定顯然有違當時商標法第 23 條第 1 項第 4 款之規定意旨，該款明定倘商標係商品或包裝之立體形狀，且為發揮其功能性所必要，則不得註冊，且揆諸同條第 4 項，此情事並無第二意義之適用。功能性之立體形狀既無取得註冊之可能，何來論及其商標權利之

---

❸❾　產地團體商標權係因商標法第 91 條準用第 84 條規定。

❹⓪　92 年商標法修正案，同❷，頁討 153。

拘束與否。

依商標專責機關商標法逐條釋義，本款係指該「功能性之立體形狀屬他人商標權之構成部分而言」，101 年修法時將條文修正為為發揮商品或服務功能所必要者。依第 30 條第 1 項第 1 款，商標部分內容屬功能性者，仍得准予註冊，惟，此非謂商標權人得就該功能性部分主張排他權利，此揆諸同條第 4 項甚明。縱令商標權人未就功能性部分聲明不專用，該部分仍非商標權人得主張之排他範圍，更不得對任何使用該功能性部分之人主張侵權。是以，筆者以為，本款之訂定並無實益，反致與第 30 條第 1 項第 1 款適用上之矛盾，並使商標權人誤以為得就功能性部分主張排他權利。

參、善意先使用者（商標法第 36 條第 1 項第 3 款）

在他人商標註冊申請日前，善意使用相同或近似之商標於同一或類似之商品或服務者，不受商標權之拘束。前揭「善意」，係指「不知情」之謂。先使用者之使用必須早於商標權人之商標註冊申請日，但未必早於商標權人之商標使用日。先使用者雖得繼續使用，惟，以原使用之商品或服務為限；商標權人並得要求其附加適當之區別標示。

我國商標制度係採先申請註冊主義，故對於僅使用而不註冊之商標以不保護為原則。然而，揆諸過去與現在之立法，卻可見對先使用者之保護規定。

一、早期立法

現行商標法於民國 19 年公布、20 年施行時，曾明定以善意繼續使用十年以上之商標，得依法申請註冊，不受消極要件及先註冊主義之拘束[41]；其目的，在保護尚無立法（商標法）規範前，已自行創設商標使用之人。故該規定於民國 24 年修法時便予刪除，蓋因已有立法保護，任何擬使用商標者，自應申請註冊。另一保護先使用者之規定為：先註冊主義中，二人

---

[41] 民國 19 年公布、20 年施行之商標法第 4 條。該規定亦係沿襲民國 12 年北京政府之商標法第 4 條之規定。惟後者係規定善意繼續使用五年以上之商標，並將申請註冊時間限於該法施行後六個月內，較前者周延。

以上各別申請註冊時，得准先使用者註冊（但須證明之）；惟，該規定亦於民國 61 年修法時刪除，除舉證困難外，亦為貫徹註冊主義。

二、現行立法

民國 82 年修法時，又見有關保護先使用者之規定。按，凡在他人申請商標註冊前，善意使用相同或近似之商標於同一或類似之商品，不受他人商標專用權之效力所拘束❷。此係基於公平原則，使善意之先使用者，得到適度保障❸，其立意固有可取之處，惟，在施行六十多年商標法後，又保護先使用者，基於鼓勵申請註冊的立場，似有開倒車之嫌。

此規定係為註冊主義之例外，自宜予以嚴格限制，故先使用者僅得就原使用之商品繼續使用，商標權人並得要求其附加適當之區別標示❹。然而，前揭限制仍有所不足，設若原使用者本使用於臺中，現將其擴大使用於臺北，雖其仍使用於同一商品，而未違反第 36 條第 1 項第 3 款，但對商標權人有欠公允，且將使註冊主義形同具文，是以，宜就善意先使用者之產銷規模做限制，方足以兼顧商標權人之權益與先使用者的保護。

---

❷　92 年修正前商標法第 23 條第 2 項。

❸　報載臺南烤玉米業者史先生自民國七十幾年即以「石頭鄉」做為攤販的招牌；迄 99 年以侵害李姓女子之註冊商標侵權為由遭檢方起訴。商標權人係於 86 年以「石頭鄉」指定使用於烤玉米取得註冊。史先生回憶到民國 83 年港星周潤發曾到臺南拍攝「賭神 2」，拍攝地點便在當時的臺南南都戲院，而當時史先生的攤位就在南都戲院旁；史先生便購買一片「賭神 2」的光碟回家看，果然發現影片中出現了他的攤位，包括「石頭鄉」三個字。史先生因此得以證明其於原告商標權人申請日之前便已使用「石頭鄉」於烤玉米攤，符合善意先使用之規定，而免於侵權之責。何祥裕，商標用了 17 年 賭神幫他贏官司，聯合報，民國 100 年 5 月 30 日。此案經臺灣臺南地方法院 99 年智易字第 17 號刑事判決（民國 100 年 1 月 6 日）判決被告史先生無罪；嗣經臺灣臺南地方法院檢察署檢察官上訴，智慧財產法院於民國 100 年 5 月 19 日以 100 年刑智上易字第 20 號刑事判決駁回上訴。

❹　商標法第 36 條第 1 項第 3 款但書。

肆、耗盡原則（商標法第 36 條第 2 項）

附有註冊商標之商品，由商標權人或經其同意之人於國內外市場上交易流通，商標權人不得就該商品主張商標權。此即耗盡原則之適用❹。耗盡原則分國內耗盡原則與國際耗盡原則❹，前者之適用限於第一次之交易在國內市場，後者則不以國內或國外為限。係此次修法於市場乙詞，增訂包括「國內外」，明確規範我國採國際耗盡原則。

我國商標法於民國 82 年修法時制定有關「耗盡原則」❹之規定：「附有商標之商品由商標專用權人或經其同意之人於市場上交易流通者，商標專用權人不得就該商品主張商標專用權。」❹其立法本意應在解決「真品」(genuine goods)「平行輸入」(parallel imports) 之問題。所謂真品平行輸入，真品者，相對於仿冒品，係合法製造附有相同商標之商品；平行輸入則指本地已有商標權人，而又另有業者自國外進口真品之謂。以多年前貿易商自東南亞進口「可口可樂」為例，臺灣可口可樂公司認其侵害商標權。在此產生一問題，即貿易商進口可口可樂是否合法，以往商標法並未規定禁止真品平行輸入，因商標法並未規定商標權人專有進口之權利，是故，貿易商進口後若未加販賣，是否便無侵害商標權人之權利？反之，一旦販賣，是否便構成侵害？就貿易商而言，該產品並非仿冒品，而是合法製造的真品，應可販賣；但由商標權人之角度而言，只有商標權人有販賣該產品之

---

❹ 民國 92 年修法時曾增訂經有關機關依法拍賣或處置之情事。92 年商標法修正案，同❷，頁討 154。101 年修法時以其無明定之必要而予刪除。

❹ 除此，另有區域耗盡原則，以歐盟為例，凡於歐盟國家內流通，均有耗盡原則之適用，銷售至歐盟國家以外，則無耗盡原則之適用。

❹ 所謂「耗盡原則」(exhaustion) 又稱為「第一次銷售原則」(first-sale doctrine)，由著作權法所衍生，如甲為權利人，乙為買受人，當甲將著作物販售予乙時，甲對該特定物之特定權利已耗盡，乙取得該書後可將其轉售予丙，散布權原屬甲的權利範圍，但因該書已為甲所出售，就特定物之權利已耗盡，所以甲無法干涉乙的行為。

❹ 92 年修正前商標法第 23 條第 3 項。

權利。況其已花費鉅額之廣告費用，進口商不僅不需再花費廣告費用，且其自外國進口之成本較低，可以較低之價格出售，進口商有「搭便車」之嫌。再者，若進口產品品質較差，致使消費者不再信任商標權人之產品，受損害者仍為原商標權人。然，真品平行輸入仍有其正面意義，其最大的功能乃在於刺激競爭，具有防止壟斷之效果；使本地之商標權人在價格上不致過高，使消費大眾能以較合理的價格購得商品。商標法對此與專利法之規定不同，揆諸商標法第 5 條與第 35 條，雖明定使用之方式包括輸出及輸入附有商標之商品，惟，並未將其明確列為商標權人之排他權利，反之，專利法則規定專利權人持有進口之排他性權利，亦即明確否定真品平行輸入。是以，商標法應允許真品平行輸入❹。公平交易委員會亦認定在未違反公平競爭之前提下，允許真品平行輸入❺。耗盡原則另有其例外之規定，即，為防止商品變質、受損或有其他正當事由者，不在此限；換言之，商標權人為保護其商品之信譽，若已流通於市場之商品在品質上有所毀損，在此情況下，因涉及其商譽之問題，商標權人有權阻止其販賣。

---

❹　筆者以為商標法既允許真品平行輸入，第 36 條第 2 項有關國際耗盡原則之規定並無存在的必要，因其為當然之理。該規定之重點在於其但書，即有該但書之情事存在時，商標權人仍得排除第三人之使用。

❺　公研釋 003 號——真品平行輸入是否違反公平交易法，公平交易委員會民國 81 年 4 月 22 日第 27 次委員會議討論案。依前揭研析意見：(1)真品平行輸入與仿冒之構成要件不符，不違反公平交易法第 22 條之規定；(2)是否違反公平法第 21 條不實廣告之規定，須視平行輸入者之行為事實是否故意造成消費大眾誤認其商品來源為斷；(3)是否構成公平交易法第 25 條所定之「欺罔」或「顯失公平」行為，須視貿易商有無故意搭便車行為，亦即對於商品之內容、來源、進口廠商名稱及地址等事項以積極行為使消費者誤認係代理商所進口銷售之商品（按：前揭條次，(1) 之第 22 條，(2) 之第 21 條及 (3) 之第 25 條已配合現行法修正）。

第三節　移　轉

　　商標權得為移轉之標的，無疑。移轉之事由，如繼承、或為讓與等均是。前者，於商標權人死亡，有繼承人時，由其繼承人依法繼承其商標權；後者，則指商標權人以有償或無償方式，將其商標權讓與他人而言。商標法有關移轉之規定，主要係針對讓與之情事規範之。民國 82 年修正前之商標法，不論係申請所生之權利或商標權之移轉，均需與營業一併為之，目的在保護消費者，蓋以，若營業未一併移轉，則可能有前後手之營業品質上的差異，尤其當後手之品質較差時，消費者將因信任該商標而蒙受損失。惟，該理論於二次世界大戰前便已受到質疑，認為商譽係建立在商標上，而非營業，是以營業無一併移轉之必要；況且，營業未一併移轉的商標移轉案中，亦鮮有對消費者構成損害者❺❶。而在國際經貿發達的今日，要求外國籍之商標權人，於移轉其商標予國內業者時，一併移轉其營業的規定，更有實務上執行的困難❺❷。巴黎公約為解決此問題，於西元 1934 年倫敦會議中，增訂第 6-4 條，明定會員國所採行之商標法有「商標應與營業移轉」之規定者，對外國籍之商標權人而言，只須移轉該國境內之營業❺❸。WTO/TRIPs 協定第 21 條則規定，商標權人應有權移轉其商標權，無論其是否與營業一併移轉。我國亦因實務運作上，商標專責機關無法監督申請人或商標權人是否一併將其營業移轉於受讓人，於民國 82 年修法時，刪除須與營業一併移轉之規定。商標法第 42 條明定，商標權之移轉，應向商標專責機關申請登記，未經登記者，不得對抗第三人，而毋須與營業一併移轉❺❹。

---

❺❶　2 STEPHEN LADAS, PATENTS, TRADEMARKS AND RELATED RIGHTS, NATIONAL AND INTERNATIONAL PROTECTION 1118 (1975)；英國因此率先於西元 1938 年商標法中，廢除商標移轉應與營業一併為之的規定。

❺❷　Ladas，同上，at 1120.

❺❸　Art. 6 quater of the Paris Con. 會議中原擬廢除營業應一併移轉之規定，惟因部分與會國反對而作罷。Ladas，同❺❶，at 1120.

❺❹　依商標法施行細則第 39 條，申請商標權之移轉登記者，應備具申請書，並檢

　　商標權之申請可指定跨類商品或服務❺，並可分割商標權❺；又，聯合、防護商標廢除後，商標權人可就相同或近似之商標於同一或類似商品／服務持有多件商標權，復以商標得自由移轉，致使商標移轉之結果有兩個以上之業者持有相同商標而指定使用於類似商品或服務之情事，甚且有致相關消費者混淆誤認之虞。是以，商標法第 43 條明定，商標移轉結果有致相關消費者混淆誤認之虞者，應附加適當區別標示。違反前揭規定未為區別標示者，將構成第 63 條第 1 項第 3 款廢止註冊之事由。然而，商標之首要功能在於表彰商品或服務來源，倘兩商標已有構成相關消費者混淆誤認之虞，便已喪失其識別性，實不宜由不同業者分別持有其商標權。商標法要求當事人應附加適當區別標示，更顯示商標已喪失其識別功能而需賴其他的區別標示，至此，商標的存在已不具任何意義。本文以為，除非屬關係企業、家族企業內的移轉，倘商標移轉結果有致相關消費者混淆誤認之虞時，應不得移轉。除第 63 條明定違反者構成廢止註冊之事由，應參考第 92 條有關證明標章等之移轉，將第 43 條改為核准生效之規定：「……有致相關消費者混淆誤認之虞者，不得為之。但該移轉無損害消費者利益且非顯屬不當，經商標專責機關核准者，不在此限」。

　　附移轉契約或其他移轉證明文件。又，原則上，應按每一商標各別申請。但繼受權利之人自相同之商標權人取得二以上商標權者，得於一移轉申請案中同時申請之。民國 92 年修法前，受讓人申請商標權移轉登記時，仍應符合 92 年修正前商標法第 2 條之規定（92 年修正前商標法第 28 條第 2 項）。前揭第 2 條乃規定，表彰自己營業之商品，確具使用意思，所以受讓人本身仍必須有營業或未來可能會有營業，依 92 年修正前商標法施行細則第 22 條規定申請商標權移轉，應檢附之書件，其第 1 項第 2 款即規定「申請人身分證明文件暨營業相關事證」，此即因應前揭第 2 條規定表彰自己之營業。另外依 92 年修正前商標法第 29 條聯合、防護商標須與正商標一併移轉，否則其商標權消滅，聯合、防護商標單獨移轉者，其移轉無效。

❺　商標法第 19 條第 4 項明定申請人得以一商標註冊申請案指定使用於二個以上類別之商品或服務。

❺　商標法第 26 條及第 37 條分別規定商標申請案及商標權得予以分割為兩件以上之申請案或商標權。

倘為共有商標權之移轉、或其應有部分之移轉,應得全體共有人同意,惟因繼承、強制執行、法院判決或其他法律規定移轉者,不在此限❺。

關於證明標章權、團體標章權及團體商標權之移轉,商標法第 94 條,證明標章、團體標章及團體商標除本章另有規定外,依其性質準用本法有關商標之規定,換言之,原則上係準用商標之規定,惟,商標法第 92 條明定,原則上,證明標章權、團體標章權及團體商標權不得移轉。

證明標章權、團體標章權及團體商標權亦非全然不得移轉,同條但書明定,倘其移轉無損害消費者利益亦無違反公平競爭之虞,經商標專責機關核准者,仍得為之。原則上證明標章權、團體標章權及團體商標權不得移轉,係因其性質乃在證明商品之品質、表彰特定組織或組織成員或其所提供的商品或服務,權利人必須具備一定的資格暨條件。申言之,證明標章及團體標章並非在表彰自己之商品或營業,保護該等標章之理由乃在其亦可能發生與商標被仿冒相同之情形,直接受到損害者乃消費者,故於商標法中一併規範之。團體商標雖有區別商品或服務提供者之功能,惟其僅得表彰特定團體之成員的來源,而非特定業者,此有別於一般商標之功能。是以,商標法對於前揭標章及商標之申請有較嚴格的規定。

商標法第 81 條明定證明標章申請人須為具有證明他人商品或服務能力之法人、團體或政府機關,且其本身不得從事欲證明之商品或服務之業務。商標法第 82 條第 1 項規定申請人須檢附具有證明之資格或能力之文件,暨不從事所證明商品之製造、行銷或服務提供之聲明,第 82 條第 4 項第 3 款使用規範書中須載明管理及監督證明標章使用之方式,以及「控制證明標章使用之方式」,第 6 款又規定「申請人本身不從事所證明商品之製造、行銷或服務提供之聲明」。商標法第 85 條暨第 88 條明定團體標章或團體商標申請人須為具法人資格之公會、協會或其他團體,第 86 條暨第 89 條明定申請時須檢具使用規範書,申請時應檢附使用規範,使用規範書,應載明成員之資格及管理及監督團體標章或團體商標使用之方式。受讓人是否具備前揭資格及能力等,專責機關須予以審查;若仍允許準用商標法

---

❺ 商標法第 46 條第 1 項。

第 42 條，可能受讓人本身即不符合該些要件，而商標專責機關至多只能不受理登記。將使申請要件之相關規定形同具文。

是以，第 92 條但書特別明定：證明標章、團體標章及團體商標權須在「無損害消費者利益及違反公平競爭之虞」的前提下，始得移轉。此規定涵蓋受讓人已具備前揭相關資格，所謂違反公平競爭係指受讓人本身從事證明商品之製造、行銷或服務提供之情形等。且不同於第 42 條規定，第 92 條但書規定係採取核准制，此揆諸其內容「須經商標專責機關核准」甚明。

第四節　授　權

授權者，商標權人允許他人使用其商標權，而相對地收取適度價金之謂。西元 1940 年左右，多數國家均否准商標之授權，一如早期商標移轉須與營業一併為之的理由，被授權人使用商標，可能構成商品品質的差異，並使消費者誤認其商品來源，對消費者構成欺騙[58]。然而，隨著商業活動的日益頻繁，授權的必要性與日俱增，前揭不准授權的理論，逐漸受到質疑，按商標的功能係表彰營業，實務上，卻鮮有消費者知悉商品之製造來源，換言之，不同的商標，對消費者而言，其意義僅為區別不同的營業，至於營業對象究竟為何，則無所知悉[59]。

商標授權的重要性，可證諸於國際貿易的活動：就商標權人而言，可藉由在他國境內的授權，達到下列目的：㈠由被授權人的使用商標，擴展市場並提高其商標的國際信譽；㈡避免自行輸入到他國所需的關稅、匯率等問題[60]。而就被授權人而言，取得外國商標授權有下列利益：㈠免除自創品牌（商標），提升知名度所需的成本；㈡取得使用該商標之商品的製造

---

[58]　Ladas，同[51]，at 1128.

[59]　同上，該見解固足以釐清不同註冊商標對消費者的意義，然而，對於同一註冊商標由二人以上使用（一為授權人，另一為被授權人），與消費者之認定同一商標之商品為同一營業所製造，兩者間的疑義，仍未加以說明。

[60]　Ladas，同[51]，at 1127～1128.

技術，如營業秘密、專門技術 (know-how) 等❻。西元 1938 年，英國首先明定商標權得為授權之標的，數年後，美國於西元 1946 年明定准予授權的規定；迄今，商標權之授權，已為多數國家所採行。WTO/TRIPs 協定第 21 條亦明定商標准予授權，至於授權之相關要件，由各會員自行訂定。

至於我國商標授權制度之沿革：早期商標法並不准商標授權，因為商標法之目的在於促進工商業正常發展及表彰自己的營業，只有業者自己從事營業才可能達成，此外，須考慮消費者利益，如果商標對消費者已具備一定的品質保證，若將商標授權給他人，而被授權人生產的商品品質不佳，非但商標權人信譽會受影響，最直接的受害者仍為無辜的消費大眾，所以不准授權乃居於保護消費者的角度觀之。直到民國 47 年修法，才增加准予授權之規定，乃因眾多外商需要，且商標授權亦多發生於外商間（目前實務上常見本國業者間的授權多為服務業）。

當時，商標權人須符合下列要件，始得授權他人使用其商標❻：⑴商標權人得監督支配他人之生產製造；⑵保持該商標商品之相同品質；⑶經主管機關核准。目的仍在保護消費者權益，並保持商品之相同品質，此規定雖未採取須與營業一併移轉之作法，惟，為保持商品之相同品質仍須盡監督支配之責。再者，商標被授權人之使用不視為商標權人之使用，蓋以商標權人必須使用，方可知被授權人之商品品質是否與商標權人相同。因此以往商標權人申請延展時，常發生僅被授權人使用而不符合延展條件之情事。民國 61 年修法時，又增列一項授權要件：合於經濟部基於國家經濟發展需要所規定之條件。其目的在限制外國商標授權予本國人使用，俾免外國業者控制我國市場，亦即，在兼顧引進外國技術與防止外國商標操縱國內市場的前提下，增訂該要件❻。

---

❻　同上。

❻　47 年商標法第 11 條第 3 項。

❻　61 年商標法修正案，《立法院公報》，第 61 卷，第 46 期，院會紀錄，頁 7～8（民國 61 年）。授權除商標外尚須考量其產品是否為高科技產品，且涵蓋高科技之技術。至於經主管機關核准，與現行第 39 條之採登記制顯然不同。民國 69 年經濟部公布「外國事業商標授權處理準則」（現該準則隨商標法之修

民國 82 年修法時，就授權之相關規定作大幅修正，包括(1)將授權之核准改為登記制；(2)認可再授權制；以及(3)被授權人之使用商標，得視為授權人之使用。

101 年修法時明定共有商標權之授權及再授權，應得全體共有人之同意❻❹；並增訂商標授權態樣。

壹、授權態樣

依商標法第 39 條第 1 項，商標權人得就其註冊商標指定使用商品或服務之全部或一部指定地區為專屬 (exclusive licensing) 或非專屬授權 (non-exclusive licensing)。亦即，商標權人得選擇就商標所指定之全部或部分商品／服務❻❺，並得指定授權區域，如臺北市。亦得依授權的排他性質，授權態樣可為專屬授權及非專屬授權❻❻。

依同條第 5 項，所謂專屬授權，指被授權人在被授權範圍內，得排除商標權人及第三人使用註冊商標❻❼。相對地，非專屬授權之被授權人無此排他權利，易言之，商標權人除得自行使用，亦得授權予多人使用其商標。惟，同條第 4 項亦明定，倘商標權人係於非專屬授權登記後，始為專屬授

正已無適用的餘地)，於該準則中列出三項可以授權之情形：(1)外國事業投資占百分之二十以上，亦即如子公司與母公司之情形，國外之母公司於國內投資成立子公司，母公司投資於子公司之金額占母公司之資本額的百分之二十，且其指定使用之商品必須為其投資之子公司生產之產品之範圍內者。(2)技術合作條例。與專門技術等情形有關，如中日合作藥廠，對方可能提供技術並使國內廠商使用其商標。(3)品質優良、具國際市場。該準則業於民國 82 年 7 月 30 日經濟部經中標字第 087694 號令廢止。

❻❹　商標法第 46 條第 1 項。

❻❺　例如商標指定於第 1 類 50 項商品，商標權人僅就其中 30 項商品授權予他人使用。

❻❻　授權的態樣另有「單一授權」(solo licensing)，即，商標權人僅授權予單一被授權人，而商標權人本人亦得使用該商標。

❻❼　據此，商標權人於專屬授權範圍內，如需使用其註冊商標，則應另行取得專屬被授權人之同意。100 年商標法修正案第 39 條修正說明六。

權登記者，在先之非專屬授權登記不受影響❻❽。

專屬被授權人的排他性權利較強，商標法因此賦予其較周延的保護與權利：⑴商標法第 39 條第 6 項——當商標權受侵害時，專屬被授權人於專屬授權範圍內得以自己名義行使權利。除非契約另有約定，則從其約定❻❾。⑵第 40 條第 1 項——專屬被授權人得於被授權範圍內，再授權他人使用。除非契約另有約定，則從其約定。

貳、授權之登記制

多年來，商標專責機關亟力呼籲、鼓勵業者自創品牌，然而，民國 82 年修法，卻大幅放寬授權條件，商標權人得將其註冊商標之商品的全部或一部，授權他人使用，而毋須經商標專責機關核准❼❶。其理由為❼❶：⑴商標授權關係的自律性：商標乃商業主體信譽之表徵，商標權人應較任何人更關切其商標之維護，是否授權他人使用，自會慎重考慮；同理，商標權人對於被授權人之使用，必會嚴加監督，俾免影響其商譽；⑵國外立法例甚少有對授權加諸限制者。換言之，與其說授權規定之修正在鼓勵業者的授權行為，毋寧說其目的在因應國際趨勢，並廢除繁複的授權程序。然而，刪除授權之需合於國家經濟發展條件，是否將有外國商標大量授權國內業

---

❻❽ 設若在前之非專屬授權未經登記，則，在後之專屬授權登記得排除該非專屬授權之嗣後申請登記。再者，前揭專屬被授權人並得排除非專屬被授權人之使用，該非專屬被授權人僅得依民法契約規定轉而向商標權人主張違約。

❻❾ 商標專屬授權僅係商標權人在授權範圍內，予被授權人專有排他之使用權利；商標權人並不喪失商標使用權利以外之權能，如商標權之移轉、設定質權等。是以，專屬授權後之商標侵害行為，若損及商標權人此部分之權利，亦有排除侵害之需要。故於但書明定得由當事人約定商標權受侵害時行使時權利之主體或訴訟擔當。100 年商標法修正案第 39 條修正說明八之㈡。

❼❶ 此為修正前商標法第 26 條第 1 項所明定，現行商標法第 39 條第 1 項亦作如是規定。

❼❶ 商標法案，《法律案專輯》，第 168 輯，頁 259（民國 83 年 8 月）（以下簡稱「82 年商標法案」）。

者，賺取權利金之情事發生，應否加以限制？如何為之？實有待商榷。

　　依商標法第 39 條第 2 項，商標專責機關對商標權之授權，不復有核准的權限，惟為保障消費大眾暨第三人權益，仍規定授權行為應向專責機關登記，方得以對抗第三人❼❷。授權使用之商品或服務，應限於商標權範圍；授權登記後，商標權移轉者，該授權契約對受讓人仍有拘束力。

　　有關證明標章權、團體標章權及團體商標權得否授權乙節，依商標法第 92 條，一如移轉之情事，須其授權無損害消費者利益及違反公平競爭之虞，且經商標專責機關核准者，始可。

　　修正前商標法第 33 條第 4 項明定，被授權人應於其商品、包裝、容器上或營業上之物品、文書，為明顯易於辨識之商標授權標示；如標示顯有困難者，得於營業場所或其他相關物品上為授權標示，俾使消費者得以辨識商品或服務來源為商標權人或其被授權人。101 年修法時以授權標示屬

❼❷　商標法施行細則第 38 條第 1 項明定：申請商標授權登記者，應由商標權人或被授權人備具申請書，載明(1)商標權人及被授權人之姓名或名稱、住居所或營業所、國籍或地區；有代表人者，其姓名或名稱。(2)委任代理人者，其姓名及住居所或營業所。(3)商標註冊號數。(4)專屬授權或非專屬授權。(5)授權始日。有終止日者，其終止日。(6)授權使用部分商品或服務者，其類別及名稱。(7)授權使用有指定地區者，其地區名稱。第 2 項明定授權登記由可由被授權人或商標權人為之。由被授權人申請者，應檢附授權契約或其他足資證明授權之文件；由商標權人申請者，商標專責機關認有必要時，亦得通知檢附前述授權證明文件。又依同條第 3 項，前揭登記應按每一商標各別申請。惟，商標權人有二以上商標，以註冊指定之全部商品或服務，授權相同之人於相同地區使用，且授權終止日相同或皆未約定授權終止日者，得於一授權申請案中同時申請之。修正前施行細則第 29 條明定所約定授權期間超過商標權期間者，以商標權期間屆滿日為授權期間之末日。商標權期間如經延展註冊，應另行申請授權登記。101 年修法時則以一般私法授權契約之約定，授權期間可能超出商標權期間，倘商標權期間屆滿，依法可申請延展，原授權契約效力應不受影響，因而刪除授權期間登記之限制及經延展註冊應另行申請授權登記之規定。惟，被授權人為顧及自身權益，得依商標法施行細則第 35 條第 2 項申請延展商標專用期間。

於商標權管理事項，為商標權人與被授權人依契約自由約定之事項，而予以刪除❼。筆者以為，該規定不宜貿然刪除，蓋以保護消費者亦為授權標示之重要目的之一，欠缺授權標示，消費者無從知悉商品／服務非商標權人所提供，無法選擇是否信賴被授權人提供之商品／服務。

參、再授權

再授權者，謂被授權人將商標另為授權予他人是也。如前所言，民國82年修法前，商標授權採嚴格之核准制，既須有利於我國經濟之發展，又須商標權人得以盡監督責任，維持商品品質。再授權制顯然不易符合前揭要件，按再授權關係係存在於第一被授權人與再授權之被授權人間，如何由商標權人監督其使用？再者，第一次授權既已因合於國家經濟發展而設，有無二次授權之必要，亦有疑義。是以，民國82年修法前否准再授權之行為。惟，配合商標授權之修改為登記制，以及工商企業的要求，民國82年修法明定再授權制❼。

依商標法第40條第1項暨第2項，除非契約另有約定，專屬被授權人得於被授權範圍內，自行再授權他人使用；至於非專屬被授權人，則須經商標權人或專屬被授權人同意，方得再授權他人使用。同條第3項亦明定再授權制，一如第一次授權，須向商標專責機關登記方得對抗第三人。再授權使用之商品、再授權期間及地區，不得逾原授權使用商品之範圍、授權期間及地區❼。

肆、被授權人之使用

過往，在授權案件中，僅被授權人使用而商標權人未自行使用，致商標權遭撤銷或否准延展註冊者，屢見不鮮。然而，授權契約若為專屬授權

---

❼ 100年商標法修正案第39條修正說明七。

❼ 《82年商標法案》，同❼，頁259。

❼ 商標法施行細則第38條第5項。同條第4項亦明定申請商標再授權登記者，並應檢附有權為再授權之證明文件。

者，商標權人本無使用之可能，而為配合當時商標權人監督之規定，以廣告等充當使用之證明，使相關規定失其意義、形同具文。是以，民國76年，行政院函釋，商標被授權人之使用，得視為商標權人之使用❼。民國82年修法時，便將其明定於條文中❼。

現行商標法第 63 條第 1 項第 2 款亦明定，商標權人無正當事由迄未使用或繼續停止使用已滿三年者，商標專責機關應廢止其註冊；惟，倘被授權人有使用者，不在此限。

伍、廢止授權登記

商標授權期間屆滿前有下列情形之一者，當事人或利害關係人得檢附相關證據，申請廢止商標授權登記❼：(1)商標權人及被授權人雙方同意終止者。其經再授權者，亦同。(2)授權契約明定，商標權人或被授權人得任意終止授權關係，經當事人聲明終止者。(3)商標權人以被授權人違反授權契約約定，通知被授權人解除或終止授權契約，而被授權人無異議者。(4)其他相關事證足以證明授權關係已不存在者❼。授權登記之廢止，雖無損於商權人與被授權人間之授權契約的效力，惟，該授權將不得對抗第三人。設若商標權人甲先以非專屬方式授權予乙，並向商標專責機關登記，嗣因

---

❼　行政院臺 76 經 24333 號函，轉引自《82 年商標法案》，同❼，頁 262～263。

❼　82 年商標法第 25 條第 2 項第 2 款但書：「但……或合於商標法第 31 條第 2 款但書者，不在此限。」，同法第 31 條第 1 項第 2 款但書：「但……，或商標授權之使用人有使用者，不在此限。」。

❼　商標法第 41 條。此原為 92 年修正前商標法施行細則第 21 條所明定，民國 92 年修法時以其攸關當事人權益故移列至商標法。原施行細則另訂有兩項廢止授權登記之事由，即經法院判決確定或和解、調解成立，授權關係已消滅者，以及經商務仲裁判斷授權關係已消滅者。

❼　(4)之事由為 101 年修法時所增訂，理由為申請廢止商標授權登記之事由，亦可由當事人或利害關係人持法院相關確定判決，證明授權關係已不存在，故增訂「其他相關事證」以涵蓋之。100 年商標法修正案第 41 條修正說明三之㈡。此似回復 92 年修正前施行細則第 21 條之規定。請參閱❼。

第 41 條之事由，授權登記遭廢止，甲又以專屬方式授權予丙，乙不得向丙主張第 39 條第 4 項之適用，反之，丙得排除乙之使用。

第五節　設定質權

設定質權者，謂以動產或其他財產權作為擔保債權之標的物，債權人並得就標的物出售，所得價金受清償者而言。商標權無疑係屬財產權的一種。依民法第 900 條規定，可讓與之債權及其他權利，均得為質權標的物。

商標權之為質權標的物，最早見於民國 12 年北京政府之商標法第 18 條後段，只是，當時以「抵押」稱之；民國 19 年公布、20 年施行之商標法亦沿襲該規定，迄民國 61 年修法時為止。其中，於民國 24 年將抵押修改為質權之標的物[80]。

民國 61 年修法時，明定商標權不得作為質權之標的物[81]。不許商標權設定質權之理由為：(1)質權人取得商標權人之註冊證明，但商標權人必須使用商標，如此即生商標權如何設定質權之問題；(2)質權期間屆滿，債務人未清償債務，商標權可能淪為被拍賣的權利，則任何人均可藉由商標權之拍賣取得商標權，如此，與商標具有保護消費者利益之原意相違，商標具表彰營業之功能亦生疑問，更與當時商標權之移轉應與營業一併為之的規定不符[82]。然而，隨著工商企業的發展，一枚商標，可經由業者的經營，產生驚人的價值，不亞於有形的財產；由企業發展的角度言之，若不允許業者運用其既有資本——商標，頗有可議之處。民國 82 年修法時，遂以擴大商標權之效用，俾因應工商企業所需為由，明定商標權得為質權之標的物[83]。又因商標權為無體財產權，為顧及第三人權益，明定其設定質權，

---

[80] 24 年修正商標法第 17 條，47 年修正商標法第 15 條。

[81] 61 年修正商標法第 30 條。

[82] 61 年商標法修正案，《立法院公報》，第 61 卷，第 46 期，院會紀錄，頁 20（民國 61 年）。

[83] 82 年修正商標法第 30 條第 1 項。《82 年商標法案》，同[71]，頁 261。當時之商

及質權之變更、消滅，應向商標專責機關登記，否則不得對抗第三人❽。101年修法時增訂共有商標權、或其應有部分之設定質權，均應得全體共有人之同意❽。

　　商標法施行細則明定質權之登記包括設定、移轉及消滅，其中所謂移轉，係指質權擔保之債權因發生繼承或移轉，致使質權人主體發生變動之情形❽。

　　修正前商標法施行細則第31條第2項明定，質權設定登記期間，以商標權期間為限。所約定質權設定期間逾越商標權期間者，以商標權期間屆滿日為質權期間之末日。商標權期間如經延展註冊，應另行申請質權設定登記。101年修正刪除該規定，理由以質權存續期間須視其所擔保債權清償情形而定，為避免延展後須另行申請質權設定登記，造成質權人次序變

標處處長李茂堂先生於審查會中指出，法雖禁止質權，惟早已有許多業者於周轉不靈時，將專用權設定質權予他人，俾行借貸。同註，頁145。

❽　82年修正商標法第30條第1項。《82年商標法案》，前揭書❼，頁261。現行商標法第44條第1項亦作如是規定。申請登記設定質權之商標，經法院命令禁止處分者，其申請將遭駁回。經濟部中央標準局，《商標手冊》，頁113（民國83年7月）。依商標法施行細則第40條第1項，申請商標權之質權設定、移轉或消滅登記者，應備具申請書，並依其登記事項檢附下列文件：⑴設定登記者，其質權設定契約或其他質權設定證明文件。⑵移轉登記者，其質權移轉證明文件。⑶消滅登記者，其債權清償證明文件或質權人同意塗銷質權設定之證明文件、法院判決書及確定判決證明書或與法院確定判決有同一效力之證明文件。又，依第2項，申請質權設定登記者，應於申請書載明該質權擔保之債權額。至於修正前應載明之質權設定登記期間，101年修法時以質權設定日期與該對抗效力無關，故質權登記之申請書無須記載質權設定日期，復以質權因清償而消滅，無登記質權終止日的必要，故予以刪除。101年商標法施行細則第40條修正說明二之㈣。

❽　商標法第46條第1項。

❽　101年商標法施行細則第40條修正說明二之㈠後段。該說明前段則釐清質權變更係指質權人主體不變，其姓名或名稱、住居所或營業所變更之情形，屬商標註冊事項之變更，有同細則第37條規定之適用。

動之爭議，質權登記期間自不宜限制於商標權期間之內，爰予刪除。至於擔保之債權因商標權屆期而未辦理商標權延展，致質權人無法執行其質權者，屬當事人間之私法紛爭，與質權設定期間無關 **❽**。

商標權人為擔保數債權就商標權設定數質權者，其次序依登記之先後定之 **❽**。又按商標權須經授權他人方得使用，是以，質權人非經商標權人授權，不得使用該商標 **❽**。

至於證明標章權、團體標章權及團體商標權，商標法第 92 條則明定不准設定質權。設若准其設定質權，一旦債務人無力清償債務，質權人行使其權利、拍賣質權物 **❾**，購得標章之人是否具備法定資格要件，則非商標專責機關所能管制，故，證明標章權、團體標章權及團體商標權，不得為質權之標的物。

---

❽ 101 年商標法施行細則第 40 條修正說明三。質權人為確保其債權，必要時得依商標法施行細則第 35 條第 2 項申請註冊商標專用期間之延展。

❽ 商標法第 44 條第 2 項。民國 92 年修法時，基於確保質權人之權益，並使商標權人充分發揮商標權之交易價值，明定商標權可重複設定質權，以利商標權人可以之為債權之擔保，惟質權人受償應依先後登記次序定之。92 年商標法修正案，同 ❷，頁討 161。

❽ 商標法第 44 條第 3 項。

❾ 《82 年商標法案》，同 ❼，頁 292。

第六章　商標權之廢止暨消滅

　　商標權固得藉延展而長期持有該項商標權；惟，未必每一註冊商標當然如此。註冊商標於商標權期間內，或有因申請或註冊當時有不予註冊之情事，致遭異議或評定而撤銷商標權；或因註冊後有特定事由而遭廢止❶註冊或因而消滅。其中異議與評定同屬公眾審查制，一旦經商標專責機關審定或評決註冊商標於註冊時有不予註冊之事由則應予撤銷，其註冊自始無效。廢止制則係因註冊後有應予廢止之事由存在而廢止其註冊，該註冊商標自廢止之日失效。註冊商標之消滅則係因法定事由之發生，不待行政處分而自事由發生之次日當然消滅。茲列表簡介前揭四項制度之異同。

項目／制度	異議制	評定制	廢　止	消　滅
申請人	任何人	利害關係人／商標審查人員	任何人／商標專責機關	不待申請
事　　由	1.不予註冊事由（第29條第1項及第30條第1項） 2.廢止之日起三年內不得註冊（第65條第3項）	1.不予註冊事由（第29條第1項及第30條第1項） 2.廢止之日起三年內不得註冊（第65條第3項）	1.變換加附記 2.無正當事由未使用 3.未附加區別標示 4.商標成為通用標章 5.商標實際使用	1.商標權期滿未依法延展註冊 2.商標權人死亡無繼承人者 3.商標權人自行拋棄（第47條）

---

❶　註冊商標之廢止即民國92年修法前之撤銷制。民國92年修法時基於另以行政處分使原先合法取得商標註冊之效力終止，係屬「廢止」之概念，而修正為「廢止其註冊」。商標法修正草案，《立法院第5屆第3會期第9次會議議案關係文書》，頁討180（民國92年4月23日）（以下簡稱「92年商標法修正案」）。

			有致公眾誤認誤信商品性質品質等 6.證明標章、團體標章或團體商標之不當使用 （第 63 條第 1 項及第 93 條第 1 項）	
性　　質	公眾審查制暨行政處分	公眾審查制暨行政處分	行政處分	非行政處分
時　　效	商標註冊公告後三個月內	1.原則上商標註冊公告後五年內 2.商標之註冊違反第 29 條第 1 項第 2 款，第 30 條第 1 項第 1 款至第 8 款者，無時效限制 3.商標之註冊違反第 30 條第 1 項第 9 款及第 11 款係屬惡意者，無時效限制	無時效規定	無時效規定
成立的效果	撤銷商標之註冊，該商標之註冊自始不存在	撤銷商標之註冊，該商標之註冊自始不存在	廢止商標之註冊，該商標之註冊自廢止之日起失其效力	註冊商標自消滅事由發生後消滅

有關公眾審查制之異議及評定業於第四章「審查制度」中討論，本章僅討論廢止暨消滅之相關規定。

第一節　商標註冊之廢止

商標經註冊後倘有法定廢止事由存在，則商標專責機關應依職權廢止其註冊，任何人亦得申請廢止。茲就申請人、廢止事由、廢止程序暨廢止效果，說明如下。

第一項　申請人

依商標法第 63 條第 1 項及第 93 條第 1 項，商標專責機關得依職權或據申請廢止商標之註冊。是，得主張廢止註冊之人可包括商標專責機關及任何申請人。

壹、商標專責機關

商標專責機關基於商標業務之職責，本應對有不當之情事者，予以行政處分，故其得隨時依職權調查註冊商標有無得廢止之事由，倘有，則應廢止其註冊。

貳、任何人

依民國 92 年修正前商標法，撤銷案（亦即現行之廢止制）的申請以利害關係人為限❷；惟，若撤銷事由為證明標章或團體標章之不當使用，則

---

❷　以當時變換加附記為例，係以商標權人及其被授權人為利害關係人；82 年修正商標法第 31 條第 1 項第 3 款，以經登記之被授權人為利害關係人；同項第 4 款者，則以著作權人、新式樣專利權人及其他權利人或其合法被授權人為利害關係人；又凡另案涉及異議、評定、撤銷或申請註冊案之註冊商標，該等爭議案件之相對人，對前揭註冊商標均為利害關係人（經濟部中央標準局，《商標手冊》，頁 148～149（民國 83 年 7 月））。惟，第三人若發現註冊商標有應撤銷之事由時，亦得以舉發方式，要求商標專責機關依職權調查之。

任何人均得申請撤銷。民國 92 年修法時則修正為任何人均得申請廢止，理由為：廢止制度之目的在促使商標權人合法使用其註冊商標權；倘其使用有違法情事，基於公益考量，宜開放公眾監督。是以，廢除利害關係人資格之限制❸。

第二項　廢止事由

　　註冊商標之廢止，係因商標權人使用商標不當所造成。商標權人使用其註冊商標，應符合商標法第 5 條之規定❹，並應注意下列事項❺：(1)使用人——商標權人或經其同意之人，如被授權人❻；(2)使用之商標——須與註冊商標具同一性，且應使用其商標之全部，不得僅單獨使用其中一部分❼。實際使用的商標與註冊商標雖於形式上略有不同，惟實質上並未變更註冊商標主要識別的特徵，依社會一般通念及消費者的認知，仍認為二者為同一商標者❽；(3)使用之商品／服務——應與原註冊指定的商品或服務一致，若僅使用其中部分商品或服務，則未使用之部分商品或服務，將構成商標部分廢止註冊之事由❾；(4)使用的區域——原則上在我國管轄境

---

❸　92 年商標法修正案，同❶，頁討 179。

❹　證明標章、團體標章及團體商標，除商標法第 17 條準用第 5 條外，須各別符合商標法第 83 條、第 87 條及第 90 條規定。

❺　以下依商標專責機關之現行註冊商標使用之注意事項予以整編。註冊商標使用之注意事項，中華民國 108 年 8 月 23 日經濟部經授智字第 10820032230 號令修正發布，108 年 8 月 23 日生效。

❻　被授權人之使用得視為商標權人之使用，不以該授權業經向商標專責機關登記為必要；凡足以認定被授權人有使用註冊商標的事實，仍可以視為商標權人有合法使用。最高行政法院 88 年判字第 3467 號判決，引自註冊商標使用之注意事項第 3.1.2 點，頁 7。

❼　僅使用其中一部分，不認為有使用註冊商標。例如，商標內容有中英文及圖形，商標權人只使用中文、英文或圖形，或其中任兩種的組合均不符合商標法上的使用。註冊商標使用之注意事項第 3.2.1.3 點，頁 18。

❽　商標法第 64 條；註冊商標使用之注意事項第 3.2.1 點，頁 8。

❾　註冊商標使用之注意事項第 3.2.2 點，頁 19～21。前揭注意事項並舉例說明：

內使用為原則，惟，外銷、網路使用❿亦得視為有使用其註冊商標；(5)使用的日期——註冊商標的使用應包含日期，或其他可以辨識其日期之佐證資料；(6)符合商業交易習慣。有關商標註冊之廢止事由明定於商標法第 63 條第 1 項及第 93 條第 1 項：(1)變換／加附記；(2)無正當事由未使用；(3)未附加區別標示；(4)商標成為通用標章；(5)商標實際使用有致公眾誤認誤信商品性質品質等；以及(6)證明標章、團體標章或團體商標之不當使用。茲分述如下。

壹、自行變換／加附記（商標法第 63 條第 1 項第 1 款）

商標權人使用商標之行為構成「自行變換／加附記」者，應予廢止其

---

(1)實際使用的商品／服務範圍是否與註冊指定的商品／服務符合：指定使用於化妝品商品，實際使用於粉餅等類似商品，得認定為該註冊商標有使用於化妝品。(2)指定使用於銀行服務，實際使用於信用卡發行服務，得認定為該註冊商標有使用於銀行服務。(3)指定使用於藥劑調配服務，實際使用於各種病理檢驗服務，不認為該註冊商標有使用於藥劑調配服務。以贈品作為廣告促銷工具，不是為促銷贈品商品，相關消費者也不會認為它是贈品商品的商標，就不是贈品商品的商標使用。如，甲百貨公司在氣球上標示其所有之 A 商標，是以氣球做為廣告媒介物，促銷百貨公司提供的服務，而非做為氣球商品的商標使用。同註，頁 21。承前例，若甲公司向乙購買一批附有乙之註冊商標 B 之香皂禮盒贈送消費滿 5,000 元的消費者，並於禮盒上貼附 A 商標，除可視為甲之提供百貨公司服務的商標使用，亦得視為乙之使用 B 商標於香皂商品。

❿ 判斷註冊商標的網路使用資料是否符合商標法第 5 條規定所稱商標使用的定義，另可考慮下列因素（包括但不限於）：(1)消費者是否確實瀏覽過該網頁，或曾透過該網站提供的資訊，購買其商品或接受其提供的服務。(2)使用人是否在國內提供售後活動（例如：保證或服務），或與我國境內人士建立商業關係，或從事其他商業活動。(3)使用人是否在網頁上標示我國境內的地址、電話或其他足以提供消費者可直接向使用人訂購之聯絡方式。(4)所提供的商品或服務是否可以合法在我國境內交付，相關價格是否以新臺幣標示。倘為國外網址，應視有無我國消費者經由網路訂購該等商品。註冊商標使用之注意事項第 3.4.2 點，頁 25～26。

註冊。其構成要件如下：⑴註冊商標；⑵其內容經商標權人變換或加附記；⑶與他人之註冊商標構成相同或近似；⑷系爭商標與該他人商標使用於同一或類似商品或服務；且⑸有使相關消費者混淆誤認之虞者。

前揭變換／加附記之行為不以商標權人自行為之者為限。依商標法第63條第2項，倘被授權人所為之變換／加附記，係商標權人明知或可得而知而不為反對之表示者，商標之註冊仍應予廢止。

又，變換／加附記後商標與原來的商標已不相同，即使構成近似，亦因商標權人實際使用之商標與原來註冊之商標不同，而不認其有使用之事實，倘註冊後連續三年無正當理由未加以使用註冊商標，將因此廢止註冊❶❶。

再者，任何人未經商標權人同意於同一或類似之商品或服務，使用近似於其註冊商標之商標，有致相關消費者混淆誤認之虞者，既構成商標權之侵害而有民事責任，亦有罰則之處分❶❷。換言之，商標權人之使用商標有本款之情事者，亦可能有同項第2款「無正當事由未使用」之情事，並有民刑事侵權責任。

又，為避免據以廢止之註冊商標有未使用之情事，倘據以廢止之註冊商標已註冊滿三年者，廢止案申請人應檢附申請廢止前三年有使用於據以主張商品／服務之證據，或其未使用有正當事由之事證；所謂使用證據，應足以證明商標之真實使用，並符合一般商業交易習慣❶❸。

貳、無正當事由未使用者（商標法第63條第1項第2款）

按，商標註冊，目的即在取得排他的使用權利，表彰其營業，倘商標權人不予使用，既使商標註冊失其意義，亦阻礙他人之使用相同或近似商

---

❶❶ 商標之使用縱經變換／加附記，倘依一般社會觀念，與原註冊商標不失同一性者，仍可認為註冊商標之使用。《商標手冊》，同❷，頁129～133。

❶❷ 商標法第68條及第95條。作者倪開永先生則認為行為人本身既有註冊商標則其行為不構成侵權。倪開永，《商標法釋論》，頁429（修正3版，民國83年8月）。

❶❸ 商標法第67條第2項準用第57條第2項及第3項規定。

標於同一或類似商品或服務，有損工商企業之發展。故凡無正當事由，於取得註冊後，未曾使用或繼續停止使用滿三年者，將構成廢止註冊之事由。

本款之構成要件為：⑴商標權人未使用其註冊商標；⑵其未使用並無正當事由；⑶其或自註冊後迄未使用或連續停止使用滿三年。

商標法並不以商標權人自行使用為必要，商標被授權人之使用亦視為商標權人之使用，縱令商標權人無正當事由迄未使用或繼續停止使用已滿三年，仍不構成廢止之事由❶。

商標權人未使用註冊商標之情事，可為⑴實際上未使用；⑵未依法定方式使用——如使用之商標內容與註冊之商標內容不符、使用註冊商標之商品或服務非註冊所指定使用之商品或服務。商標法就商標、證明標章、團體標章及團體商標之使用予以明文規範❶，凡非屬所定商標或標章之使用方式者，不視為商標之使用。

商標權人之使用應符合商業交易習慣❶；其實際使用之商標與其註冊

---

❶　商標法第 63 條第 1 項第 2 款但書所明定。有關被授權人之使用，請參閱第五章第四節「授權」之肆「被授權人之使用」。民國 92 年修正前商標法訂有聯合商標暨防護商標，其使用得否視為正商標之使用，茲說明如下：聯合商標有使用，而正商標未使用者，早於民國 12 年北京政府之商標法（第 19 條第 2 項）即明定：「聯合商標之使用，得免除正商標之撤銷。」民國 19 年公布、20 年施行之商標法，亦沿襲該規定，至民國 61 年增訂「防護商標」，又於第 31 條第 2 項增列「防護商標之使用，亦得免除正商標之撤銷」。迄民國 82 年修法前，仍維持該項規定。惟，聯合商標所使用之商品，未必與正商標所指定使用之商品為同一，倘非同一時，不宜視為正商標之使用。商標法案，《法律案專輯》，第 168 輯，頁 262〜263（民國 83 年 8 月）（以下簡稱「82 年商標法案」）。防護商標之使用，更與正商標所指定使用之商品，絕非同一，故於民國 82 年修法時，刪除防護商標之使用得視為正商標使用之規定。至於被授權人之使用，依行政院臺 76 經 24333 號函，可視為專用權人之使用，故亦於民國 82 年修法時明定之。《82 年商標法案》，同上，頁 263。現行商標法已刪除聯合商標暨防護商標，故相關規定已一併刪除。

❶　商標法第 5 條、第 83 條、第 87 條及第 90 條。請參閱第五章第二節「商標權限」。

❶　商標法第 65 條第 2 項及第 67 條第 3 項準用第 57 條第 3 項。

商標不同，而依社會一般通念並不失其同一性者，應視為有使用❶。

倘申請廢止時，系爭註冊商標已經使用者，不廢止其註冊；惟，倘商標權人之使用係因知悉他人將申請廢止，而於申請廢止前三個月內開始使用者，仍將廢止其註冊❸。

有關本款事由之廢止案，商標權人應於答辯通知送達後，證明其有使用之事實，屆期未答辯者，商標專責機關得逕行廢止其註冊。

參、未附加適當區別標示（商標法第 63 條第 1 項第 3 款）

商標主要功能在表彰商品或服務之來源，並使消費者得辨識其不同之來源。註冊商標一旦喪失前揭功能，商標法便無予以保護之必要。

倘移轉商標權之結果，使得兩個以上之商標權人使用相同商標於類似之商品或服務，或使用近似商標於同一或類似之商品或服務，且有致相關消費者混淆誤認之虞者，則依商標法第 43 條，各商標權人使用時應附加適當區別標示。商標權人若未依法附加適當區別標示，則有致相關消費者混淆誤認之虞，基於保護消費者以及商標之喪失表彰商品或服務來源之功能，商標專責機關應廢止其註冊。惟，商標權人若於商標專責機關處分前已附加區別標示且無產生混淆誤認之虞者，則不予廢止❾。

---

❶ 商標法第 64 條。商標權人實際上使用商標時，常就大小、比例或字體等加以變化，倘依社會一般通念仍可認識與註冊商標為同一者，仍應屬註冊商標之使用；此原載於商標專責機關之《商標手冊》中。《商標手冊》，同❷，頁 129、141。

❸ 商標法第 63 條第 3 項。

❾ 商標法第 63 條第 1 項第 3 款但書。相較於本款但書規定，商標法第 63 條第 3 項似予未使用註冊商標之商標權人較嚴苛的規定：(1)商標權人須於廢止申請前已開始使用，本款之商標權人則僅須於商標專責機關為廢止處分前附加區別標識即可；(2)倘商標權人於廢止申請前三個月內因知悉將有廢止案而使用，仍予廢止，而本款商標權人仍得於知悉廢止案後，始附加區別標識，免於廢止。前揭第 3 項之意旨，應以商標權人既因知悉將有廢止案而予使用，其使用係為避免遭廢止而為，故仍予廢止；同理，本款但書亦有同等情事，法律

肆、商標成為通用標章、名稱或形狀者 （商標法第 63 條第 1 項第 4 款）

通用標章、名稱或形狀者，係指其為同業間所普遍使用者，基於公平競爭之考量，不得由特定業者持有而排除其他業者之使用。是以，倘商標於註冊前已為所指定商品或服務之通用標章或名稱者，依商標法第 29 條第 1 項第 2 款，不得予以註冊。惟，商標於其商標權期間內始成為通用標章、名稱或形狀者，則非前揭款次所得規範[20]。

倘商標於註冊後始成為所指定商品或服務之通用標章、名稱或形狀者，基於公平競爭考量，仍應廢止其註冊[21]。此類事由之發生，主要因商標權人未適度維護其商標所致，例如㈠商標權人為促銷其商品或服務而以其商標替代商品或服務名稱，尤其當商品為新穎創新者，如具專利之物品。㈡同業間屢以該註冊商標直指其所指定使用之特定商品或服務、或大眾屢以該註冊商標為其所指定使用之特定商品或服務之替代名稱等，商標權人未採取行動予以制止。久而久之，該商標便成為特定商品或服務之通用名稱。

是以，商標權人應將商標當形容詞，而避免當名詞或動詞使用，如以

效果卻截然不同。按，第 2 款暨第 3 款擬保護之法益，前者為避免不使用的註冊商標阻礙他人使用，有損整體企業的正常發展；後者為確保消費者權益及商標的功能。二者均極具重要性，何以後者得以於廢止申請後修正其不當使用之行為，而免於廢止，前者縱令於廢止前使用仍予廢止，令人費解。

[20]　商標註冊消極要件中只規範通用標章或名稱，廢止制度則擴及通用形狀。筆者以為顧及商標法之一致性，宜於消極要件中增訂通用形狀之適用。

[21]　如 "Aspirin" 原為特定廠牌之止痛藥商標名稱，如今卻成為止痛藥之通用名稱。"Xerox" 係影印機的商標，一度被大眾作為「影印」的代名詞而將其當做動詞使用，嗣經其商標權人投入大筆經費宣傳 "Xerox" 係商標名稱而非普通用語，以避免 "Xerox" 成為「影印」通用名稱。近期如搜尋引擎 Google，大眾便屢將 google 當上網搜尋的代名詞，如：「想找資料就 google 下」，而遭質疑其已通用化 (genericide)，並非有效的註冊商標。如 Elliott v. Google, Inc. 一案，所幸美國聯邦第九巡迴上訴法院仍認定其為有效的商標。860 F.3d 1151 (9th Cir. 2017). 聯邦最高法院拒絕受理其上訴案，是以，該案已確定。

AA 商標使用於感冒藥，促銷時應強調「感冒請服用 AA 感冒藥」，而非「感冒請服用 AA」，也不宜以 AA 取代「服用 AA 感冒藥」。

伍、商標之實際使用有致公眾誤認誤信其商品或服務之性質、品質或產地之虞者（商標法第 63 條第 1 項第 5 款）

商標若有致公眾誤認誤信其商品或服務之性質、品質或產地之虞者，不准註冊，為商標法第 30 條第 1 項第 8 款所明定。而商標若於其商標權期間因商標權人之使用，致有誤認誤信之情事則非前揭規定所得規範。為避免商標權人之不當使用致影響正常之交易秩序，倘商標權人實際使用其商標時，有致公眾誤認誤信其商品或服務之性質、品質或產地之虞者，商標專責機關應廢止其註冊❷。例如：申請人據第二意義就商品之成分名稱 A 取得註冊商標，嗣更改成分為 B，而不再具有成分 A，此時其註冊商標 A 便成為不實或錯誤描述，即有構成本款之虞。

陸、標章之不當使用（商標法第 93 條第 1 項）

前揭壹至伍之廢止事由亦適用於證明標章、團體標章及團體商標，除此，商標法第 93 條第 1 項亦針對標章明定不當使用之廢止事由。倘標章權人以證明標章、團體標章或團體商標為不當使用致生損害於他人或公眾者，商標專責機關得依任何人之申請或依職權廢止其註冊。該項規定之適用以證明標章、團體標章或團體商標為限，而不及於商標。

所謂不當使用，係指下列情事之一❷：

一、證明標章作為商標使用

依商標法第 83 條，證明標章之使用，係指經證明標章權人同意之人，

---

❷ 92 年商標法修正案，同❶，頁討 182。

❷ 不當使用之規定原訂於商標法施行細則，民國 92 年修法時以其事關人民權益故於本法中予以規範。101 年修法時刪除原第 2 款「團體標章或團體商標之使用，造成社會公眾對於該團體性質之誤認。」理由以該款可為商標法第 63 條第 1 項第 5 款所涵蓋，故予刪除。100 年商標法修正案第 93 條說明三之㈡。

依證明標章使用規範書所定之條件，使用該證明標章，與將商標之使用於商標權人自己提供之商品／服務不同。將證明標章作為商標使用，顯屬不當之使用❷。

二、證明標章權人從事其所證明商品或服務之業務

證明標章之申請人不得從事於擬證明之商品／服務之業務❷，是以證明標章權人違反該規定，自應廢止其註冊。

三、證明標章權人喪失證明該註冊商品或服務之能力

證明標章之申請人應具備證明他人商品／服務之能力❷，倘已喪失該等能力，自與申請人之資格條件不符，理應構成廢止證明標章註冊之事由。

四、證明標章權人對於申請證明之人，予以差別待遇

此原為92年修正前商標法施行細則第47條所明定，101年修法時為確保證明標章證明之功能，明定證明標章權人對於申請證明之人，有差別待遇者，亦構成廢止證明標章註冊之事由❷。

五、違反規定而為移轉、授權或設定質權

商標法第92條已明定證明標章、團體標章或團體商標授權及移轉之條件，並明定其不得設定質權。違反第92條之規定而為移轉、授權或設定質權者，非但其處分行為無效，其標章之註冊亦因不當使用而應予廢止。

六、未依使用規範書為使用之管理及監督

證明標章、團體標章及團體商標於申請時均應檢附使用規範書，俾為權利人對使用人之管理與監督之依據與標準。此亦為取得註冊之必要條件，倘權利人未依使用規範書為使用之管理及監督，自為廢止註冊之事由。

前揭證明標章、團體標章及團體商標之不當使用，倘屬被授權人之行

---

❷　101年修正前另定有「或標示於證明標章權人之商品或服務之相關物品或文書上」，101年修法時則以其可為商標之使用所涵蓋，故予以刪除。100年商標法修正案第93條修正說明三之㈠。

❷　商標法第81條第2項暨第82條第1項。

❷　商標法第81條第1項暨第82條第1項。

❷　100年商標法修正案第93條修正說明三之㈤。

為，且證明標章權人、團體標章權人或團體商標權人明知或可得而知而不為反對之表示者，亦應廢止其註冊。

七、其他不當方法之使用，致生損害於他人或公眾之虞

此為概括性規定，使涵蓋所有不當使用之情事❷。

第三項　廢止程序

依商標法第63條第1項或第93條第1項規定申請廢止程序者，應備具廢止申請書及副本，倘廢止之事實及理由不明確或不完備者，商標專責機關得通知申請人限期補正❷。

商標專責機關應將廢止申請之情事通知商標權人，並限期答辯；惟，若申請人之申請無具體事證或其主張顯無理由者，得逕予駁回；商標權人應於商標專責機關所定期限內提出答辯書及副本；商標專責機關應將前項副本送達申請人❸。

有關商標未使用之廢止情事，商標權人應證明其有使用之事實，屆期未答辯者，商標專責機關得逕行廢止其註冊❸。

此外，商標法第48條第2項及第3項有關提起異議得指定部分商品或服務及一商標一申請原則、第49條第1項有關提出之程序及第3項商標專責機關不待通知逕行審理之情事、第52條有關審理程序中商標權移轉效力，及第53條異議人於程序中撤回異議之規定，於廢止案審理程序中均予以準用❸。

一如異議、評定案，商標權人亦得於此時就商標案申請下列事項❸：

---

❷　例如：未經查驗或明知不合證明條件而同意標示證明標章者（法令另有規定者，不在此限）。請參閱92年修正前商標法施行細則第47條。

❷　商標法第67條準用第49條第1項，商標法施行細則第46條準用第42條第1項。

❸　商標法第65條第1項及商標法施行細則第46條準用第43條。

❸　商標法第65條第2項。

❸　商標法第67條。

❸　商標法第37條暨第38條第1項。

(1)變更案──減縮所指定使用之商品或服務項目，刪除有爭議的項目；(2)分割案──將有爭議與無爭議之項目予以分割區隔。商標專責機關受理前揭案件，應先處理完畢始續行廢止案之審查❸❹。廢止案處分前，被申請廢止之商標權經核准分割者，商標專責機關應通知廢止案申請人，限期聲明就分割後之各別商標續行廢止；屆期未聲明者，以全部續行廢止案論❸❺。反之，廢止案申請人若於商標權經核准分割公告後，始對分割前註冊商標申請廢止者，商標專責機關應通知廢止案申請人，限期指定擬申請廢止之商標，分別檢附相關申請文件，並按指定被申請廢止商標之件數，重新核計應繳納之規費；規費不足者，應為補繳；有溢繳者，廢止案申請人得檢據辦理退費❸❻。

第四項　廢止效果

依行政程序法第 125 條，合法行政處分經廢止後，自廢止時或自廢止機關所指定較後之日起失其效力。但受益人未履行負擔致行政處分受廢止者，得溯及既往失其效力。

是以，商標之廢止效果，原則上其註冊應自廢止之日起失其效力。然而，有關商標未使用遭廢止乙事，應屬「未履行負擔致行政處分受廢止」之情事。其廢止效果，應依其究係註冊後迄未使用或連續三年未使用，而溯至其註冊之日或申請廢止之日前三年，喪失註冊之效力。

倘廢止之事由僅存在於註冊商標所指定使用之部分商品或服務者，將僅就該部分之商品或服務廢止其註冊❸❼。例如，商標權人原申請註冊指定使用於二十項商品，惟，實際僅使用於其中十四項商品，商標專責機關就該商標權將保留其於該十四項商品之權利，而廢止其於未使用之六項商品的註冊。

---

❸❹　商標法第 38 條第 3 項。
❸❺　商標法施行細則第 46 條準用第 45 條。
❸❻　商標法施行細則第 46 條準用第 44 條。
❸❼　商標法第 63 條第 4 項。

又有關變換／加附記之情事，商標經廢止註冊者，原商標權人於廢止之日起三年內，不得註冊、受讓或被授權使用與原註冊內容相同或近似之商標於同一或類似之商品或服務；其於商標專責機關處分前，聲明拋棄商標權者，亦同❸。按前揭情事之發生，係因商標權人故意之行為所致，為懲戒商標權人，故明定其於廢止之日起三年內，不得註冊使用與原註冊商標相同或近似之商標於同一或類似之商品或服務。又為防止商標權人以受讓、被授權之方式規避「自行註冊」之禁止規定，而一併禁止其受讓或被授權；再者，商標權人亦有以拋棄規避遭廢止之事由，故明定於商標專責機關處分前，聲明拋棄商標權者，亦有前揭三年內不得註冊、受讓或被授權等規定之適用。

第二節　商標權之消滅

不同於廢止與異議或評定，商標權因特定事由發生，毋需任何人之主張，亦不待商標專責機關之處分，而有當然消滅的效果。

第一項　消滅事由

商標權消滅之事由有三❸：⑴商標權期滿未依法延展註冊；⑵商標權人死亡而無繼承人；及⑶商標權人拋棄商標權。

壹、商標權期滿未依法延展註冊

商標權期間為十年，期滿得申請延展，依商標法第34條，延展註冊申請應於商標權期間屆滿前六個月內提出，並繳納延展註冊費；倘逾前揭期限，於商標權期間屆滿後六個月內提出申請者，應繳納二倍延展註冊費。

---

❸　商標法第65條第3項。
❸　商標法第47條。

貳、商標權人死亡而無繼承人 ❹

依民法第 1185 條，倘於第 1178 條所定六個月公示催告期滿，無繼承人承認繼承時，其遺產於清償債權並交付遺贈物後，如有賸餘，歸屬國庫。商標權人死亡而無繼承人，係指已依前揭第 1185 條確定無繼承人，應歸屬國庫之情事。然，以商標權之無體財產權性質及其與企業發展之密切關聯，與其歸屬國庫，終歸拍賣乙途，毋寧使其落入公共財，令擬使用者就其取得商標註冊，更足以發揮其效益。

倘商標權屬共有者，其中一人死亡無繼承人者，商標權不因此消滅，其應有部分由其他共有人依所持應有部分之比例分配之 ❹。

參、商標權人拋棄商標權

民國 92 年修法時明定，商標權人得以書面向商標專責機關拋棄其商標權；惟，基於保護被授權人及質權人，有授權登記或質權登記者，商標權人之拋棄其商標權應得被授權人或質權人的同意 ❹。商標權屬共有者，共

---

❹ 民國 86 年修法前明定「商標權人為法人，經解散或專責機關撤銷登記者」，亦為消滅之事由，並明定清算程序或破產程序終結前，其專用權視為存續。該規定於 86 年修法時予以刪除。理由為：商標之經濟價值，不亞於其他財產，不宜輕易定其當然消滅，此立法為國際間所罕見，故刪除之。86 年商標法修正案，《立法院公報》，第 86 卷，第 17 期，院會紀錄，頁 80（民國 86 年）。除此，亦應與 82 年修法時「專用權之移轉已不需與營業一併為之」有關。

❹ 商標法第 46 條第 3 項。共有商標權人消滅無承受人者，亦同。

❹ 商標法第 45 條。過往，商標權，原則上，可由商標權人隨時撤銷，即自請撤銷，毋需經由商標主管機關之處分。其得撤銷之事由，亦不以商標法所明定者為限。自請撤銷，原為商標法所明定，最早見於民國 12 年北京政府商標法（第 19 條），嗣為民國 19 年公布之商標法所沿用，迄民國 82 年修法時，以其為當然之理，毋庸規定，而予刪除。《82 年商標法案》，同❹，頁 262。而商標法上之「自請撤銷」即相當於專利法上「當然消滅」中之專利權人「拋棄」事由，效力亦相當。故民國 92 年修法時明定商標權之拋棄。惟，民國 82

有商標權之拋棄應得全體共有人之同意，倘僅其中一人拋棄其應有部分，商標權不因此消滅，其應有部分由其他共有人依所持應有部分之比例分配之❹。

第二項　消滅效果

商標權自消滅事由發生後失其效力。101 年修法時將原定於施行細則之消滅時點明定於商標法應屬妥適。依商標法第 47 條：⑴未依第 34 條規定申請延展，商標權自該商標權期間屆滿後消滅；⑵商標權人死亡無繼承人者，商標權人死亡後消滅；⑶商標權人拋棄商標權者，自其書面表示到達商標專責機關之日消滅。

商標權之消滅，係因特定事由發生而當然消滅，既無行政處分，商標權人自不得以商標權消滅為由，提起行政救濟。

年修法時以「自請撤銷」為當然之理而予刪除，101 年修法時又予明定並未說明具體理由。

❹　商標法第 46 條第 2 項。

第七章　商標權之侵害與救濟

　　商標權之侵害，顧名思義，即行為人未經商標權人同意，以行銷為目的，使用其註冊商標之謂。各國立法，均予受侵害之商標權人請求民事救濟的權利。部分國家對於故意的侵害行為，另有刑責規範❶，我國亦然❷。茲就我國民事暨刑事相關規範，予以討論。有關商標權之保護及仿冒之禁止，可見諸於商標法及刑法之規範，公平交易法基於維護公平競爭，另針對未註冊之著名商標予以規範。至於商標訴訟案件之處理，法院得設立專業法庭或指定專人辦理❸。

第一節　民事救濟

　　商標法明定得主張民事救濟之權利人（請求權人），構成民事責任之商標權侵害態樣以及民事救濟。公平交易法亦然。

---

❶　2 Stephen Ladas, Patents, Trademarks, and Related Rights, National and International Protection 1114 (1975).

❷　我國有關民、刑事救濟之規定，可見諸於光緒 30 年之商標註冊試辦章程（第 19 條至第 22 條）；民國 12 年北京政府商標法（第 36 條，第 39 條至第 43 條）；民國 19 年公布、20 年施行之商標法並未規定，惟於民國 24 年修正時，即增訂民、刑事救濟之相關規定（第 37 條）。

❸　商標法第 79 條。例如：民國 97 年 7 月 1 日設立之智慧財產法院，除此，多數地院亦設有智慧財產專股（庭）。引自林欣蓉，我國智慧財產訴訟之變革與展望，智慧財產權月刊，第 182 期，頁 62～84，78（民國 103 年 2 月）。按：立法院業於民國 108 年 12 月 17 日三讀通過《商業事件審理法》與《智慧財產及商業法院組織法修正案》，二者並於民國 109 年 1 月 15 日經總統令公布，施行日期由司法院定之；未來智財法院將改為「智慧財產及商業法院」。

第一項　請求權人

凡持有註冊商標之商標權人，當然為請求民事救濟之權利人，除此，依商標法第 39 條取得專屬授權之被授權人於其專屬授權範圍內，得以自己名義行使權利❹。惟，應以該授權業經向商標專責機關登記者為限，方符合登記對抗之效果。

又，商標法所保護之商標權人等，包括本國人及外國人，後者並不以業經認許者為限，只需符合商標法第 4 條互惠原則之規定即可。配合前揭規定，商標法第 99 條前段明定未經認許之外國法人或團體，就本法規定事項得為告訴、自訴或提起民事訴訟。然而，就外國公司之申請認許乙節，公司法第 4 條業於民國 107 年 11 月 1 日修正施行，刪除外國法人於我國營業須經認許之規定❺。是以，商標專責機關於 108 年 11 月公布之商標法部分條文修正草案第 99 條已將「未經認許」乙詞予刪除❻。又，證明標章的取得不以申請人為法人或政府為限，亦可為非法人團體。是以，第 99 條後段亦規定，我國非法人團體經取得證明標章權者，亦得為告訴、自訴或提起民事訴訟。

公平交易法則僅規定被害人為請求權人（公平交易法第 29 條至第 33 條）。

第二項　商標權之侵害態樣

商標法所定之商標侵害係以註冊商標為標的，公平交易法所定之商標侵害則以未取得註冊之商標為限。

---

❹ 商標法第 69 條及第 39 條第 6 項。惟，商標權人與被授權人間另有約定者，從其約定。同法第 39 條第 6 項但書。

❺ 107 年修正前公司法第 4 條明定，所謂外國公司，係以營利為目的，依照外國法律組織登記，並經我國政府認許我國境內營業之公司。現行公司法第 4 條則明定凡外國公司業依外國法律組織登記，於法令限制內，與我國公司有同一之權利能力。

❻ 修正草案第 99 條如下：「外國法人或團體，就本法規定事項得為告訴、自訴或提起民事訴訟。我國非法人團體經取得商標權或證明標章權者，亦同。」。

第一款　商標法上之商標權侵害

依商標法第 68 條及第 70 條之規定，商標侵害態樣包括未得商標權人同意而為下列行為：(1)違反商標法第 35 條第 2 項之規定者，亦即侵害註冊商標權限；(2)使用相同或近似於他人著名之註冊商標的商標；(3)使用他人著名之註冊商標之文字作為表彰自己營業主體之名稱；(4)輔助侵害之行為。其中(2)至(4)係擬制侵害之態樣。

壹、違反商標法第 35 條第 2 項之規定者

商標法第 35 條第 2 項明定，商標權限包括商標權人得排除他人未經其同意而為下列行為：㈠於同一商品或服務，使用相同於其註冊商標之商標者；㈡於類似之商品或服務，使用相同於其註冊商標之商標，有致相關消費者混淆誤認之虞者；㈢於同一或類似之商品或服務，使用近似於其註冊商標之商標，有致相關消費者混淆誤認之虞者。是以，倘行為人未徵得商標權人之同意而為前揭行為，即構成商標權之侵害。101 年修法時則將前揭行為態樣於第 68 條逐款臚列。

第 68 條明定前揭行為係未得商標權人同意，並以行銷為目的所為者。所謂「行銷目的」，係指未經商標權人同意，於交易過程 (in the course of trade) 中而使用商標的商業行為，惟，不包括單純購買的消費行為❼。按經濟利益可能轉換為無形資產或延後發生，是以行銷之目的不以現實取得

---

❼　經濟部智慧財產局，《商標法逐條釋義》，頁 226（民國 106 年 1 月）。例如，被告中華郵政向第三人購得仿冒附有原告註冊商標（註冊第 1151522、715676 號「飄逸」與註冊第 817429 號 "PIAO I" 商標，以下稱本案系爭商標）之飄逸杯 1350 組，將其贈予投保壽險之投保人。法院指出：被告既非將系爭商標使用於自身保險業務，亦未將仿冒之飄逸杯作為銷售等具商業目的之使用；換言之，被告並無以系爭商標表彰自己之商品或服務之意思，亦無以系爭商標行銷自己商品或服務之目的。其行為非屬商標之使用，是以不構成商標權之侵害。智慧財產法院 98 年度民訴字第 2 號民事判決 （民國 99 年 6 月 8 日）。

利潤或有營利目的為必要，倘行為人使用他人之商標可減免其費用之支出，即使未向相關消費者收取費用，亦屬行銷目的或為商業目的而使用或利用❽。除此二要件外，各侵害態樣之構成要件如下。

就前揭㈠之侵害行為，其構成要件為：⑴行為人之商標與註冊商標相同；以及⑵使用於同一商品或服務。此類型之侵害，商標權人毋需證明行為人之使用有致相關消費者混淆誤認之虞。若為前揭㈡或㈢之行為，構成要件為：⑴行為人之商標與註冊商標相同或近似；⑵使用方式有三，①將相同之商標使用於類似商品或服務，②將近似之商標使用於同一商品或服務，或③將近似之商標使用於類似之商品或服務；⑶行為人之使用有致相關消費者混淆誤認之虞。

行為人應否為故意或過失乙節，揆諸第 69 條規定，商標權侵害之成立不以故意或過失為限，僅於請求損害賠償時方以故意或過失者為限❾。

---

❽ 智慧財產法院 102 年度民商上字第 3 號民事判決（民國 102 年 9 月 26 日）。該案中被告大學取得教育部補助 192 萬元執行技專技院提升學生外語能力計畫，於校內架設「Tutor ABC 英文線上學習教室」供校內學生免費報名使用。原告係 "TutorABC" 註冊商標權人對被告提起商標侵權之訴。原審認定被告之行為非為行銷目的、不構成商標侵權。原告上訴。上訴審法院改認定被告之行為構成侵權：法院以被告標示 "Tutor ABC" 足以使相關消費者認識其為商標，藉此攀附系爭商標 "TutorABC" 之知名度，減免廣告費用之支出，並取得相當之經濟利益（1.教育部補助經費——扣除師資、硬體必要費用後之利潤；2.增加招生之經濟效益——因提供前揭課程所致）；是以，不論是否向學生（消費者）收取費用，均屬以行銷目的使用系爭商標，不得因教育或教學目的損害商標權人之權益。

❾ 筆者則以為商標之侵害仍以故意或過失為限。依刑法第 13 條暨第 14 條，故意，係指行為人對於構成犯罪之事實，明知並有意使其發生，或預見其發生而其發生並不違背其本意者；過失，則為行為人雖非故意，但按情節應注意、能注意，而不注意；或雖能預見犯罪之事實的發生，而確信其不發生者。請求權人須證明行為人之故意。商標獲准註冊後，本應公告於商標公報，藉以達到公示效果，是以，商標權之侵害，行為人實難以推辭不知商標權之存在，而主張其無故意；縱令其確實未注意，亦因有公報公告，行為人應於使用商

貳、使用相同或近似於他人著名之註冊商標的商標（商標法第 70 條第 1 款）

倘行為人明知為他人著名之註冊商標，而使用相同或近似之商標，致有減損著名商標之識別性或信譽之虞者，構成商標權之侵害。此類型主要在保護已註冊之著名商標，至於未註冊之著名商標則無本款之適用。行為態樣為「商標之使用」❿。

本款之構成要件為(1)行為人為故意；(2)侵害之商標為著名之註冊商標；(3)行為人使用相同或近似之商標；及(4)有減損著名商標之識別性或信譽之虞。

此項侵害類型，並不問行為人使用商標之商品／服務與著名註冊商標使用之商品／服務是否有關，其營業範圍亦不受此限制。本類型之侵害結果毋需有致相關消費者混淆誤認之虞，而需對著名商標之識別性或信譽有減損之虞⓫。

標前，先行檢索查閱，否則即為「應注意、能注意，而不注意」，構成過失。何孝元教授亦採如是之見解，何孝元，《工業所有權之研究》，頁 242（重印 3 版，民國 80 年 3 月）。除此，亦可依民法第 184 條第 2 項規定，以違反保護他人之法律，致生損害於他人者負賠償責任。除非行為人得證明其無過失。

❿　「非商標之使用」係指行為人將商標之文字作為商標以外之用途，如網域名稱、商號名稱等。

⓫　修正前商標法第 62 條第 1 款，其並未規定「之虞」二字，故其適用以實際上有減損之情事方可。該規定係參酌西元 1996 年美國聯邦商標淡化法 (15 U.S.C. §1125) 所定。美國嗣因西元 2003 年之 Moseley v. Secret Catalogue, Inc. (537 U.S. 418 (2003)) 乙案判決而修法。該案因著名商標 "Victoria's Secret" 之商標權人 Secret Catalogue 公司認為被告 Moseley 之使用 "Victor's Little Secret"，對其前揭商標構成淡化（亦即減損其識別性或信譽）之虞而提起訴訟。聯邦最高法院引據聯邦商標淡化法，指出該法有關淡化之結果並無「之虞」(likelihood) 乙詞，是以，須實際有淡化之情事，如減損識別性或信譽，商標權人方得主張救濟。該判決引起廣泛批判，蓋以，著名商標權人須俟商標已遭淡化始可排除他人使用，對商標權人所造成之損害亦已無以回復。美

　　筆者以為行為人之使用相同／近似於著名註冊商標，除下列兩種情形：
(1)使用於同一或類似商品／服務，致有混淆誤認之虞——此可直接適用第
68 條之規定；(2)使用於性質相無關聯之商品／服務，致有商標淡化之
虞——適用本款之規定。另有，使用於性質相關聯之商品／服務，致有混
淆誤認之虞，此等情事卻無適度條文可主張。因此，宜參考第 30 條第 1 項
第 11 款，於前揭構成要件(4)增修為「有致相關公眾混淆誤認之虞或有減損
著名商標之識別性或信譽之虞」方為周延。

參、使用他人著名之註冊商標之文字作為表彰自己營業主體之名稱（商標法第 70 條第 2 款）

　　行為人明知為他人著名之註冊商標，而以該商標中之文字作為自己公
司、商號、團體、網域或其他表彰營業主體之名稱，有致商品或服務相關
消費者混淆誤認之虞或有減損該商標之識別性或信譽之虞者。此類型主要
在保護著名註冊商標，使免於遭他人以「非商標之使用」的方式利用，致
相關消費者有混淆誤認之虞或減損其識別性或信譽之虞。

　　本款之構成要件為(1)行為人為故意；(2)侵害之商標為著名之註冊商標；
(3)行為人使用商標中之文字；(4)以下列方式表彰自己營業主體——作為自
己的①公司名稱，②商號名稱，③團體名稱，④網域名稱，或⑤任何表彰
營業主體之名稱等；及(5)有致商品或服務相關消費者混淆誤認之虞或減損
商標之識別性或信譽之虞。

肆、輔助侵害（商標法第 70 條第 3 款）

　　行為人明知有第 68 條侵害商標權之虞，仍製造、持有、陳列、販賣、
輸出或輸入尚未與商品或服務結合之標籤、吊牌、包裝容器或與服務有關
之物品者，亦視為商標權之侵害。此規定目的在杜絕商標侵權之準備、加

　　國聯邦國會遂於 2006 年通過商標淡化修正法 (Trademark Dilution Revision
　　Act) 將商標淡化改成為商標淡化之虞。我國於 101 年修法時亦改為減損識別
　　性或信譽之虞。

工或輔助行為。

　　本款之構成要件為：⑴行為人故意；⑵明知有第 68 條侵害商標權之虞；⑶製造、持有、陳列、販賣、輸出或輸入；⑷尚未與商品或服務結合之標籤、吊牌、包裝容器或與服務有關之物品。

第二款　公平交易法上之商標侵害

　　依公平交易法第 22 條第 1 項，公平交易法上侵害他人商標之態樣有二：⑴仿冒他人著名之商標；⑵仿冒他人著名之標章。

　　依公平交易法第 2 條，所規範之對象須為事業，蓋以公平交易法原本即在規範事業之相關行為。所謂事業，係指⑴公司；⑵獨資或合夥之工商行號；⑶同業公會；或⑷其他提供商品或服務，從事交易之人或團體。

壹、仿冒他人著名商標（公平交易法第 22 條第 1 項第 1 款）

　　凡因仿冒他人著名商標致構成不公平競爭者，應符合下列構成要件：

一、使用他人著名商標

　　公平交易法的目的不在保護商標權，而以排除不公平競爭為目的，是以，本款著名之商標應以未經註冊者為限，此為同條第 2 項所明定。本款適用之標的包括他人著名之姓名、商號、公司名稱、商標、商品容器、包裝、外觀或其他顯示他人商品之表徵。本款所謂「商品容器、包裝、外觀或其他顯示他人商品之表徵」，應可涵蓋於商標法之立體商標。

二、於同一或類似之商品為相同或近似之使用或販運仿冒品

　　此係指以相同或近似之商標、使用於同一或類似商品之營業，倘商標不近似或從事之營業不同，自無混淆之虞，遑論競爭之不公平。

　　至於販賣、運送或輸出入仿冒之商品者，亦有礙公平競爭。

三、與他人商品構成混淆者

　　行為人之仿冒行為，致使消費者對商品有混淆、誤認時，其行為足以認定有妨礙公平競爭之情事。

貳、仿冒他人著名標章（公平交易法第22條第1項第2款）

凡因仿冒他人著名標章致構成不公平競爭者，應符合下列構成要件：

一、使用他人著名之標章

一如商標之仿冒，標章亦以未業經註冊者為限（同條第2項），但須為相關事業或消費者所共知者。所謂標章者，應指92年修正前商標法之服務標章而言。

本款適用之標的包括他人著名之姓名、商號、公司名稱、標章或其他顯示他人營業或服務之表徵。

二、於同一或類似之服務為相同或近似之使用

此係指以相同或近似之標章、使用於同一或類似之服務，倘標章不近似或從事之營業不同，自無混淆之虞，遑論競爭之不公平。

三、與他人之營業或服務之設施或活動構成混淆者

行為人之仿冒行為必有導致混淆之情事，方足以構成不公平競爭。至於標章之使用，係以提供抽象之服務為主要內容，故無同項第1款所謂販賣、運送、輸出入之情形。

著名商標之保護原為國際公約 [12] 及多數國家立法例所遵循。我國亦然 [13]。民國82年修正前商標法第62條之1明定「仿冒未經註冊之外國著名商標，行為人須負刑事責任」 [14]。惟，顧及我國商標法係採註冊主義，及該規定係以維持公平競爭為目的，而非僅為保護商標權人，故改列於公平交易法中 [15]。104年公平交易法修法時則以公平法第22條第1項第1款

---

[12] 巴黎公約第6條之2，WTO/TRIPs協定第16條第2項暨第3項。

[13] 82年修正前之商標法第37條第1項第7款，明定對著名標章之保護，民國82年修法時更將其擴充到非著名之未經註冊的標章；86年通過之修正案，則又將前揭款次改為針對著名標章之保護。

[14] 82年修正前商標法第62條之1第1項內容為：「意圖欺騙他人，於同一商品或同類商品使用相同或近似於未經註冊之外國著名商標者，處三年以下有期徒刑、拘役或科或併科三萬元以下罰金。」第2項則明定前揭規定之適用以互惠原則為前提。

[15] 104年修正前公平交易法第20條第1項第3款：「於同一商品或同類商品，使

暨第 2 款已足以涵蓋外國著名商標，故而予以刪除。

一如商標法第 36 條第 1 項之規定，公平交易法亦明定事業之普通使用或善意使用及善意先使用者，無前揭規定之適用，商標或標章所有人，僅得於必要時，請求行為人附加適當之標示❶❻。

第三項　救濟措施

依商標法，商標權人得主張之民事救濟有❶❼：(1)防止侵害暨排除侵害；(2)損害賠償；(3)銷毀仿冒之物品等；及(4)申請海關查扣。公平交易法之民事救濟則為(1)防止侵害暨排除侵害；(2)損害賠償；及(3)登載報紙❶❽。

101 年修法時釐清行為人之主觀要件，明定商標之除去及防止請求權，不以行為人主觀上具故意或過失為必要；至於損害賠償請求權，則以行為人主觀上具故意或過失為必要。

壹、防止侵害暨排除侵害

為加強對商標權之保護，商標法於民國 74 年修法時，參酌民法保護所有權之立法例❶❾，明定商標權有受侵害之虞者，得請求防止之，公平交易法第 29 條亦作如是之規定。亦即，在侵害行為尚未發生前，事先預防。

商標權一旦受侵害，金錢賠償已難以彌補商標權人所受的損害，是以，與其事後填補損害，不如事先防範或於侵害行為尚未發生前予以防止，或於已有侵害行為發生時，即刻排除侵害，方得減輕其侵害至最低程度。

用相同或近似於未經註冊之外國著名商標，或販賣、運送、輸出或輸入使用該項商標之商品者。」。

❶❻　公平交易法第 20 條第 2 項暨第 3 項。所謂善意先使用者，係指於商標／標章著名前即已使用之謂。

❶❼　商標法第 69 條、第 72 條至第 78 條。

❶❽　公平交易法第 29 條至第 30 條，及第 33 條。

❶❾　民法第 767 條明定三種物上請求權：(1)請求返還無權占有或侵奪其所有物者；(2)請求除去妨害其所有權者；(3)請求防止有妨害其所有權之虞的行為。

貳、損害賠償

依商標法第 69 條第 3 項，商標權人對於因故意或過失侵害其商標權者，得請求損害賠償。然而，商標權之侵害，往往造成商標權人無法彌補的損失，且無法明確估算，故商標法第 71 條第 1 項明定可能之估算標準。

一、所失利益

依民法第 216 條，原則上，損害賠償應以填補債權人所受損害及所失利益為限。是以，商標權人應證明其實際因行為人之侵權行為所受之損失為何。

二、差額說

當無法提供證據以證明其損害時，商標權人得就其使用註冊商標通常所可獲得之利益，減除受侵害後使用同一商標所得之利益，以其差額為所受損害。

三、仿冒品販賣總額利益說

依侵害商標權者因侵害行為所得之利益。於侵害商標權者不能就其成本或必要費用舉證時，以銷售該項商品全部收入為所得利益[20]。

四、仿冒品總價額說

就查獲侵害商標權商品零售單價一千五百倍以下之金額。但所查獲商品超過一千五百件時，以其總價定賠償金額[21]。

五、授權之權利金數額

101 年修法時增訂以相當於商標權人授權他人使用所得收取之權利金數額，為其損害賠償之額度。理由為：(1)如任何人擬合法使用他人註冊商標，依法應透過商標授權，於經授權之範圍內，支付權利金後方得使用。是以，未經商標授權之使用，對於商標權人所造成之損害，相當於本應可

---

[20] 公平交易法第 31 條第 2 項有類似之規定。

[21] 此計算標準原定有下限五百倍，101 年修法時予以刪除，理由為，以由法官依侵權行為事實之個案為裁量，以免實際侵權程度輕微，仍以零售單價五百倍之金額計算損害賠償額，而有失公平。100 年商標法修正案第 71 條修正說明二之(二)。

取得之權利金；(2)「辦理民事訴訟事件應行注意事項」第 87 點已規定，得參考智慧財產權人於實施授權時可得收取之合理權利金數額，核定損害賠償之數額❷。同條第 2 項規定，上述賠償金額顯不相當者，法院得予酌減。

除此，修正前有關商標權受侵害，以致商標權人之業務上的信譽受減損時，得另行請求相當金額的賠償之規定則予以刪除❸。

公平交易法第 31 條第 1 項更明定，倘事業係故意之侵害行為，被害人得要求法院，依侵害情節酌定損害額以上的賠償，惟，以不超過已證明損害額之三倍為限。

商標法第 69 條第 4 項明定，請求權行使的時效，為自請求權人知有損害及賠償義務人時起二年間不行使而消滅；自有侵權行為時起，逾十年者亦同。公平交易法第 32 條亦有類似規定。

參、登載報紙

商標法原明定商標權人得請求由侵害商標權者負擔費用，將認定侵害商標權情事之判決書內容，登載於新聞紙，101 年修法時則予以刪除❹。惟，公平交易法第 3 條仍明定之。

肆、銷毀仿冒之物品

依商標法第 69 條第 2 項，商標權人得請求對侵害商標權之物品，或從事侵害行為之原料或器具，予以銷毀。法院並得於審酌侵害之程度及第三人利益後，為其他必要之處置❺。

---

❷ 100 年商標法修正案第 71 條修正說明二之(三)。

❸ 商標已獨立於營業之外，為單純財產上之權利，是以，業務上信譽因侵害而減損之情形，須依民法求償。100 年商標法修正案第 71 條修正說明四。

❹ 101 年修法時以被侵害人聲請將判決書全部或一部登報乙事，應由原告起訴時，依民法第 195 條第 1 項後段「其名譽被侵害者，並得請求回復名譽之適當處分」，在訴之聲明中一併請求法院判決命行為人登報以為填補損害，故商標法無重複規定之必要。100 年商標法修正案修正前第 64 條刪除說明二。

❺ 此為 101 年修法時所增訂。理由為如以對相對人及第三人權益侵害較小之手

伍、海關查扣

為加強執行 WTO/TRIPs 協定第 51 條至第 60 條關於侵害商標權物品邊境管制措施之規定，民國 92 年修法時，增訂對侵害商標權物品之邊境輸入及輸出管制的相關規範❷。其主要規範內容如下❷：⑴申請查扣；⑵保證金或擔保之繳納；⑶檢視查扣物；⑷保證金或擔保之返還；⑸廢止查扣；⑹與查扣物有關之費用；⑺查扣之賠償。惟，第 72 條至第 74 條規定之申請查扣、廢止查扣、保證金或擔保之繳納、提供、返還之程序、及其他應遵行事項之辦法，應由主管機關會同財政部定之❷。

段能同樣達成保障商標權人利益者，法院即應採取其他較小侵害手段以代替銷毀，俾符合比例原則。法院得審酌侵害之程度與當事人以外第三人（例如不知情之受委託製造人）利益等因素；惟，必須確保該等侵害商標權之物品及主要用於製造侵害物品之原料或器具不致再進入商業管道。100 年商標法修正案修正前第 69 條修正說明四。

❷ 商標法修正草案，《立法院第 5 屆第 3 會期第 9 次會議議案關係文書》，頁討 192～193（民國 92 年 4 月 23 日）（以下簡稱「92 年商標法修正案」）。

❷ 商標法第 72 條至第 78 條。

❷ 商標法第 78 條第 1 項。經濟部暨財政部業於民國 93 年 9 月 15 日發布「海關查扣侵害商標權物品實施辦法」，經濟部經智字第 09304605620 號暨財政部臺財關字第 09305504770 號令發布；現行辦法為中華民國 101 年 8 月 2 日經濟部智字第 10104605310 號、財政部臺財關字第 10105008230 號令修正發布施行者。同條第 2 項亦明定第 75 條至第 77 條規定之海關執行商標權保護措施、權利人申請檢視查扣物、申請提供侵權貨物之相關資訊及申請調借貨樣，其程序、應備文件及其他相關事項之辦法，由財政部定之。財法部訂有海關配合執行專利商標及著作權益保護措施作業要點，97 年 9 月 1 日臺總局緝字第 09710173301 號令修正發布；101 年又以中華民國 101 年 7 月 9 日財政部臺財關字第 10105520440 號令發布「海關執行商標權益保護措施實施辦法」。現行辦法為中華民國 105 年 12 月 30 日財政部臺財關字第 1051027669 號令修正發布並自發布日施行。

一、申請查扣（商標法第 72 條第 1 項至第 3 項）

商標權人對於輸入或輸出之物品有侵害其商標權之虞，得申請海關先予查扣；其申請時，應以書面為之，並釋明侵害之事實，及提供保證金或相當之擔保。海關受理查扣之申請，應即通知申請人；如認符合前項規定而實施查扣時，應以書面通知申請人及被查扣人。

二、保證金或擔保之繳納（商標法第 72 條第 2 項、第 4 項，第 74 條第 2 項前段）

商標權人申請查扣時，應提供相當於海關核估該進口貨物完稅價格或出口貨物離岸價格之保證金或相當之擔保。被查扣人亦得提供與第二項保證金二倍之保證金或相當之擔保，請求海關廢止查扣，並依有關進出口貨物通關規定辦理。申請人對被查扣人之保證金與質權人有同一之權利，而被查扣人對申請人之保證金，亦與質權人有同一之權利。

三、檢視查扣物（商標法第 76 條）

海關在不損及查扣物機密資料保護之情形下，得依申請人或被查扣人之申請，准其檢視查扣物。

四、保證金或擔保之返還（商標法第 74 條第 3 項暨第 4 項）

有下列情事之一者，海關應依申請人之申請，返還其所繳納保證金：(1)申請人取得勝訴之確定判決，或與被查扣人達成和解，已無繼續提供保證金之必要者；(2)有法定廢止查扣之事由，致被查扣人受有損害後，或被查扣人取得勝訴之確定判決後，申請人證明已定 20 日以上之期間，催告被查扣人行使權利而未行使者；(3)被查扣人同意返還者。

海關亦應依被查扣人之申請，返還其所繳納之保證金，申請返還之事由有：(1)有法定廢止查扣事由，或被查扣人與申請人達成和解，已無繼續提供保證金之必要者；(2)申請人取得勝訴之確定判決後，被查扣人證明已定 20 日以上之期間，催告申請人行使權利而未行使者之保證金；(3)申請人同意返還者。

五、廢止查扣（商標法第 73 條）

海關應廢止查扣之事由有：(1)申請人於海關通知受理查扣之次日起 12

日內（海關得視需要另延長 12 日），未依第 69 條規定就查扣物為侵害物提起訴訟，並通知海關者；(2)申請人就查扣物為侵害物所提訴訟經法院裁定駁回確定者；(3)查扣物經法院確定判決，不屬侵害商標權之物者；(4)申請人申請廢止查扣者；(5)被查扣人提供保證金或擔保符合第 72 條第 4 項規定者。

六、與查扣物有關之費用（商標法第 72 條第 5 項，第 73 條第 4 項，第 74 條第 2 項但書）

查扣物經申請人取得法院確定判決，屬侵害商標權者，被查扣人應負擔查扣物之貨櫃延滯費、倉租、裝卸費等有關費用。反之，若查扣係因第 66 條第 1 項第 1 款至第 4 款之事由廢止者，申請人應負擔查扣物之貨櫃延滯費、倉租、裝卸費等有關費用。貨櫃延滯費、倉租、裝卸費等有關費用，優先於申請人或被查扣人之損害受償。

七、查扣之賠償（商標法第 74 條第 1 項）

查扣物經法院確定判決不屬侵害商標權之物者，申請人應賠償被查扣人因查扣或提供保證金所受之損害。

101 年修法時配合財法部所訂「海關配合執行專利商標及著作權益保護措施作業要點」增訂海關執行商標權保護措施、權利人申請檢視查扣物、申請提供侵權貨物之相關資訊及申請調借貨樣等規定。

壹、依職權查扣——暫不放行與放行措施（商標法第 75 條）

海關於執行職務時，發現輸入或輸出之物品顯有侵害商標權之虞者，應通知商標權人及進出口人。限期令商標權人至海關進行認定，並提出侵權事證，同時限期進出口人提供無侵權情事之證明文件。兩造得以書面釋明理由向海關申請延長前揭期限，並以一次為限。

商標權人已提出侵權事證，而進出口人未依前項規定提出無侵權情事之證明文件者，海關得採行暫不放行措施。惟商標權人提出侵權事證，經進出口人依第 2 項規定提出無侵權情事之證明文件者，海關應通知商標權人於通知之時起三個工作日內，依第 72 條第 1 項規定申請查扣。商標權人未如期依法申請查扣者，海關得於取具代表性樣品後，將物品放行。

貳、同意檢視查扣物（商標法第 76 條）

海關在不損及查扣物機密資料保護之情形下，得依第 72 條所定申請人或被查扣人或前條所定商標權人或進出口人之申請，同意其檢視查扣物。

海關依第 72 條第 3 項規定實施查扣或依第 75 條第 3 項規定採行暫不放行措施後，商標權人得向海關申請提供相關資料；經海關同意後，提供進出口人、收發貨人之姓名或名稱、地址及疑似侵權物品之數量。商標權人取得之資訊，僅限於作為侵害商標權案件之調查及提起訴訟之目的而使用，不得任意洩漏予第三人。

參、同意調借貨樣（商標法第 77 條）

商標權人依第 75 條第 2 項規定進行侵權之認定，必要時，得繳交相當於海關核估進口貨樣完稅價格及相關稅費或海關核估出口貨樣離岸價格及相關稅費百分之一百二十的保證金，向海關申請調借貨樣進行認定。且商標權人須以書面切結不侵害進出口人利益及不使用於不正當用途。該保證金，不得低於新臺幣三千元。

商標權人未於第 75 條第 2 項所定提出侵權認定事證之期限內返還所調借之貨樣，或返還之貨樣與原貨樣不符或發生缺損等情形者，海關應留置其保證金，以賠償進出口人之損害。貨樣之進出口人就前揭之保證金，與質權人有同一之權利。

第二節　刑責規定

商標權之侵害，固以民事救濟為主，惟，對於主觀上有故意 (willful) 或詐欺 (fraud) 之侵害行為，多數國家均加諸行為人刑事責任[29]，我國亦然。依我國現行法規，有關侵害商標權之刑責規範，可見於商標法、公平交易法及刑法中。三者之立法目的暨擬保護之權益，不盡相同，茲各別說明如下。

---

[29]　Ladas，同❶，at 1114～1115.

第一項　商標法上之罰則

商標法中明定侵害商標權之刑責規範，最早見於光緒 30 年試辦章程（第 22 條），繼而有民國 12 年北京政府商標法（第 39 條暨第 40 條），嗣於民國 19 年公布、20 年施行之商標法雖未明定❸⓿，民國 61 年修法時便明文規定，商標權之侵害構成刑責。

商標侵害之罰則僅適用於註冊商標、註冊團體商標及註冊證明標章，對於註冊團體標章之侵害，只得尋求民事救濟而無罰則之適用。本項以下內容將以「商標權」乙詞涵蓋註冊商標權及註冊團體商標權。

商標權之刑事訴訟，非屬告訴乃論，故除由權利人（商標權人暨專屬被授權人）❸❶提起自訴或告訴外，亦得由檢察官提起訴訟。

依商標法第 95 條至第 97 條，侵害態樣有：⑴侵害商標權或團體商標權之行為；⑵侵害證明標章權之行為及輔助侵害；及⑶販運屬侵害商標權、團體商標權或證明標章權之物品。

壹、侵害商標權或團體商標權之行為（商標法第 95 條）

現行商標法明定，未得商標權人或團體商標權人同意，以行銷為目的，而有下列行為之一者，處三年以下有期徒刑、拘役或科或併科新臺幣二十萬元以下罰金：㈠於同一商品或服務，使用相同於註冊商標或團體商標之商標；㈡於類似之商品或服務，使用相同於註冊商標或團體商標之商標，有致相關消費者混淆誤認之虞者；㈢於同一或類似之商品或服務，使用近似於其註冊商標或團體商標之商標，有致相關消費者混淆誤認之虞者。

---

❸⓿　民國 24 年修法時，已增訂第 37 條規定「關於商標專用之事項，有提出民事或刑事之訴訟者，應俟評定之評決確定後，始得進行其訴訟程序。」揆諸該規定可知，斯時專用權受侵害時，專用權人得依民法侵權行為規定，請求民事救濟，亦得依刑法提起告訴，令行為人負刑事責任。該規定原已明定於民國 12 年北京政府商標法（第 36 條）中，民國 19 年公布、20 年施行之商標法中之所以未予規定，恐係立法之疏失，而非否定專用權侵害之民、刑事救濟。

❸❶　請參閱本章第一節「民事救濟」第 1 項「請求權人」。

　　揆諸商標法第95條之立法原意，應係指違反第35條第2項之規定所為之行為❸。依商標法第35條第2項明定,商標權限包括商標權人得排除他人未經其同意而為下列行為：㈠於同一商品或服務,使用相同於其註冊商標之商標者；㈡於類似之商品或服務,使用相同於其註冊商標之商標,有致相關消費者混淆誤認之虞者；㈢於同一或類似之商品或服務,使用近似於其註冊商標之商標,有致相關消費者混淆誤認之虞者。是以,倘行為人未徵得商標權人之同意而為前揭行為,即構成商標權之侵害。此項商標權之侵害,行為人須負民刑事責任,前者主要為損害賠償責任,後者為刑罰之懲罰。

　　就前揭㈠之侵害行為,其構成要件為：(1)行為人為故意❸；(2)行為人之商標與註冊商標相同；以及(3)使用於同一商品或服務。此類型之侵害,商標權人毋需證明行為人之使用有致相關消費者混淆誤認之虞。若為前揭㈡或㈢之行為,構成要件為：(1)行為人為故意；(2)行為人之商標與註冊商標相同或近似；(3)使用方式──①將相同之商標使用於類似商品或服務,②將近似之商標使用於同一商品或服務,或③將近似之商標使用於類似之商品或服務；(4)行為人之使用有致相關消費者混淆誤認之虞。

貳、侵害證明標章權之行為及輔助侵害（商標法第96條）

　　侵害證明標章權之行為包括直接侵害與輔助侵害。直接侵害之構成要件為(1)未得證明標章權人同意；(2)以行銷為目的；(3)於同一或類似之商品或服務；(4)使用相同或近似於註冊證明標章之標章；及(5)有致相關消費者誤認誤信之虞者。構成侵權者,應處三年以下有期徒刑、拘役或科或併科新臺幣二十萬元以下罰金。

　　輔助侵害之構成要件為(1)明知有侵害證明標章權之虞；(2)販賣或意圖販賣而製造、持有、陳列；(3)附有相同或近似於他人註冊證明標章標識之

---

❸　92年商標法修正案,同❸,頁討208～209。

❸　基於罪刑法定主義,商標法第95條既未明定過失之侵害行為,便應限於故意之行為。

標籤、包裝容器或其他物品。構成侵權者,其刑度與直接侵害同。

侵害證明標章權亦應以故意為限,又相較於商標權侵害,僅證明標章權之輔助侵害有罰則之適用。

參、販運屬侵害商標權、團體商標權或證明標章權之物品(商標法第97條)

明知為商標法第 95 條或第 96 條之商品而販賣、意圖販賣而陳列、輸出或輸入者,處一年以下有期徒刑、拘役或科或併科新臺幣五萬元以下罰金。前揭行為包括透過電子媒體或網路方式所為者。

除各侵害行為之罰則外,商標法第 98 條明定侵害商標權、證明標章權或團體商標權之物品或文書,不問屬於犯罪行為人與否,沒收之。

第二項 刑法之規定

民國 24 年公布施行之刑法,即已明定侵害商標權之刑責,揆諸相關規定所列之章節第 19 章之章名「妨害農工商罪」可知,其立法目的與公平交易法之排除不公平競爭者相似。刑法明定處罰之行為有二:一為仿冒之行為,另一為販運仿冒品之行為。惟,實務上,因商標法所定之刑責較刑法所規範者為重,以特別法優於普通法之原則,多適用前揭二法,鮮有適用刑法第 253 條及第 254 條者。

壹、仿冒商標罪

刑法第 253 條明定,行為人之行為符合下列構成要件者,須負刑責:

一、行為人意圖欺騙他人

倘行為人主觀上無欺騙他人之意圖,則不構成本罪❸④。

二、偽造或仿造他人之商標

偽造者,指使用之商標相同於他人商標,仿造者,則指二者構成近似

---

❸④ 然,實務上,亦有業者標榜其所販賣者為仿冒品,如山寨版、A 貨仿冒品等,便與此處所謂「意圖欺騙」不符,本條之規定得否適用,亟待商榷。

之情事。

至於所偽造或所仿造者係為他人之商標，無疑。倘為自己之商標，自無所謂妨害商業行為之情事。

三、他人之商標須為已註冊者

倘他人之商標未註冊❸❺，則縱令有前揭之仿冒行為亦不構成本罪。

至於是否使用於同一或類似商品，法無明定，是否因此及於不同之商品，則有待商榷。

原則上，符合前揭三項要件，即構成仿冒商標罪，行為人應負之刑責，可為二年以下有期徒刑、拘役或科或併科九萬元以下罰金❸❻。其徒刑及罰金均較商標法輕。

貳、販運仿冒品罪

刑法第 254 條明定，犯本罪之構成要件如下：

一、行為人明知商品為仿冒品

行為人明知商品附有偽造或仿造之商標，倘行為人不知其為仿冒品，縱有販運之行為，亦不構成本罪。

二、行為人有販運之行為

行為人明知商品為仿冒品，仍為販賣之行為，或仍意圖販賣而為陳列或自國外輸入之行為。

符合前揭要件者，行為人須負刑責，即六萬元以下罰金❸❼。與商標法比較，本規定無徒刑之規定，但罰金較重。

---

❸❺　刑法第 252 條之條文係定為「已登記之商標、商號……」，本文係以商標為主題，故未論及商號。又商標之登記，依商標法，係採註冊制度，故本文以「註冊」之商標稱之。

❸❻　此為民國 108 年 12 月 25 日總統令公布之刑法修正內容，將原三千元改為九萬元。

❸❼　此為民國 108 年 12 月 25 日總統令公布之刑法修正內容，將原一千元改為六萬元。

結　論

　　自民國 12 年 5 月 4 日北京政府公布施行商標法，嗣於民國 19 年國民政府公布商標法，並於 20 年正式施行，迄今，我國施行商標制度已近四分之三個世紀，該制度的設立，由早期配合外商的需要，轉而為因應社會經濟背景、商業活動形態的變遷而存續。

　　商業制度的設立宗旨，藉由立法揭示於商標法第 1 條：為保障商標權及消費者利益，維護市場公平競爭，促進工商企業之正常發展，是以，消費者的權益，公平競爭及工商企業的正常發展，均為商標准否註冊的重要因素；又，倘商標權人之行為有悖於工商企業正常發展的最終目標，則商標權人的權利將受到限制，例如商標法第 63 條「廢止」之規定。

　　商標制度的內容，亦隨著客觀經濟環境的改變而多次修訂，甚至為因應商業活動的需要、或為彰顯我國制度的國際化，而將原已刪除的規定重新列入商標制度中，前者如質權的設定，後者如著名標章的保護等；亦有逐步由嚴格趨於緩和的規定，如商標權的移轉，原應與營業一併為之，迄民國 82 年廢除該規定，改以未經登記不得對抗第三人，取代原先之核准制；又如授權，由「禁止」改為符合國家經濟發展前提下之「核准授權」，至民國 82 年刪除前揭要件並改採以登記對抗第三人之規定。民國 92 年修法時，因應國內工商企業的發展及國際趨勢，而有若干重要變革，如：以「商標」涵蓋表彰商品及服務；增訂聲音、立體形狀以及單一顏色作為商標之構成要素；增訂有關著名商標淡化之規定；加強保護酒類地理標示；跨類申請商品及服務；明定商標權之效力範圍；採行註冊後異議制度；廢除聯合商標制度及逐步廢除防護商標制度；廢除延展註冊申請之實體審查；增訂產地證明標章及產地團體商標。凡此，在在說明商標制度與產業活動暨發展的密切關聯。

　　民國 101 年修改商標法又有諸多重要修正，主要有：⑴擴大商標之保

護客體，使及於所有得以識別商品或服務來源之標識；⑵修正商標侵權之相關規定——例如，釐清商標侵權責任之主觀要件、修正擬制侵害商標權之規定，使及於輔助侵害；⑶增訂產地證明標章及產地團體商標之定義；⑷增訂侵害證明標章權之刑罰規定；⑸增訂明知為侵權商品而透過電子媒體或網路方式販賣、意圖販賣之刑事處罰規定。凡此，一則配合業者據以表彰商品／服務來源之標識的多元化，確保業者間的公平競爭；二則配合電子商務之發展，強化商標權之保護，並明定商標侵權之主觀要件。該等修正，足證商標專責機關洞悉時勢並廣納各界意見，足堪肯定。只是，部分為人垢病的條款仍未適時刪修，如商標法第 43 條，該法之適用前提係商標已喪失其功能；又如公眾審查制之異議制有無保留之必要等❶。

民國 101 年大幅修改商標法後迄今，僅 105 年修法時配合刑法之修正，修改第 98 條之條文；惟，此期間，商標專責機關仍陸續發布相關審查原則及審查要點修正版，並於 106 年修改商標法逐條釋義❷。就商標法適用上之疑義，予以釐清。就申請程序方面，為鼓勵電子申請，商標專責機關自民國 109 年 5 月 1 日採行「快軌機制」，凡以電子申請提出平面商標註冊申請案，於符合一定條件下得縮減取得註冊所需時間。又因應電子申請時可能有檔案過大或商標專責機關資訊系統故障之情事，於 109 年 7 月 1 日起採行「電子傳達替代方式」。

商標權，由過去與專利權同被列為工業財產權，以至於今涵蓋於更廣義的智慧財產權中，一般對其經濟價值多持保留的態度，主要因其商標權之排他性權利所及，僅以商標內容為限，而商標內容的設計，固需運用智慧，惟相較於專利的發明創作及著作權的著作，顯有不及之處。然而，商標的經濟價值，並非因其內容的完成而產生，而係因商標權人的使用，如行銷、促銷等活動，使附有該商標的商品（或服務）在市場上占一席之地，

---

❶ 101 年修法過程中，修正草案一度將異議制刪除，最終仍予保留。

❷ 新的審查原則，如 104 年之「商標妨害公共秩序或善良風俗審查基準」、106 年之「涉及原住民文化表達之商標審查原則」，修正版如 106 年修正之非傳統商標審查基準。

商標不再只是營業的表徵，它也同時代表商品的知名度（所謂「名牌」因應而生）及品質的保證。至此，商標權人所擁有的不是一枚商標，而是一筆龐大的經濟資源。遺憾的是，此一觀念仍待國人共同確立。除亟需設立如國外的鑑價機構以評估商標價值外，國人亦應改變對商標的觀念，更應尊重他人的註冊商標；業者本身亦應體認：自創品牌的遠景，極可能是一筆可觀的經濟資源。

我國已逐步邁入已開發國家之林，智慧財產權的保護自不得落於人後，除了隨時因應產業發展就商標制度進行適度的修正外，更應鼓勵業者自創品牌，進而創造出具國際信譽的商標，既有利於商標權人本身經濟資源的累積，亦可提升我國於國際間的競爭力。

附錄一　商標法

1. 中華民國十九年五月六日國民政府制定公布
2. 中華民國二十四年十一月二十三日國民政府修正公布全文 39 條
3. 中華民國二十九年十月十九日國民政府增訂公布第 37 條條文、原第 37 條條文改為 38 條以下條文依次遞改
4. 中華民國四十七年十月二十四日總統令修正公布全文 38 條
5. 中華民國六十一年七月四日總統令修正公布全文 69 條
6. 中華民國七十二年一月二十六日總統 (72) 台統㈠義字第 0502 號令修正公布
7. 中華民國七十四年十一月二十九日總統 (74) 華統㈠義字第 6015 號令修正公布
8. 中華民國七十八年五月二十六日總統 (79) 華總㈠義字第 2624 號令修正公布第 2、8、46、52、62 條之 3 條文
9. 中華民國八十二年十二月二十二日總統 (82) 華總㈠義字第 6885 號令修正公布全文 79 條
10. 中華民國八十六年五月七日總統 (86) 華總㈠義字第 8600105750 號令修正公布第 4、5、23、25、34、37、61、79 條條文；除第 79 條條文外，餘皆定於八十七年十一月一日施行
11. 中華民國九十一年五月二十九日總統華總一義字第 09100108370 號令修正公布第 79 條條文；增訂第 77 條之 1 條文；並自公布日施行
12. 中華民國九十二年五月二十八日總統華總一義字第 09200095990 號令修正公布全文 94 條；並自公布日起六個月後施行
13. 中華民國九十九年八月二十五日總統華總一義字第 09900219161 號令修正公布第 4、94 條條文；施行日期，由行政院定之中華民國九十九年九月十日行政院院臺經字第 0990051944D 號令發布定自九十九年九月十二日施行
14. 中華民國一百年六月二十九日總統華總一義字第 10000136171 號令修正公布全文 111 條；施行日期，由行政院定之中華民國一百零一年三月二十六日行政院院臺經字第 1010011767 號令發布定自一百零一年七月一日施行
15. 中華民國一百零五年十一月三十日總統華總一義字第 10500146951 號令修正公布第 98 條條文；施行日期，由行政院定之中華民國一百零五年十二月十四日行政院院臺經字第 1050048185 號令發布定自一百零五年十二月十五日施行

第一章　總　則

第一條

為保障商標權、證明標章權、團體標章權、團體商標權及消費者利益，維護市場公平競爭，促進工商企業正常發展，特制定本法。

第二條

欲取得商標權、證明標章權、團體標章權或團體商標權者，應依本法申請註冊。

第三條

本法之主管機關為經濟部。

商標業務，由經濟部指定專責機關辦理。

第四條

外國人所屬之國家，與中華民國如未共同參加保護商標之國際條約或無互相保護商標之條約、協定，或對中華民國國民申請商標註冊不予受理者，其商標註冊之申請，得不予受理。

第五條

商標之使用，指為行銷之目的，而有下列情形之一，並足以使相關消費者認識其為商標：

　　一　將商標用於商品或其包裝容器。

　　二　持有、陳列、販賣、輸出或輸入前款之商品。

　　三　將商標用於與提供服務有關之物品。

　　四　將商標用於與商品或服務有關之商業文書或廣告。

前項各款情形，以數位影音、電子媒體、網路或其他媒介物方式為之者，亦同。

第六條

申請商標註冊及其相關事務，得委任商標代理人辦理之。但在中華民國境內無住所或營業所者，應委任商標代理人辦理之。

商標代理人應在國內有住所。

第七條

二人以上欲共有一商標，應由全體具名提出申請，並得選定其中一人為代表人，為

全體共有人為各項申請程序及收受相關文件。

未為前項選定代表人者，商標專責機關應以申請書所載第一順序申請人為應受送達人，並應將送達事項通知其他共有商標之申請人。

第八條

商標之申請及其他程序，除本法另有規定外，遲誤法定期間、不合法定程式不能補正或不合法定程式經指定期間通知補正屆期未補正者，應不受理。但遲誤指定期間在處分前補正者，仍應受理之。

申請人因天災或不可歸責於己之事由，遲誤法定期間者，於其原因消滅後三十日內，得以書面敘明理由，向商標專責機關申請回復原狀。但遲誤法定期間已逾一年者，不得申請回復原狀。

申請回復原狀，應同時補行期間內應為之行為。

前二項規定，於遲誤第三十二條第三項規定之期間者，不適用之。

第九條

商標之申請及其他程序，應以書件或物件到達商標專責機關之日為準；如係郵寄者，以郵寄地郵戳所載日期為準。

郵戳所載日期不清晰者，除由當事人舉證外，以到達商標專責機關之日為準。

第十條

處分書或其他文件無從送達者，應於商標公報公告之，並於刊登公報後滿三十日，視為已送達。

第十一條

商標專責機關應刊行公報，登載註冊商標及其相關事項。

前項公報，得以電子方式為之；其實施日期，由商標專責機關定之。

第十二條

商標專責機關應備置商標註冊簿，登載商標註冊、商標權異動及法令所定之一切事項，並對外公開之。

前項商標註冊簿，得以電子方式為之。

第十三條

有關商標之申請及其他程序，得以電子方式為之；其實施辦法，由主管機關定之。

第十四條

商標專責機關對於商標註冊之申請、異議、評定及廢止案件之審查，應指定審查人員審查之。

前項審查人員之資格，以法律定之。

第十五條

商標專責機關對前條第一項案件之審查，應作成書面之處分，並記載理由送達申請人。

前項之處分，應由審查人員具名。

第十六條

有關期間之計算，除第三十三條第一項、第七十五條第四項及第一百零三條規定外，其始日不計算在內。

第十七條

本章關於商標之規定，於證明標章、團體標章、團體商標，準用之。

第二章　商　標

第一節　申請註冊

第十八條

商標，指任何具有識別性之標識，得以文字、圖形、記號、顏色、立體形狀、動態、全像圖、聲音等，或其聯合式所組成。

前項所稱識別性，指足以使商品或服務之相關消費者認識為指示商品或服務來源，並得與他人之商品或服務相區別者。

第十九條

申請商標註冊，應備具申請書，載明申請人、商標圖樣及指定使用之商品或服務，向商標專責機關申請之。

申請商標註冊，以提出前項申請書之日為申請日。

商標圖樣應以清楚、明確、完整、客觀、持久及易於理解之方式呈現。

申請商標註冊，應以一申請案一商標之方式為之，並得指定使用於二個以上類別之

商品或服務。

前項商品或服務之分類，於本法施行細則定之。

類似商品或服務之認定，不受前項商品或服務分類之限制。

第二十條

在與中華民國有相互承認優先權之國家或世界貿易組織會員，依法申請註冊之商標，其申請人於第一次申請日後六個月內，向中華民國就該申請同一之部分或全部商品或服務，以相同商標申請註冊者，得主張優先權。

外國申請人為非世界貿易組織會員之國民且其所屬國家與中華民國無相互承認優先權者，如於互惠國或世界貿易組織會員領域內，設有住所或營業所者，得依前項規定主張優先權。

依第一項規定主張優先權者，應於申請註冊同時聲明，並於申請書載明下列事項：

　　一　第一次申請之申請日。

　　二　受理該申請之國家或世界貿易組織會員。

　　三　第一次申請之申請案號。

申請人應於申請日後三個月內，檢送經前項國家或世界貿易組織會員證明受理之申請文件。

未依第三項第一款、第二款或前項規定辦理者，視為未主張優先權。

主張優先權者，其申請日以優先權日為準。

主張複數優先權者，各以其商品或服務所主張之優先權日為申請日。

第二十一條

於中華民國政府主辦或認可之國際展覽會上，展出使用申請註冊商標之商品或服務，自該商品或服務展出日後六個月內，提出申請者，其申請日以展出日為準。

前條規定，於主張前項展覽會優先權者，準用之。

第二十二條

二人以上於同日以相同或近似之商標，於同一或類似之商品或服務各別申請註冊，有致相關消費者混淆誤認之虞，而不能辨別時間先後者，由各申請人協議定之；不能達成協議時，以抽籤方式定之。

第二十三條

商標圖樣及其指定使用之商品或服務，申請後即不得變更。但指定使用商品或服務之減縮，或非就商標圖樣為**實質變更**者，不在此限。

第二十四條

申請人之名稱、地址、代理人或其他註冊申請事項變更者，應向商標專責機關申請變更。

第二十五條

商標註冊申請事項有下列錯誤時，得經申請或依職權更正之：

　　一　申請人名稱或地址之錯誤。

　　二　文字用語或繕寫之錯誤。

　　三　其他明顯之錯誤。

前項之申請更正，不得影響商標同一性或擴大指定使用商品或服務之範圍。

第二十六條

申請人得就所指定使用之商品或服務，向商標專責機關請求分割為二個以上之註冊申請案，以原註冊申請日為申請日。

第二十七條

因商標註冊之申請所生之權利，得移轉於他人。

第二十八條

共有商標申請權或共有人應有部分之移轉，應經全體共有人之同意。但因繼承、強制執行、法院判決或依其他法律規定移轉者，不在此限。

共有商標申請權之拋棄，應得全體共有人之同意。但各共有人就其應有部分之拋棄，不在此限。

前項共有人拋棄其應有部分者，其應有部分由其他共有人依其應有部分之比例分配之。

前項規定，於共有人死亡而無繼承人或消滅後無承受人者，準用之。

共有商標申請權指定使用商品或服務之減縮或分割，應經全體共有人之同意。

第二節　審查及核准

第二十九條

商標有下列不具識別性情形之一，不得註冊：

一　僅由描述所指定商品或服務之品質、用途、原料、產地或相關特性之說明所構成者。

二　僅由所指定商品或服務之通用標章或名稱所構成者。

三　僅由其他不具識別性之標識所構成者。

有前項第一款或第三款規定之情形，如經申請人使用且在交易上已成為申請人商品或服務之識別標識者，不適用之。

商標圖樣中包含不具識別性部分，且有致商標權範圍產生疑義之虞，申請人應聲明該部分不在專用之列；未為不專用之聲明者，不得註冊。

第三十條

商標有下列情形之一，不得註冊：

一　僅為發揮商品或服務之功能所必要者。

二　相同或近似於中華民國國旗、國徽、國璽、軍旗、軍徽、印信、勳章或外國國旗，或世界貿易組織會員依巴黎公約第六條之三第三款所為通知之外國國徽、國璽或國家徽章者。

三　相同於國父或國家元首之肖像或姓名者。

四　相同或近似於中華民國政府機關或其主辦展覽會之標章，或其所發給之褒獎牌狀者。

五　相同或近似於國際跨政府組織或國內外著名且具公益性機構之徽章、旗幟、其他徽記、縮寫或名稱，有致公眾誤認誤信之虞者。

六　相同或近似於國內外用以表明品質管制或驗證之國家標誌或印記，且指定使用於同一或類似之商品或服務者。

七　妨害公共秩序或善良風俗者。

八　使公眾誤認誤信其商品或服務之性質、品質或產地之虞者。

九　相同或近似於中華民國或外國之葡萄酒或蒸餾酒地理標示，且指定使用於與葡萄酒或蒸餾酒同一或類似商品，而該外國與中華民國簽訂協定或共同參加國際條約，或相互承認葡萄酒或蒸餾酒地理標示之保護者。

十　相同或近似於他人同一或類似商品或服務之註冊商標或申請在先之商標，有

致相關消費者混淆誤認之虞者。但經該註冊商標或申請在先之商標所有人同意申請，且非顯屬不當者，不在此限。

十一 相同或近似於他人著名商標或標章，有致相關公眾混淆誤認之虞，或有減損著名商標或標章之識別性或信譽之虞者。但得該商標或標章之所有人同意申請註冊者，不在此限。

十二 相同或近似於他人先使用於同一或類似商品或服務之商標，而申請人因與該他人間具有契約、地緣、業務往來或其他關係，知悉他人商標存在，意圖仿襲而申請註冊者。但經其同意申請註冊者，不在此限。

十三 有他人之肖像或著名之姓名、藝名、筆名、字號者。但經其同意申請註冊者，不在此限。

十四 有著名之法人、商號或其他團體之名稱，有致相關公眾混淆誤認之虞者。但經其同意申請註冊者，不在此限。

十五 商標侵害他人之著作權、專利權或其他權利，經判決確定者。但經其同意申請註冊者，不在此限。

前項第九款及第十一款至第十四款所規定之地理標示、著名及先使用之認定，以申請時為準。

第一項第四款、第五款及第九款規定，於政府機關或相關機構為申請人時，不適用之。

前條第三項規定，於第一項第一款規定之情形，準用之。

第三十一條

商標註冊申請案經審查認有第二十九條第一項、第三項、前條第一項、第四項或第六十五條第三項規定不得註冊之情形者，應予核駁審定。

前項核駁審定前，應將核駁理由以書面通知申請人限期陳述意見。

指定使用商品或服務之減縮、商標圖樣之非實質變更、註冊申請案之分割及不專用之聲明，應於核駁審定前為之。

第三十二條

商標註冊申請案經審查無前條第一項規定之情形者，應予核准審定。

經核准審定之商標，申請人應於審定書送達後二個月內，繳納註冊費後，始予註冊

公告，並發給商標註冊證；屆期未繳費者，不予註冊公告。

申請人非因故意，未於前項所定期限繳費者，得於繳費期限屆滿後六個月內，繳納二倍之註冊費後，由商標專責機關公告之。但影響第三人於此期間內申請註冊或取得商標權者，不得為之。

第三節　商標權

第三十三條

商標自註冊公告當日起，由權利人取得商標權，商標權期間為十年。

商標權期間得申請延展，每次延展為十年。

第三十四條

商標權之延展，應於商標權期間屆滿前六個月內提出申請，並繳納延展註冊費；其於商標權期間屆滿後六個月內提出申請者，應繳納二倍延展註冊費。

前項核准延展之期間，自商標權期間屆滿日後起算。

第三十五條

商標權人於經註冊指定之商品或服務，取得商標權。

除本法第三十六條另有規定外，下列情形，應經商標權人之同意：

　　一　於同一商品或服務，使用相同於註冊商標之商標者。

　　二　於類似之商品或服務，使用相同於註冊商標之商標，有致相關消費者混淆誤認之虞者。

　　三　於同一或類似之商品或服務，使用近似於註冊商標之商標，有致相關消費者混淆誤認之虞者。

商標經註冊者，得標明註冊商標或國際通用註冊符號。

第三十六條

下列情形，不受他人商標權之效力所拘束：

　　一　以符合商業交易習慣之誠實信用方法，表示自己之姓名、名稱，或其商品或服務之名稱、形狀、品質、性質、特性、用途、產地或其他有關商品或服務本身之說明，非作為商標使用者。

　　二　為發揮商品或服務功能所必要者。

三　在他人商標註冊申請日前，善意使用相同或近似之商標於同一或類似之商品
　　或服務者。但以原使用之商品或服務為限；商標權人並得要求其附加適當之
　　區別標示。

附有註冊商標之商品，由商標權人或經其同意之人於國內外市場上交易流通，商標
權人不得就該商品主張商標權。但為防止商品流通於市場後，發生變質、受損，或
有其他正當事由者，不在此限。

第三十七條

商標權人得就註冊商標指定使用之商品或服務，向商標專責機關申請分割商標權。

第三十八條

商標圖樣及其指定使用之商品或服務，註冊後即不得變更。但指定使用商品或服務
之減縮，不在此限。

商標註冊事項之變更或更正，準用第二十四條及第二十五條規定。

註冊商標涉有異議、評定或廢止案件時，申請分割商標權或減縮指定使用商品或服
務者，應於處分前為之。

第三十九條

商標權人得就其註冊商標指定使用商品或服務之全部或一部指定地區為專屬或非
專屬授權。

前項授權，非經商標專責機關登記者，不得對抗第三人。

授權登記後，商標權移轉者，其授權契約對受讓人仍繼續存在。

非專屬授權登記後，商標權人再為專屬授權登記者，在先之非專屬授權登記不受影
響。

專屬被授權人在被授權範圍內，排除商標權人及第三人使用註冊商標。

商標權受侵害時，於專屬授權範圍內，專屬被授權人得以自己名義行使權利。但契
約另有約定者，從其約定。

第四十條

專屬被授權人得於被授權範圍內，再授權他人使用。但契約另有約定者，從其約
定。

非專屬被授權人非經商標權人或專屬被授權人同意，不得再授權他人使用。

　　再授權，非經商標專責機關登記者，不得對抗第三人。

第四十一條

　　商標授權期間屆滿前有下列情形之一，當事人或利害關係人得檢附相關證據，申請廢止商標授權登記：

　　一　商標權人及被授權人雙方同意終止者。其經再授權者，亦同。

　　二　授權契約明定，商標權人或被授權人得任意終止授權關係，經當事人聲明終止者。

　　三　商標權人以被授權人違反授權契約約定，通知被授權人解除或終止授權契約，而被授權人無異議者。

　　四　其他相關事證足以證明授權關係已不存在者。

第四十二條

　　商標權之移轉，非經商標專責機關登記者，不得對抗第三人。

第四十三條

　　移轉商標權之結果，有二以上之商標權人使用相同商標於類似之商品或服務，或使用近似商標於同一或類似之商品或服務，而有致相關消費者混淆誤認之虞者，各商標權人使用時應附加適當區別標示。

第四十四條

　　商標權人設定質權及質權之變更、消滅，非經商標專責機關登記者，不得對抗第三人。

　　商標權人為擔保數債權就商標權設定數質權者，其次序依登記之先後定之。

　　質權人非經商標權人授權，不得使用該商標。

第四十五條

　　商標權人得拋棄商標權。但有授權登記或質權登記者，應經被授權人或質權人同意。

　　前項拋棄，應以書面向商標專責機關為之。

第四十六條

　　共有商標權之授權、再授權、移轉、拋棄、設定質權或應有部分之移轉或設定質權，應經全體共有人之同意。但因繼承、強制執行、法院判決或依其他法律規定移

轉者,不在此限。

共有商標權人應有部分之拋棄,準用第二十八條第二項但書及第三項規定。

共有商標權人死亡而無繼承人或消滅後無承受人者,其應有部分之分配,準用第二十八條第四項規定。

共有商標權指定使用商品或服務之減縮或分割,準用第二十八條第五項規定。

第四十七條

有下列情形之一,商標權當然消滅:

　　一　未依第三十四條規定延展註冊者,商標權自該商標權期間屆滿後消滅。

　　二　商標權人死亡而無繼承人者,商標權自商標權人死亡後消滅。

　　三　依第四十五條規定拋棄商標權者,自其書面表示到達商標專責機關之日消滅。

第四節　異　議

第四十八條

商標之註冊違反第二十九條第一項、第三十條第一項或第六十五條第三項規定之情形者,任何人得自商標註冊公告日後三個月內,向商標專責機關提出異議。

前項異議,得就註冊商標指定使用之部分商品或服務為之。

異議應就每一註冊商標各別申請之。

第四十九條

提出異議者,應以異議書載明事實及理由,並附副本。異議書如有提出附屬文件者,副本中應提出。

商標專責機關應將異議書送達商標權人限期答辯;商標權人提出答辯書者,商標專責機關應將答辯書送達異議人限期陳述意見。

依前項規定提出之答辯書或陳述意見書有遲滯程序之虞,或其事證已臻明確者,商標專責機關得不通知相對人答辯或陳述意見,逕行審理。

第五十條

異議商標之註冊有無違法事由,除第一百零六條第一項及第三項規定外,依其註冊公告時之規定。

第五十一條

商標異議案件，應由未曾審查原案之審查人員審查之。

第五十二條

異議程序進行中，被異議之商標權移轉者，異議程序不受影響。

前項商標權受讓人得聲明承受被異議人之地位，續行異議程序。

第五十三條

異議人得於異議審定前，撤回其異議。

異議人撤回異議者，不得就同一事實，以同一證據及同一理由，再提異議或評定。

第五十四條

異議案件經異議成立者，應撤銷其註冊。

第五十五條

前條撤銷之事由，存在於註冊商標所指定使用之部分商品或服務者，得僅就該部分商品或服務撤銷其註冊。

第五十六條

經過異議確定後之註冊商標，任何人不得就同一事實，以同一證據及同一理由，申請評定。

第五節　評　定

第五十七條

商標之註冊違反第二十九條第一項、第三十條第一項或第六十五條第三項規定之情形者，利害關係人或審查人員得申請或提請商標專責機關評定其註冊。

以商標之註冊違反第三十條第一項第十款規定，向商標專責機關申請評定，其據以評定商標之註冊已滿三年者，應檢附於申請評定前三年有使用於據以主張商品或服務之證據，或其未使用有正當事由之事證。

依前項規定提出之使用證據，應足以證明商標之真實使用，並符合一般商業交易習慣。

第五十八條

商標之註冊違反第二十九條第一項第一款、第三款、第三十條第一項第九款至第十

五款或第六十五條第三項規定之情形，自註冊公告日後滿五年者，不得申請或提請評定。

商標之註冊違反第三十條第一項第九款、第十一款規定之情形，係屬惡意者，不受前項期間之限制。

第五十九條

商標評定案件，由商標專責機關首長指定審查人員三人以上為評定委員評定之。

第六十條

評定案件經評定成立者，應撤銷其註冊。但不得註冊之情形已不存在者，經斟酌公益及當事人利益之衡平，得為不成立之評定。

第六十一條

評定案件經處分後，任何人不得就同一事實，以同一證據及同一理由，申請評定。

第六十二條

第四十八條第二項、第三項、第四十九條至第五十三條及第五十五條規定，於商標之評定，準用之。

第六節　廢　止

第六十三條

商標註冊後有下列情形之一，商標專責機關應依職權或據申請廢止其註冊：

　　一　自行變換商標或加附記，致與他人使用於同一或類似之商品或服務之註冊商標構成相同或近似，而有使相關消費者混淆誤認之虞者。

　　二　無正當事由迄未使用或繼續停止使用已滿三年者。但被授權人有使用者，不在此限。

　　三　未依第四十三條規定附加適當區別標示者。但於商標專責機關處分前已附加區別標示並無產生混淆誤認之虞者，不在此限。

　　四　商標已成為所指定商品或服務之通用標章、名稱或形狀者。

　　五　商標實際使用時有致公眾誤認誤信其商品或服務之性質、品質或產地之虞者。

被授權人為前項第一款之行為，商標權人明知或可得而知而不為反對之表示者，亦同。

有第一項第二款規定之情形，於申請廢止時該註冊商標已為使用者，除因知悉他人將申請廢止，而於申請廢止前三個月內開始使用者外，不予廢止其註冊。

廢止之事由僅存在於註冊商標所指定使用之部分商品或服務者，得就該部分之商品或服務廢止其註冊。

第六十四條

商標權人實際使用之商標與註冊商標不同，而依社會一般通念並不失其同一性者，應認為有使用其註冊商標。

第六十五條

商標專責機關應將廢止申請之情事通知商標權人，並限期答辯；商標權人提出答辯書者，商標專責機關應將答辯書送達申請人限期陳述意見。但申請人之申請無具體事證或其主張顯無理由者，得逕為駁回。

第六十三條第一項第二款規定情形，其答辯通知經送達者，商標權人應證明其有使用之事實；屆期未答辯者，得逕行廢止其註冊。

註冊商標有第六十三條第一項第一款規定情形，經廢止其註冊者，原商標權人於廢止日後三年內，不得註冊、受讓或被授權使用與原註冊圖樣相同或近似之商標於同一或類似之商品或服務；其於商標專責機關處分前，聲明拋棄商標權者，亦同。

第六十六條

商標註冊後有無廢止之事由，適用申請廢止時之規定。

第六十七條

第四十八條第二項、第三項、第四十九條第一項、第三項、第五十二條及第五十三條規定，於廢止案之審查，準用之。

以註冊商標有第六十三條第一項第一款規定申請廢止者，準用第五十七條第二項及第三項規定。

商標權人依第六十五條第二項提出使用證據者，準用第五十七條第三項規定。

第七節 權利侵害之救濟

第六十八條

未經商標權人同意，為行銷目的而有下列情形之一，為侵害商標權：

一　於同一商品或服務，使用相同於註冊商標之商標者。

二　於類似之商品或服務，使用相同於註冊商標之商標，有致相關消費者混淆誤認之虞者。

三　於同一或類似之商品或服務，使用近似於註冊商標之商標，有致相關消費者混淆誤認之虞者。

第六十九條

商標權人對於侵害其商標權者，得請求除去之；有侵害之虞者，得請求防止之。

商標權人依前項規定為請求時，得請求銷毀侵害商標權之物品及從事侵害行為之原料或器具。但法院審酌侵害之程度及第三人利益後，得為其他必要之處置。

商標權人對於因故意或過失侵害其商標權者，得請求損害賠償。

前項之損害賠償請求權，自請求權人知有損害及賠償義務人時起，二年間不行使而消滅；自有侵權行為時起，逾十年者亦同。

第七十條

未得商標權人同意，有下列情形之一，視為侵害商標權：

一　明知為他人著名之註冊商標，而使用相同或近似之商標，有致減損該商標之識別性或信譽之虞者。

二　明知為他人著名之註冊商標，而以該著名商標中之文字作為自己公司、商號、團體、網域或其他表彰營業主體之名稱，有致相關消費者混淆誤認之虞或減損該商標之識別性或信譽之虞者。

三　明知有第六十八條侵害商標權之虞，而製造、持有、陳列、販賣、輸出或輸入尚未與商品或服務結合之標籤、吊牌、包裝容器或與服務有關之物品。

第七十一條

商標權人請求損害賠償時，得就下列各款擇一計算其損害：

一　依民法第二百十六條規定。但不能提供證據方法以證明其損害時，商標權人得就其使用註冊商標通常所可獲得之利益，減除受侵害後使用同一商標所得之利益，以其差額為所受損害。

二　依侵害商標權行為所得之利益；於侵害商標權者不能就其成本或必要費用舉證時，以銷售該項商品全部收入為所得利益。

三　就查獲侵害商標權商品之零售單價一千五百倍以下之金額。但所查獲商品超過一千五百件時，以其總價定賠償金額。

四　以相當於商標權人授權他人使用所得收取之權利金數額為其損害。

前項賠償金額顯不相當者，法院得予酌減之。

第七十二條

商標權人對輸入或輸出之物品有侵害其商標權之虞者，得申請海關先予查扣。

前項申請，應以書面為之，並釋明侵害之事實，及提供相當於海關核估該進口物品完稅價格或出口物品離岸價格之保證金或相當之擔保。

海關受理查扣之申請，應即通知申請人；如認符合前項規定而實施查扣時，應以書面通知申請人及被查扣人。

被查扣人得提供第二項保證金二倍之保證金或相當之擔保，請求海關廢止查扣，並依有關進出口物品通關規定辦理。

查扣物經申請人取得法院確定判決，屬侵害商標權者，被查扣人應負擔查扣物之貨櫃延滯費、倉租、裝卸費等有關費用。

第七十三條

有下列情形之一，海關應廢止查扣：

一　申請人於海關通知受理查扣之翌日起十二日內，未依第六十九條規定就查扣物為侵害物提起訴訟，並通知海關者。

二　申請人就查扣物為侵害物所提訴訟經法院裁定駁回確定者。

三　查扣物經法院確定判決，不屬侵害商標權之物者。

四　申請人申請廢止查扣者。

五　符合前條第四項規定者。

前項第一款規定之期限，海關得視需要延長十二日。

海關依第一項規定廢止查扣者，應依有關進出口物品通關規定辦理。

查扣因第一項第一款至第四款之事由廢止者，申請人應負擔查扣物之貨櫃延滯費、倉租、裝卸費等有關費用。

第七十四條

查扣物經法院確定判決不屬侵害商標權之物者，申請人應賠償被查扣人因查扣或提

供第七十二條第四項規定保證金所受之損害。

申請人就第七十二條第四項規定之保證金，被查扣人就第七十二條第二項規定之保證金，與質權人有同一之權利。但前條第四項及第七十二條第五項規定之貨櫃延滯費、倉租、裝卸費等有關費用，優先於申請人或被查扣人之損害受償。

有下列情形之一，海關應依申請人之申請，返還第七十二條第二項規定之保證金：

一　申請人取得勝訴之確定判決，或與被查扣人達成和解，已無繼續提供保證金之必要者。

二　因前條第一項第一款至第四款規定之事由廢止查扣，致被查扣人受有損害後，或被查扣人取得勝訴之確定判決後，申請人證明已定二十日以上之期間，催告被查扣人行使權利而未行使者。

三　被查扣人同意返還者。

有下列情形之一，海關應依被查扣人之申請返還第七十二條第四項規定之保證金：

一　因前條第一項第一款至第四款規定之事由廢止查扣，或被查扣人與申請人達成和解，已無繼續提供保證金之必要者。

二　申請人取得勝訴之確定判決後，被查扣人證明已定二十日以上之期間，催告申請人行使權利而未行使者。

三　申請人同意返還者。

第七十五條

海關於執行職務時，發現輸入或輸出之物品顯有侵害商標權之虞者，應通知商標權人及進出口人。

海關為前項之通知時，應限期商標權人至海關進行認定，並提出侵權事證，同時限期進出口人提供無侵權情事之證明文件。但商標權人或進出口人有正當理由，無法於指定期間內提出者，得以書面釋明理由向海關申請延長，並以一次為限。

商標權人已提出侵權事證，且進出口人未依前項規定提出無侵權情事之證明文件者，海關得採行暫不放行措施。

商標權人提出侵權事證，經進出口人依第二項規定提出無侵權情事之證明文件者，海關應通知商標權人於通知之時起三個工作日內，依第七十二條第一項規定申請查扣。

商標權人未於前項規定期限內，依第七十二條第一項規定申請查扣者，海關得於取具代表性樣品後，將物品放行。

第七十六條

海關在不損及查扣物機密資料保護之情形下，得依第七十二條所定申請人或被查扣人或前條所定商標權人或進出口人之申請，同意其檢視查扣物。

海關依第七十二條第三項規定實施查扣或依前條第三項規定採行暫不放行措施後，商標權人得向海關申請提供相關資料；經海關同意後，提供進出口人、收發貨人之姓名或名稱、地址及疑似侵權物品之數量。

商標權人依前項規定取得之資訊，僅限於作為侵害商標權案件之調查及提起訴訟之目的而使用，不得任意洩漏予第三人。

第七十七條

商標權人依第七十五條第二項規定進行侵權認定時，得繳交相當於海關核估進口貨樣完稅價格及相關稅費或海關核估出口貨樣離岸價格及相關稅費百分之一百二十之保證金，向海關申請調借貨樣進行認定。但以有調借貨樣進行認定之必要，且經商標權人書面切結不侵害進出口人利益及不使用於不正當用途者為限。

前項保證金，不得低於新臺幣三千元。

商標權人未於第七十五條第二項所定提出侵權認定事證之期限內返還所調借之貨樣，或返還之貨樣與原貨樣不符或發生缺損等情形者，海關應留置其保證金，以賠償進出口人之損害。

貨樣之進出口人就前項規定留置之保證金，與質權人有同一之權利。

第七十八條

第七十二條至第七十四條規定之申請查扣、廢止查扣、保證金或擔保之繳納、提供、返還之程序、應備文件及其他應遵行事項之辦法，由主管機關會同財政部定之。

第七十五條至第七十七條規定之海關執行商標權保護措施、權利人申請檢視查扣物、申請提供侵權貨物之相關資訊及申請調借貨樣，其程序、應備文件及其他相關事項之辦法，由財政部定之。

第七十九條

法院為處理商標訴訟案件，得設立專業法庭或指定專人辦理。

第三章　證明標章、團體標章及團體商標

第八十條

　　證明標章，指證明標章權人用以證明他人商品或服務之特定品質、精密度、原料、製造方法、產地或其他事項，並藉以與未經證明之商品或服務相區別之標識。

　　前項用以證明產地者，該地理區域之商品或服務應具有特定品質、聲譽或其他特性，證明標章之申請人得以含有該地理名稱或足以指示該地理區域之標識申請註冊為產地證明標章。

　　主管機關應會同中央目的事業主管機關輔導與補助艱困產業、瀕臨艱困產業及傳統產業，提升生產力及產品品質，並建立各該產業別標示其產品原產地為台灣製造之證明標章。

　　前項產業之認定與輔導、補助之對象、標準、期間及應遵行事項等，由主管機關會商各該中央目的事業主管機關後定之，必要時得免除證明標章之相關規費。

第八十一條

　　證明標章之申請人，以具有證明他人商品或服務能力之法人、團體或政府機關為限。

　　前項之申請人係從事於欲證明之商品或服務之業務者，不得申請註冊。

第八十二條

　　申請註冊證明標章者，應檢附具有證明他人商品或服務能力之文件、證明標章使用規範書及不從事所證明商品之製造、行銷或服務提供之聲明。

　　申請註冊產地證明標章之申請人代表性有疑義者，商標專責機關得向商品或服務之中央目的事業主管機關諮詢意見。

　　外國法人、團體或政府機關申請產地證明標章，應檢附以其名義在其原產國受保護之證明文件。

　　第一項證明標章使用規範書應載明下列事項：

　　一　證明標章證明之內容。

　　二　使用證明標章之條件。

　三　管理及監督證明標章使用之方式。

　四　申請使用該證明標章之程序事項及其爭議解決方式。

商標專責機關於註冊公告時，應一併公告證明標章使用規範書；註冊後修改者，應經商標專責機關核准，並公告之。

第八十三條

證明標章之使用，指經證明標章權人同意之人，依證明標章使用規範書所定之條件，使用該證明標章。

第八十四條

產地證明標章之產地名稱不適用第二十九條第一項第一款及第三項規定。

產地證明標章權人不得禁止他人以符合商業交易習慣之誠實信用方法，表示其商品或服務之產地。

第八十五條

團體標章，指具有法人資格之公會、協會或其他團體，為表彰其會員之會籍，並藉以與非該團體會員相區別之標識。

第八十六條

團體標章註冊之申請，應以申請書載明相關事項，並檢具團體標章使用規範書，向商標專責機關申請之。

前項團體標章使用規範書應載明下列事項：

　一　會員之資格。

　二　使用團體標章之條件。

　三　管理及監督團體標章使用之方式。

　四　違反規範之處理規定。

第八十七條

團體標章之使用，指團體會員為表彰其會員身分，依團體標章使用規範書所定之條件，使用該團體標章。

第八十八條

團體商標，指具有法人資格之公會、協會或其他團體，為指示其會員所提供之商品或服務，並藉以與非該團體會員所提供之商品或服務相區別之標識。

前項用以指示會員所提供之商品或服務來自一定產地者，該地理區域之商品或服務應具有特定品質、聲譽或其他特性，團體商標之申請人得以含有該地理名稱或足以指示該地理區域之標識申請註冊為產地團體商標。

第八十九條

團體商標註冊之申請，應以申請書載明商品或服務，並檢具團體商標使用規範書，向商標專責機關申請之。

前項團體商標使用規範書應載明下列事項：

一　會員之資格。

二　使用團體商標之條件。

三　管理及監督團體商標使用之方式。

四　違反規範之處理規定。

產地團體商標使用規範書除前項應載明事項外，並應載明地理區域界定範圍內之人，其商品或服務及資格符合使用規範書時，產地團體商標權人應同意其成為會員。

商標專責機關於註冊公告時，應一併公告團體商標使用規範書；註冊後修改者，應經商標專責機關核准，並公告之。

第九十條

團體商標之使用，指團體或其會員依團體商標使用規範書所定之條件，使用該團體商標。

第九十一條

第八十二條第二項、第三項及第八十四條規定，於產地團體商標，準用之。

第九十二條

證明標章權、團體標章權或團體商標權不得移轉、授權他人使用，或作為質權標的物。但其移轉或授權他人使用，無損害消費者利益及違反公平競爭之虞，經商標專責機關核准者，不在此限。

第九十三條

證明標章權人、團體標章權人或團體商標權人有下列情形之一者，商標專責機關得依任何人之申請或依職權廢止證明標章、團體標章或團體商標之註冊：

一　證明標章作為商標使用。

二　證明標章權人從事其所證明商品或服務之業務。

三　證明標章權人喪失證明該註冊商品或服務之能力。

四　證明標章權人對於申請證明之人，予以差別待遇。

五　違反前條規定而為移轉、授權或設定質權。

六　未依使用規範書為使用之管理及監督。

七　其他不當方法之使用，致生損害於他人或公眾之虞。

被授權人為前項之行為，證明標章權人、團體標章權人或團體商標權人明知或可得而知而不為反對之表示者，亦同。

第九十四條

證明標章、團體標章或團體商標除本章另有規定外，依其性質準用本法有關商標之規定。

第四章　罰　則

第九十五條

未得商標權人或團體商標權人同意，為行銷目的而有下列情形之一，處三年以下有期徒刑、拘役或科或併科新臺幣二十萬元以下罰金：

一　於同一商品或服務，使用相同於註冊商標或團體商標之商標者。

二　於類似之商品或服務，使用相同於註冊商標或團體商標之商標，有致相關消費者混淆誤認之虞者。

三　於同一或類似之商品或服務，使用近似於註冊商標或團體商標之商標，有致相關消費者混淆誤認之虞者。

第九十六條

未得證明標章權人同意，為行銷目的而於同一或類似之商品或服務，使用相同或近似於註冊證明標章之標章，有致相關消費者誤認誤信之虞者，處三年以下有期徒刑、拘役或科或併科新臺幣二十萬元以下罰金。

明知有前項侵害證明標章權之虞，販賣或意圖販賣而製造、持有、陳列附有相同或近似於他人註冊證明標章標識之標籤、包裝容器或其他物品者，亦同。

第九十七條

明知他人所為之前二條商品而販賣,或意圖販賣而持有、陳列、輸出或輸入者,處一年以下有期徒刑、拘役或科或併科新臺幣五萬元以下罰金;透過電子媒體或網路方式為之者,亦同。

第九十八條

侵害商標權、證明標章權或團體商標權之物品或文書,不問屬於犯罪行為人與否,沒收之。

第九十九條

未經認許之外國法人或團體,就本法規定事項得為告訴、自訴或提起民事訴訟。我國非法人團體經取得證明標章權者,亦同。

第五章 附 則

第一百條

本法中華民國九十二年四月二十九日修正之條文施行前,已註冊之服務標章,自本法修正施行當日起,視為商標。

第一百零一條

本法中華民國九十二年四月二十九日修正之條文施行前,已註冊之聯合商標、聯合服務標章、聯合團體標章或聯合證明標章,自本法修正施行之日起,視為獨立之註冊商標或標章;其存續期間,以原核准者為準。

第一百零二條

本法中華民國九十二年四月二十九日修正之條文施行前,已註冊之防護商標、防護服務標章、防護團體標章或防護證明標章,依其註冊時之規定;於其專用期間屆滿前,應申請變更為獨立之註冊商標或標章;屆期未申請變更者,商標權消滅。

第一百零三條

依前條申請變更為獨立之註冊商標或標章者,關於第六十三條第一項第二款規定之三年期間,自變更當日起算。

第一百零四條

依本法申請註冊、延展註冊、異動登記、異議、評定、廢止及其他各項程序,應繳

納申請費、註冊費、延展註冊費、登記費、異議費、評定費、廢止費等各項相關規費。

前項收費標準,由主管機關定之。

第一百零五條

本法中華民國一百年五月三十一日修正之條文施行前,註冊費已分二期繳納者,第二期之註冊費依修正前之規定辦理。

第一百零六條

本法中華民國一百年五月三十一日修正之條文施行前,已受理而尚未處分之異議或評定案件,以註冊時及本法修正施行後之規定均為違法事由為限,始撤銷其註冊;其程序依修正施行後之規定辦理。但修正施行前已依法進行之程序,其效力不受影響。

本法一百年五月三十一日修正之條文施行前,已受理而尚未處分之評定案件,不適用第五十七條第二項及第三項之規定。

對本法一百年五月三十一日修正之條文施行前註冊之商標、證明標章及團體標章,於本法修正施行後提出異議、申請或提請評定者,以其註冊時及本法修正施行後之規定均為違法事由為限。

第一百零七條

本法中華民國一百年五月三十一日修正之條文施行前,尚未處分之商標廢止案件,適用本法修正施行後之規定辦理。但修正施行前已依法進行之程序,其效力不受影響。

本法一百年五月三十一日修正之條文施行前,已受理而尚未處分之廢止案件,不適用第六十七條第二項準用第五十七條第二項之規定。

第一百零八條

本法中華民國一百年五月三十一日修正之條文施行前,以動態、全像圖或其聯合式申請註冊者,以修正之條文施行日為其申請日。

第一百零九條

以動態、全像圖或其聯合式申請註冊,並主張優先權者,其在與中華民國有相互承認優先權之國家或世界貿易組織會員之申請日早於本法中華民國一百年五月三十

一日修正之條文施行前者 , 以一百年五月三十一日修正之條文施行日為其優先權日。

於中華民國政府主辦或承認之國際展覽會上，展出申請註冊商標之商品或服務而主張展覽會優先權，其展出日早於一百年五月三十一日修正之條文施行前者，以一百年五月三十一日修正之條文施行日為其優先權日。

第一百十條

本法施行細則，由主管機關定之。

第一百十一條

本法之施行日期，由行政院定之。

附錄二　商標法施行細則

中華民國一百零七年六月七日經濟部經智字第 10704603160 號令修正發布第 19 條條文

第一章　　總　　則

第一條

　　本細則依商標法（以下簡稱本法）第一百十條規定訂定之。

第二條

　　依本法及本細則所為之申請，除依本法第十三條規定以電子方式為之者外，應以書面提出，並由申請人簽名或蓋章；委任商標代理人者，得僅由代理人簽名或蓋章。

　　商標專責機關為查核申請人之身分或資格，得通知申請人檢附身分證明、法人證明或其他資格證明文件。

　　前項書面申請之書表格式及份數，由商標專責機關定之。

第三條

　　申請商標及辦理有關商標事項之文件，應用中文；證明文件為外文者，商標專責機關認有必要時，得通知檢附中文譯本或節譯本。

第四條

　　依本法及本細則所定應檢附之證明文件，以原本或正本為之。但有下列情形之一，得以影本代之：

　　一、原本或正本已提交商標專責機關，並載明原本或正本所附之案號者。

　　二、當事人釋明影本與原本或正本相同者。商標專責機關為查核影本之真實性，得通知當事人檢送原本或正本，並於查核無訛後，予以發還。

第五條

　　委任商標代理人者，應檢附委任書，載明代理之權限。

　　前項委任，得就現在或未來一件或多件商標之申請註冊、異動、異議、評定、廢止

及其他相關程序為之。

代理人權限之變更,非以書面通知商標專責機關,對商標專責機關不生效力。

代理人送達處所變更,應以書面通知商標專責機關。

第六條

代理人就受委任權限內有為一切行為之權。但選任及解任代理人、減縮申請或註冊指定使用之商品或服務、撤回商標之申請或拋棄商標權,非受特別委任,不得為之。

第七條

本法第八條第一項所稱屆期未補正,指於指定期間內迄未補正或於指定期間內補正仍不齊備者。

第八條

依本法及本細則指定應作為之期間,除第三十四條規定外,得於指定期間屆滿前,敘明理由及延長之期間,申請商標專責機關延長之。

第九條

依本法第八條第二項規定,申請回復原狀者,應敘明遲誤期間之原因及其消滅日期,並檢附證明文件。

第十條

商標註冊簿應登載下列事項:

一、商標註冊號及註冊公告日期。

二、商標申請案號及申請日。

三、商標權人姓名或名稱、住居所或營業所;商標權人在國內無住居所或營業所者,其國籍或地區。

四、商標代理人。

五、商標種類、型態及圖樣為彩色或墨色。

六、商標名稱、商標圖樣及商標描述。

七、指定使用商品或服務之類別及名稱。

八、優先權日及受理申請之國家或世界貿易組織會員;展覽會優先權日及展覽會名稱。

九、依本法第二十九條第二項及第三項、第三十條第一項第十款至第十五款各款

　　　　但書及第四項規定註冊之記載。

十、商標註冊變更及更正事項。

十一、商標權之延展註冊，商標權期間迄日；延展註冊部分商品或服務者，其延
　　　展註冊之商品或服務及其類別。

十二、商標權之分割，原商標之註冊簿應記載分割後各註冊商標之註冊號數；分
　　　割後商標之註冊簿應記載原商標之註冊號及其註冊簿記載事項。

十三、減縮部分商品或服務之類別及名稱。

十四、繼受商標權者之姓名或名稱、住居所或營業所及其商標代理人。

十五、被授權人姓名或名稱、專屬或非專屬授權、授權始日，有終止日者，其終止
　　　日、授權使用部分商品或服務及其類別及授權使用之地區；再授權，亦同。

十六、質權人姓名或名稱及擔保債權額。

十七、商標授權、再授權、質權變更事項。

十八、授權、再授權廢止及質權消滅。

十九、商標撤銷或廢止註冊及其法律依據；撤銷或廢止部分商品或服務之註冊，
　　　其類別及名稱。

二十、商標權拋棄或消滅。

二十一、法院或行政執行機關通知強制執行、行政執行或破產程序事項。

二十二、其他有關商標之權利及法令所定之一切事項。

第十一條

　　商標註冊簿登載事項，應刊載於商標公報。

第二章　商標申請及審查

第十二條

　　申請商標註冊者，應備具申請書，聲明商標種類及型態，載明下列事項：

一、申請人姓名或名稱、住居所或營業所、國籍或地區；有代表人者，其姓名或
　　名稱。

二、委任商標代理人者，其姓名及住居所或營業所。

三、商標名稱。

四、商標圖樣。

五、指定使用商品或服務之類別及名稱。

六、商標圖樣含有外文者,其語文別。

七、應提供商標描述者,其商標描述。

八、依本法第二十條主張優先權者,第一次申請之申請日、受理該申請之國家或
世界貿易組織會員及申請案號。

九、依本法第二十一條主張展覽會優先權者,第一次展出之日期及展覽會名稱。

十、有本法第二十九條第三項或第三十條第四項規定情形者,不專用之聲明。

第十三條

申請商標註冊檢附之商標圖樣,應符合商標專責機關公告之格式。商標專責機關認
有必要時,得通知申請人檢附商標描述及商標樣本,以輔助商標圖樣之審查。

商標圖樣得以虛線表現商標使用於指定商品或服務之方式、位置或內容態樣,並於
商標描述中說明。該虛線部分,不屬於商標之一部分。

第一項所稱商標描述,指對商標本身及其使用於商品或服務情形所為之相關說明。

第一項所稱商標樣本,指商標本身之樣品或存載商標之電子載體。

第十四條

申請註冊顏色商標者,商標圖樣應呈現商標之顏色,並得以虛線表現顏色使用於指
定商品或服務之方式、位置或內容態樣。

申請人應提供商標描述,說明顏色及其使用於指定商品或服務之情形。

第十五條

申請註冊立體商標者,商標圖樣為表現立體形狀之視圖;該視圖以六個為限。

前項商標圖樣得以虛線表現立體形狀使用於指定商品或服務之方式、位置或內容
態樣。

申請人應提供商標描述,說明立體形狀;商標包含立體形狀以外之組成部分者,亦
應說明。

第十六條

申請註冊動態商標者,商標圖樣為表現動態影像變化過程之靜止圖像;該靜止圖像
以六個為限。

申請人應提供商標描述，依序說明動態影像連續變化之過程，並檢附符合商標專責機關公告格式之電子載體。

第十七條

申請註冊全像圖商標者，商標圖樣為表現全像圖之視圖；該視圖以四個為限。

申請人應提供商標描述，說明全像圖；因視角差異產生不同圖像者，應說明其變化情形。

第十八條

申請註冊聲音商標者，商標圖樣為表現該聲音之五線譜或簡譜；無法以五線譜或簡譜表現該聲音者，商標圖樣為該聲音之文字說明。

前項商標圖樣為五線譜或簡譜者，申請人應提供商標描述。

申請註冊聲音商標應檢附符合商標專責機關公告格式之電子載體。

第十九條

申請商標註冊，應依商品及服務分類之類別順序，指定使用之商品或服務類別，並具體列舉商品或服務名稱。

商品及服務分類應由商標專責機關依照世界智慧財產權組織之商標註冊國際商品及服務分類尼斯協定發布之類別名稱公告之。

於商品及服務分類修正前已註冊之商標，其指定使用之商品或服務類別，以註冊類別為準；未註冊之商標，其指定使用之商品或服務類別，以申請時指定之類別為準。

第二十條

本法第二十條第一項所定之六個月，自在與中華民國相互承認優先權之國家或世界貿易組織會員第一次申請日之次日起算至本法第十九條第二項規定之申請日止。

第二十一條

依本法第二十一條規定主張展覽會優先權者，應檢送展覽會主辦者發給之參展證明文件。

前項參展證明文件，應包含下列事項：

　一、展覽會名稱、地點、主辦者名稱及商品或服務第一次展出日。

　二、參展者姓名或名稱及參展商品或服務之名稱。

　三、商品或服務之展示照片、目錄、宣傳手冊或其他足以證明展示內容之文件。

第二十二條

依本法第二十一條規定主張展覽會優先權者，其自該商品或服務展出後之六個月，準用第二十條之規定。

第二十三條

依本法第二十二條規定須由各申請人協議者，商標專責機關應指定相當期間，通知各申請人協議；屆期不能達成協議時，商標專責機關應指定期日及地點，通知各申請人抽籤決定之。

第二十四條

本法第二十三條但書所稱非就商標圖樣實質變更，指下列情形之一：

一、刪除不具識別性或有使公眾誤認誤信商品或服務性質、品質或產地之虞者。

二、刪除商品重量或成分標示、代理或經銷者電話、地址或其他純粹資訊性事項者。

三、刪除國際通用商標或註冊符號者。

四、不屬商標之部分改以虛線表示者。

前項第一款規定之情形，有改變原商標圖樣給予消費者識別來源之同一印象者，不適用之。

第二十五條

依本法第二十四條規定申請變更商標註冊申請事項者，應備具申請書，並檢附變更證明文件。但其變更無須以文件證明者，免予檢附。

前項申請，應按每一商標各別申請。但相同申請人有二以上商標，其變更事項相同者，得於一變更申請案同時申請之。

第二十六條

依本法第二十五條規定申請商標註冊申請事項之更正，商標專責機關認有查證之必要時，得要求申請人檢附相關證據。

第二十七條

申請分割註冊申請案者，應備具申請書，載明分割件數及分割後各商標之指定使用商品或服務。

分割後各商標申請案之指定使用之商品或服務不得重疊，且不得超出原申請案指定

之商品或服務範圍。

核准審定後註冊公告前申請分割者，商標專責機關應於申請人繳納註冊費，商標經

註冊公告後，再進行商標權分割。

第二十八條

依本法第二十七條規定移轉商標註冊申請所生之權利，申請變更申請人名義者，應

備具申請書，並檢附移轉契約或其他移轉證明文件。

前項申請應按每一商標各別申請。但繼受權利之人自相同之申請人取得二以上商標

申請權者，得於一變更申請案中同時申請之。

第二十九條

商標註冊申請人主張有本法第二十九條第二項規定，在交易上已成為申請人商品或

服務之識別標識者，應提出相關事證證明之。

第三十條

本法第三十條第一項第十款但書所稱顯屬不當，指下列情形之一：

　　一、申請註冊商標相同於註冊或申請在先商標，且指定使用於同一商品或服務者。

　　二、註冊商標經法院禁止處分者。

　　三、其他商標專責機關認有顯屬不當之情形者。

第三十一條

本法所稱著名，指有客觀證據足以認定已廣為相關事業或消費者所普遍認知者。

第三十二條

本法第三十條第一項第十四款所稱法人、商號或其他團體之名稱，指其特取名稱。

第三十三條

同意他人依本法第三十條第一項第十款至第十五款各款但書規定註冊者，嗣後本人

申請註冊之商標有本法第三十條第一項第十款規定之情形時，仍應依該款但書規定

取得該他人之同意後，始得註冊。

第三十四條

本法第三十一條第二項規定限期陳述意見之期間，於申請人在中華民國境內有住居

所或營業所者，為一個月；無住居所或營業所者，為二個月。

前項期間，申請人得敘明理由申請延長。申請人在中華民國境內有住居所或營業所

者,得延長一個月;無住居所或營業所者,得延長二個月。

前項延長陳述意見期間,申請人再申請延長者,商標專責機關得依補正之事項、延長之理由及證據,再酌予延長期間;其延長之申請無理由者,不受理之。

第三章　商標權

第三十五條

申請延展商標權期間,商標權人應備具申請書,就註冊商標指定之商品或服務之全部或一部為之。

對商標權存續有利害關係之人,亦得載明理由,提出前項延展商標權期間之申請。

第三十六條

申請分割商標權,準用第二十七條第一項及第二項規定,並應按分割件數檢送分割申請書副本。

商標權經核准分割者,商標專責機關應就分割後之商標,分別發給商標註冊證。

第三十七條

申請變更或更正商標註冊事項,準用第二十五條及第二十六條之規定。

第三十八條

申請商標授權登記者,應由商標權人或被授權人備具申請書,載明下列事項:

　　一、商標權人及被授權人之姓名或名稱、住居所或營業所、國籍或地區;有代表人者,其姓名或名稱。

　　二、委任代理人者,其姓名及住居所或營業所。

　　三、商標註冊號數。

　　四、專屬授權或非專屬授權。

　　五、授權始日。有終止日者,其終止日。

　　六、授權使用部分商品或服務者,其類別及名稱。

　　七、授權使用有指定地區者,其地區名稱。

前項授權登記由被授權人申請者,應檢附授權契約或其他足資證明授權之文件;由商標權人申請者,商標專責機關為查核授權之內容,亦得通知檢附前述授權證明文件。

前項申請,應按每一商標各別申請。但商標權人有二以上商標,以註冊指定之全部

商品或服務，授權相同之人於相同地區使用，且授權終止日相同或皆未約定授權終止日者，得於一授權申請案中同時申請之。

申請商標再授權登記者，準用前三項規定，除本法第四十條第一項本文規定之情形外，並應檢附有權為再授權之證明文件。

再授權登記使用之商品或服務、期間及地區，不得逾原授權範圍。

第三十九條

申請商標權之移轉登記者，應備具申請書，並檢附移轉契約或其他移轉證明文件。

前項申請，應按每一商標各別申請。但繼受權利之人自相同之商標權人取得二以上商標權者，得於一移轉申請案中同時申請之。

第四十條

申請商標權之質權設定、移轉或消滅登記者，應由商標權人或質權人備具申請書，並依其登記事項檢附下列文件：

一、設定登記者，其質權設定契約或其他質權設定證明文件。

二、移轉登記者，其質權移轉證明文件。

三、消滅登記者，其債權清償證明文件、質權人同意塗銷質權設定之證明文件、法院判決書及判決確定證明書或與法院確定判決有同一效力之證明文件。

申請質權設定登記者，並應於申請書載明該質權擔保之債權額。

第四十一條

有下列情形之一，商標權人得備具申請書並敘明理由，申請換發或補發商標註冊證：

一、註冊證記載事項異動。

二、註冊證陳舊或毀損。

三、註冊證滅失或遺失。

依前項規定補發或換發商標註冊證時，原商標註冊證應公告作廢。

第四十二條

異議之事實及理由不明確或不完備者，商標專責機關得通知異議人限期補正。

異議人於商標註冊公告日後三個月內，得變更或追加其主張之事實及理由。

第四十三條

商標權人或異議人依本法第四十九條第二項規定答辯或陳述意見者，其答辯書或陳述意見書如有附屬文件，副本亦應附具該文件。

第四十四條

於商標權經核准分割公告後，對分割前註冊商標提出異議者，商標專責機關應通知異議人，限期指定被異議之商標，分別檢附相關申請文件，並按指定被異議商標之件數，重新核計應繳納之規費；規費不足者，應為補繳；有溢繳者，異議人得檢據辦理退費。

第四十五條

於異議處分前，被異議之商標權經核准分割者，商標專責機關應通知異議人，限期聲明就分割後之各別商標續行異議；屆期未聲明者，以全部續行異議論。

第四十六條

第四十二條第一項、第四十三條至前條規定，於評定及廢止案件準用之。

第四章　證明標章、團體標章及團體商標

第四十七條

證明標章權人為證明他人之商品或服務，得在其監督控制下，由具有相關檢測能力之法人或團體進行檢測或驗證。

第四十八條

證明標章、團體標章及團體商標，依其性質準用本細則關於商標之規定。

第五章　附　則

第四十九條

申請商標及辦理有關商標事項之證據及物件，欲領回者，應於該案確定後一個月內領取。

前項證據及物件，經商標專責機關通知限期領回，屆期未領回者，商標專責機關得逕行處理。

第五十條

本細則自發布日施行。

參考文獻

一、中　文

1. 一百年商標法修正案，《立法院公報》，第一百卷，第四十五期。
2. 九十二年商標法修正案，《立法院第五屆第三會期第九次會議議案關係文書》（民國九十二年四月二十三日）。
3. 八十六年商標法修正案，《立法院公報》，第八十六卷，第十七期。
4. 七十八年商標法修正案，《法律案專輯》，第一百二十五輯，立法秘書處印行（民國七十八年）。
5. 七十二年商標法修正案，《立法院公報》，第七十二卷，第四期。
6. 六十一年商標法修正案，《立法院公報》，第六十一卷，第四十四期、第四十五期、第四十六期、第四十九期。
7. 四十七年商標法修正案，《立法院公報》，第二十二會期，第七期。
8. 何孝元，《工業所有權之研究》，三民書局股份有限公司（重印三版，民國八十年三月）。
9. 倪開永，《商標法釋論》，作者發行（三版，民國八十三年）。
10. 陳文吟，《專利法專論》，五南圖書出版公司印行（再版，民國八十六年）。
11. 商標法案，《法律案專輯》，第一百六十八輯，立法秘書處印行（民國八十三年）。
12. 經濟部智慧財產局，《商標法逐條釋義》（民國一〇六年一月）。
13. 經濟部智慧財產局，《商標審查基準彙編》。

二、外　文

1. Blanco White, T. A. & Robin Jacob, Kerly's Law of Trade Marks (12th ed. 1986).
2. Bodenhausen, G. H. C. ,Guide to the Application of the Paris Convention for the Protection of Industrial Property, WIPO Publication (reprinted in 1991)(1968).
3. Ladas, Stephen, Patents, Trademarks, and Related Rights, National and International Protection, v.2, Havard U. Press (1975).

索 引

法學概論

陳惠馨／著

　　本書第一編由第一章到第十章組成，討論法學的基本概念，例如如何學習法律、法律與生活的關係、民主與法治的關係、法律的意義、法律的訂定、法律的適用與解釋等議題；第二編由第十一章到十八章組成，主要介紹臺灣國家考試牽涉之重要法律，例如憲法、民法、商事法、刑法與少年事件處理法、行政法、智慧財產權法規、勞動法規及教育法規等。

　　本書重視理論與實務的結合，以真實案例，說明法律規範在生活中的運作情形。讀者透過本書，能全面掌握我國法制最新狀態，並瞭解法律在社會中運作情形。

專利法理論與應用

楊崇森／著

　　作者楊崇森博士為我國智慧財產權法權威，又曾擔任中央標準局局長，以其湛深學術素養與豐富行政經驗，將專利法上各種問題參考各國與國際公約之理論與現況，從不同角度深入析述，並佐以實例說明，理論與實務並重，深度與廣度兼顧，且不時提出獨特見解，使讀者對深奧之專利法理論與實際運作易于通曉，並附有珍貴照片、發明軼事及各種難得資訊，為其他同類書籍所無，除富於啟發性與廣闊視野外，且兼具可讀性與趣味性。

國家圖書館出版品預行編目資料

商標法論／陳文吟著.－－修訂五版一刷.－－臺北
市：三民，2020
面；　公分

ISBN 978-957-14-6832-7　（平裝）
1. 商標法

587.3　　　　　　　　　　　　　　　　109007310

商標法論

作　　　者	陳文吟
發 行 人	劉振強
出 版 者	三民書局股份有限公司
地　　　址	臺北市復興北路 386 號 (復北門市)
	臺北市重慶南路一段 61 號 (重南門市)
電　　　話	(02)25006600
網　　　址	三民網路書店 https://www.sanmin.com.tw
出版日期	初版一刷 1998 年 6 月
	修訂四版一刷 2012 年 9 月
	修訂五版一刷 2020 年 8 月
書籍編號	S584690
I S B N	978-957-14-6832-7

三民書局